DIE EINHEIT DER GESELLSCHAFTSWISSENSCHAFTEN

Studien in den Grenzbereichen der Wirtschafts- und Sozialwissenschaften

Band 31

Unter Mitwirkung von
Hans Albert · Gerd Fleischmann · Dieter Frey
Christian Watrin · Rudolf Wildenmann · Eberhard Witte

herausgegeben

von

Erik Boettcher

Markt und Organisation

Individualistische Sozialtheorie
und
das Problem korporativen Handelns
geschlossenen

von

Viktor Vanberg

1982

J. C. B. Mohr (Paul Siebeck) Tübingen

Als Habilitationsschrift auf Empfehlung der Fakultät für Sozialwissenschaften der Universität Mannheim gedruckt mit Unterstützung der Deutschen Forschungsgemeinschaft.

CIP-Kurztitelaufnahme der Deutschen Bibliothek

Vanberg, Viktor:
Markt und Organisation: individualist. Sozial=
theorie u.d. das Problem korporativen Handelns /
von Viktor Vanberg. – Tübingen : Mohr, 1982.
  (Die Einheit der Gesellschaftswissenschaften ;
  Bd. 31)
  ISBN 3-16-944422-0
NE: GT

© Viktor Vanberg / J. C. B. Mohr (Paul Siebeck) Tübingen 1982
Alle Rechte vorbehalten. Ohne ausdrückliche Genehmigung des Verlages ist es auch nicht gestattet, das Buch oder Teile daraus auf photomechanischem Wege (Photokopie, Mikrokopie) zu vervielfältigen. Printed in Germany.
Satz: computersatz staiger, Tübingen; Druck: Gulde-Druck, Tübingen.
Einband: Großbuchbinderei Heinrich Koch, Tübingen.

„ ... Wenn ich recht habe, muß die Soziologie eine derartige Autonomie aufgeben. Aber sie braucht dies nicht zu sehr zu bedauern; sie wird Gefährten in ihrem Jammer haben, sofern dies überhaupt ein Jammer ist. Alle übrigen Sozialwissenschaften werden ihre Autonomie genauso aufgeben müssen: Die allgemeinen Hypothesen aller Sozialwissenschaften sind dieselben, und sie sind alle psychologisch. Das bedeutet nicht, daß die einzelnen Wissenschaften nicht ihre eigenen, besonderen Aufgaben behalten würden. Ein Großteil der Soziologie hat sich zu recht auf soziale Strukturen konzentriert. Ihre interessanteste theoretische Aufgabe wird es auch weiterhin sein, aufzuzeigen, wie Strukturen, verhältnismäßig dauerhafte Beziehungen zwischen Menschen, durch menschliche Wahlhandlungen geschaffen und erhalten werden, Wahlhandlungen, die durch die Wahlhandlungen anderer eingeschränkt werden, aber doch Wahlhandlungen bleiben" (GEORGE C. HOMANS 1969, S. 27).

„Die meisten wissenschaftlichen Disziplinen haben mit dem Problem des Wechsels zwischen Organisationsebenen zu tun. In der Soziologie zeigt sich dieser Wechsel, wenn man von Personen als Untersuchungseinheiten zu Gruppen oder Organisationen übergeht, die Personen als Mitglieder haben, und zu Organisationen oder sozialen Systemen, die wiederum Gruppen oder Organisationen als Mitglieder haben. . . . Diesen Wechsel zwischen Ebenen muß eine Handlungstheorie einbeziehen, denn die Theorie kann sich nicht den Luxus erlauben, bereits bestehende Einheiten sozialer Organisation zum Ausgangspunkt zu nehmen. Sie muß vielmehr mit Personen beginnen und von dort aus aufsteigen, oder, wenn sie – in einem Anwendungsfall – von einer Ebene oberhalb der Personen ausgehen sollte, muß sie diese letztlich in Beziehungen zwischen Personen zergliedern können" (JAMES S. COLEMAN 1975, S. 85 f.).

Inhaltsverzeichnis

Einleitung

Das Problem der kollektiven Handlungseinheiten 1

1. Kapitel

Korporative Akteure und das Modell der Ressourcenzusammenlegung:
Kollektive Handlungseinheiten in individualistischer Perspektive 8
1. Das Modell der Ressourcenzusammenlegung 10
2. Die beiden Grundprobleme korporativen Handelns 15
3. Verband, Institution, Organisation:
   Korporative Akteure in der soziologischen Terminologie 23

2. Kapitel

Individualistisch-vertragstheoretische und individualistisch-
evolutionistische Erklärung sozialer Strukturen: Das Modell der
Ressourcenzusammenlegung und das Austauschmodell als Grundmodelle
individualistischer Sozialtheorie 37
1. Die Theorie des Gesellschaftsvertrages und die evolutionistische Sozialtheorie
   der Schottischen Moralphilosophen 39
2. Das Austauschmodell: Einige grundlegende Aspekte 47
3. Die individualistische sozialtheoretische Tradition und das Austauschmodell:
   Die vernachlässigte Theorie korporativer Akteure 61
4. Austauschmodell und Modell der Ressourcenzusammenlegung: Die Gemeinsamkeit ihrer theoretischen Grundlagen 67

3. Kapitel

Marktstrukturen und korporative Strukturen: Zum Stellenwert eines
Abgrenzungsproblems in Sozialwissenschaft und Rechtswissenschaft ... 76
1. Markt und Organisation – Austausch und Ressourcenpooling 77
2. Zwei Arten der Ordnung: Marktstrukturen und korporative Strukturen
   bei F. A. v. Hayek 88
3. ‚Individualrecht' und ‚Sozialrecht': Die Abgrenzung von Austauschnetzwerken
   und korporativen Strukturen als Rechtsproblem 105

4. Kapitel

Die individualistisch-evolutionistische Tradition und das Kollektivgutproblem: Grenzen einer austauschtheoretischen Erklärung 123

   1. ‚Soziale Ordnung‘ und ‚Gefangenendilemma‘ 124
   2. Austausch und gegenseitige Kontrolle: Soziale Ordnung als regulierte Anarchie   129
   3. Die Grenzen der Wirksamkeit ‚spontaner Ordnungssicherung‘: Soziale Ordnung als Organisationsproblem 137
   4. Kollektivgutproblem und korporatives Handeln 142

5. Kapitel

Die beiden Grundprobleme korporativen Handelns: Die Verteilung des Korporationsertrages und die Organisation korporativer Entscheidung . . 151

   1. Die Initiierung korporativen Handelns: Korporative Akteure als Anreiz-Beitrags-Systeme 151
   2. Korporatives Handeln und individuelle Anreize: Das Problem der Verteilung des Korporationsertrages 161
   3. Korporative Akteure und Herrschaft: Das Problem der korporativen Entscheidung 169
   4. Korporative Macht und ihre Kontrolle: Das Dilemma der Organisation 176

Schlußbemerkung 185

Literaturverzeichnis 187

Sachregister 197

Personenregister 200

Einleitung

Das Problem der ‚kollektiven Handlungseinheiten'

In der Umgangssprache pflegt man ganz selbstverständlich von gewissen sozialen Kollektivgebilden (wie z. B. Vereinen, Wirtschaftsunternehmen, politischen Parteien oder Staaten) so zu reden, als habe man es bei ihnen mit Einheiten zu tun, die Entscheidungen fällen oder Handlungen ausführen: Man spricht (etwa) von der ‚Strategie einer Partei', von der ‚Politik eines Unternehmens', vom ‚Eingreifen des Staates' etc. Und dies gilt nicht nur für die Umgangssprache, in der sozialwissenschaftlichen Fachsprache verfährt man durchaus ebenso. Auch hier ist es üblich, nicht nur Individuen sondern ebenso gewisse soziale Kollektivgebilde als Entscheidungs- und Handlungs*einheiten* zu betrachten.

Allerdings, so häufig man entsprechenden Formulierungen auch in der sozialwissenschaftlichen Literatur begegnen kann, so unbestimmt bleibt doch meist ihre genaue *sozialtheoretische Bedeutung*. Und gerade die allgemeine Verbreitung solcher Formulierungen scheint dazu beizutragen, daß ihre *sozialtheoretischen Implikationen* erst gar nicht für sonderlich klärungsbedürftig gehalten werden.

Gewiß wird man kaum jemanden, der von den ‚Entscheidungen' und ‚Handlungen' kollektiver sozialer Einheiten spricht, unterstellen dürfen, er meine solche Aussagen ganz wörtlich. Damit würde man wohl nicht einmal jenen Autoren gerecht werden, die nach gängiger Auffassung als ‚Organizisten' zu kennzeichnen sind. Räumen doch nicht nur strikt individualistische Sozialtheoretiker, wie George C. Homans, bei entsprechenden Formulierungen ein, daß es nur als „eine erste Annäherung an die Wirklichkeit" gemeint sei, wenn man „gesellschaftliche Organisationen, z. B. Industriefirmen ... als eigenständige soziale Handlungsträger" betrachtet, und daß man sich darüber im klaren sei, hier die „Resultate komplexer Verkettungen individueller Entscheidungen" vor sich zu haben[1]. Doch bei solchen erläuternden Hinweisen bleibt zumeist offen, welche präzise sozialtheoretische Bedeutung es eigentlich hat, wenn man soziale Kollektivgebilde als eigenständige Handlungsträger betrachtet, warum dies „zu manchen Zwecken und oft mit gutem Erfolg" (G. C. HOMANS 1972, S. 62) getan werden kann, und weshalb man bei bestimmten ‚komplexen Verkettungen individueller Entscheidungen' eine solche (abkürzende) Betrachtungsweise für angemessen hält, bei anderen dagegen nicht.

Ausgangsannahme der vorliegenden Arbeit ist es, daß die genannten Fragen nicht nur der Klärung *bedürfen*, sondern daß ihre Klärung auch *lohnend* ist. Lohnend deshalb, weil man es eben nicht nur mit einem bequemeren Sprachgebrauch zu tun hat, wenn gewisse soziale Kollektivgebilde als *Handlungseinheiten* betrachtet werden, sondern weil sich hinter einem solchen Sprachgebrauch eine spezifische sozialtheoretische Problematik verbirgt, die Problematik korporativen Handelns, des ‚*kollektiven*' oder *organisierten* Handelns von Menschen.

Es soll in dieser Arbeit deutlich gemacht werden, daß und inwiefern man in einem durchaus präzisen sozialtheoretischen Sinne von *kollektiven Handlungseinheiten* sprechen kann, ohne sich in irgendeiner Weise auf kollektivistische oder organizistische Hypostasierungen einlassen zu müssen. Es sollen die charakteristischen Merkmale spezifiziert werden, die diese kollektiven Handlungseinheiten von andersartigen sozialen Gebilden unterscheiden; es soll aufgezeigt werden, durch welche sozialen Prozesse diese kollektiven Handlungseinheiten konstituiert und erhalten

---

[1] G. C. HOMANS 1972, S. 62: „Wir betrachten gesellschaftliche Organisationen, z. B. Industriefirmen, zu manchen Zwecken oft mit gutem Erfolg als eigenständige soziale Handlungsträger, wenn wir auch wissen, daß ihre Handlungen die Resultate komplexer Verkettungen individueller Entscheidungen sind". Ebenda, S. 75: „Wir können eine Organisation so behandeln, als ob sie ein einzelner Handlungsträger sei; aber wir sind uns dessen bewußt, daß dies allenfalls eine erste Annäherung an die Wirklichkeit ist, und daß wir es uns bei der Erklärung, warum eine Organisation gerade so handelt und nicht anders . . ., nicht leisten könnten, die Individuen außer Betracht zu lassen". – Im gleichen Sinne – um hier nur ein weiteres Beispiel aus der Vielzahl ähnlicher Formulierungen heranzuziehen – heißt es bei M. CROZIER und E. FRIEDBERG 1979, S. 337, Anm. 245: „Um jegliches Mißverständnis zu vermeiden, wollen wir sogleich festhalten, daß Organisationen in Wirklichkeit natürlich nicht wie autonome Akteure handeln. . . . Die Tatsache, daß man, wie wir hier, die Organisation personifiziert, darf also nicht den Eindruck erwecken, daß die Organisationen damit als vereinheitlichte Akteure mit ihren ‚Bedürfnissen', ihren ‚Zielen' usw. betrachtet werden. Es handelt sich dabei um eine Stilfigur, um eine für die Darstellung günstige Zusammenfassung, die aber die Wirklichkeit der komplexen Prozesse, die sie beschreibt, nicht verdecken darf".

werden; und es sollen schließlich ihre strukturellen Besonderheiten und Probleme untersucht werden.

Der Versuch, die genannten Fragen und Probleme zu klären, wird hier nicht zuletzt in der Absicht vorgenommen, den Nachweis zu führen, daß im Rahmen einer *individualistischen* Sozialtheorie ein konsistentes Modell für die Analyse kollektiven oder *korporativen Handelns*[2] – d. h. für die Analyse von Organisationen, Verbänden, etc. – formuliert werden kann. Ein solcher Versuch erscheint von Bedeutung, da den Problemen korporativen Handelns in der individualistischen sozialtheoretischen Tradition allem Anschein nach nur geringe Aufmerksamkeit gewidmet worden ist, ein Versäumnis, das den Verdacht genährt hat, man habe es hier mit einer spezifischen Unzulänglichkeit individualistischer Sozialtheorie zu tun.

Es ist die zentrale These der vorliegenden Arbeit, daß der individualistischen Tradition zwar durchaus Mängel bei der theoretischen Erfassung korporativer Strukturen anzulasten sind, daß diese Mängel ihren Grund aber nicht in angeblich inhärenten Unzulänglichkeiten des individualistischen Ansatzes haben, sondern vielmehr darin, daß dieser Ansatz in seiner üblichen Anwendung stillschweigend mit einer spezifischen, einengenden Interpretation gleichgesetzt worden ist. Eine solche einengende Interpretation stellt nämlich, wie gezeigt werden soll, das *Austauschmodell* dar, das die theoretische Perspektive innerhalb der individualistisch-utilitaristischen Tradition wesentlich bestimmt hat. Das Austauschmodell legt eine theoretische Perspektive nahe, die soziale Strukturen generell als mehr oder minder komplexe Netzwerke *bilateraler* Austauschbeziehungen zu analysieren und auf solche bilaterale Relationen als Elemente zurückzuführen sucht. Eine solche Perspektive hat sich zwar ganz offen-

---

[2] Der Begriff *korporatives Handeln* wird hier gegenüber dem des kollektiven Handelns vorgezogen, weil er vielleicht weniger Anlaß für ‚kollektivistische' Mißinterpretationen geben dürfte. Entsprechende Vorbehalte gegenüber dem Begriff des kollektiven Handelns äußern etwa K. BRUNNER und W. H. MECKLING (1977, S. 81): „Die Terminologie ‚kollektives Handeln oder kollektive Entscheidung' verdeckt den Tatbestand, daß nur Individuen handeln oder entscheiden können. Der Unterschied zwischen verschiedenen Entscheidungssituationen liegt nicht darin, daß einige kollektiv und einige individuell sind. Der Unterschied liegt im institutionellen Kontext, innerhalb dessen Entscheidungen durchgeführt werden". Derartige Vorbehalte gegen eine bestimmte Terminologie bieten freilich noch keine Lösung des theoretischen Problems, das in der Klärung eben jener ‚Unterschiede im institutionellen Kontext' liegt, durch die sich Situationen ‚kollektiven' oder ‚korporativen' Handelns von andersartigen sozialen Arrangements unterscheiden. Um die Klärung dieser Unterschiede wird es in der vorliegenden Arbeit gehen. (Ebenso wie im Falle des oben angeführten Zitats von K. Brunner und W. H. Meckling werden – der besseren Lesbarkeit wegen – in der gesamten Arbeit fremdsprachige Zitate in deutscher Übersetzung wiedergegeben, V. V.).

sichtlich bei der Analyse *marktlicher* Sozialstrukturen bewährt, sie erweist sich aber — nach der hier vertretenen Auffassung — im Hinblick auf die Problematik *korporativen Handelns* als ein weniger fruchtbarer Leitfaden für die Analyse. Dies deshalb, weil für *korporative Strukturen* eben nicht — wie im Falle von Marktstrukturen — die Mechanismen *dezentraler wechselseitiger Anpassung* konstitutiv sind, sondern das Prinzip *zentraler Koordination*.

In der vorliegenden Arbeit wird der Versuch unternommen deutlich zu machen, daß eben dieses Strukturprinzip korporativen Handelns zweckmäßiger mit einem Modell zu erfassen ist, das zwar von den gleichen individualistischen Grundannahmen ausgeht wie das Austauschmodell — und das daher mit diesem völlig kompatibel ist —, das aber typisch andersartige Bedingungen der Handlungskoordination betont. Als ein solches Modell korporativen Handelns wird — in Anlehnung an neuere Arbeiten von J. S. Coleman — das ‚Modell der Ressourcenzusammenlegung' vorgestellt, das das Kennzeichen korporativen Handelns darin sieht, daß mehrere Akteure irgendwelche Ressourcen (Güter oder Leistungen) in einen gemeinsamen, zentral disponierten Pool einbringen, wobei sich die Notwendigkeit der organisatorischen Regelung zweier grundlegender Probleme ergibt: Des Problems der *korporativen Entscheidung* — also der Entscheidung über den Einsatz der gepoolten Ressourcen — und des Problems der *Verteilung des Korporationsertrages* — der Umsetzung des durch korporatives Handeln erzielten Ertrages in individuelle Teilnahmeanreize. Die Klärung dieser beiden Probleme macht im Sinne der hier vertretenen Auffassung den Kern einer Theorie korporativen Handelns aus.

Um den Aufbau der Arbeit und den Zusammenhang der einzelnen Teile mit der oben skizzierten Grundthese zu verdeutlichen, soll zunächst ein kurzer Überblick über den Gang der Untersuchung gegeben werden.

Im *ersten Kapitel* wird das ‚Modell der Ressourcenzusammenlegung' als Interpretationsmodell für die Analyse korporativer Gebilde dargestellt (Abschnitt 1). Es wird aufgezeigt, wie dieses Modell die theoretische Fragestellung systematisch auf die beiden Probleme der korporativen Entscheidung und der Verteilung des Korporationsertrages hinlenkt, und wie sich den grundsätzlich möglichen Lösungsmustern für diese beiden Probleme typisch unterschiedliche Strukturen korporativer Gebilde zuordnen lassen (Abschnitt 2). Ein theoriegeschichtlicher Exkurs (Abschnitt 3) soll verdeutlichen, daß das vorgestellte Modell der Ressourcenzusammenlegung als Lösungsvorschlag für theoretische Probleme betrachtet werden kann, die in der soziologischen Diskussion unter Begriffen wie ‚Verband‘, ‚Institution‘, ‚Organisation‘ u.ä. thematisiert worden sind.

Im *zweiten Kapitel* wird die Frage behandelt, welcher Stellenwert dem Modell der Ressourcenzusammenlegung innerhalb der individualistischen sozialtheoretischen Tradition einzuräumen ist. Zunächst wird die These erläutert und begründet, daß mit diesem Modell gewisse Elemente eines individualistisch-*vertragstheoretischen* Erklärungsansatzes wieder aufgegriffen werden, eines Denkansatzes also, den die Klassiker des modernen sozialtheoretischen Individualismus, die Schottischen Moralphilosophen, mit ihrer individualistisch- *evolutionistischen* Konzeption verdrängt hatten (Abschnitt 1). Das Austauschmodell, das die theoretische Perspektive der individualistisch-evolutionistischen Tradition bestimmt hat, wird im Anschluß in seiner Grundstruktur dargestellt, wobei einige gängige Einwände gegen dieses Modell erörtert und als verfehlt zurückgewiesen werden (Abschnitt 2). In Abgrenzung gegenüber diesen verfehlten Einwänden wird dann der Vorbehalt präzisiert, der — im Sinne der hier vorgetragenen Diagnose — zu Recht gegen eine ausschließlich austauschtheoretische Interpretation sozialer Strukturen vorgebracht werden kann (Abschnitt 3). Diese Diagnose besagt, daß die dem Austauschmodell inhärente Zwei-Parteien-Perspektive eine problemgerechte Analyse korporativer Strukturen behindert. In einem Vergleich beider Modelle wird schließlich (in Abschnitt 4) gezeigt, daß das Austauschmodell und das Modell der Ressourcenzusammenlegung als zwei einander ergänzende Erklärungsansätze innerhalb des Rahmens einer einheitlichen individualistischen Sozialtheorie betrachtet werden können, als Erklärungsansätze, die auf die spezifischen Charakteristika zweier typisch unterschiedlicher sozialer Strukturmuster ausgerichtet sind: Auf die Charakteristika von *Marktstrukturen* einerseits (Austauschmodell) und auf die Charakteristika *korporativer Strukturen* andererseits (Modell der Ressourcenzusammenlegung).

Im *dritten Kapitel* wird der theoretische Stellenwert dieser Unterscheidung zweier grundlegender sozialer Strukturmuster näher untersucht, indem Parallelen zu analogen Abgrenzungen in der sozialtheoretischen Literatur und zur juristischen Diskussion um die Abgrenzung von Austauschverträgen und Gesellschaftsverträgen gezogen werden. So werden zunächst eine Reihe von Argumentationsbeispielen aus der Soziologie und der Sozialanthropologie angeführt, in denen die grundlegende Bedeutung solcher Abgrenzungen wie ‚Markt und Organisation‘ u.ä. betont wird (Abschnitt 1). Danach werden entsprechende Argumente aus der

Ökonomie angeführt, wobei insbesondere F. A. von Hayeks Unterscheidung zwischen ‚spontaner Ordnung' und ‚korporativer Ordnung' ausführlich diskutiert wird (Abschnitt 2). Schließlich werden Paralellen zu juristischen Diskussionen im Bereich des Gesellschafts-, Arbeits- und Unternehmensrechts gezogen, in denen die theoretische Abgrenzung von Austauschbeziehungen und korporativen Beziehungen als Rechtsproblem zu Tage tritt (Abschnitt 3).

Im *vierten Kapitel* wird anhand eines grundlegenden sozialtheoretischen Problems — der Erklärung sozialer Ordnung — veranschaulicht, wie weit eine austauschtheoretische Erklärung reicht, und wo ihre Ergänzungsbedürftigkeit deutlich wird. Es wird dargestellt, daß das Problem der sozialen Ordnung die Struktur eines ‚Gefangenendilemmas' aufweist (Abschnitt 1), und es wird erläutert, wie im Sinne des Austauschmodells eine Lösung dieses Problems konzipiert werden kann (Abschnitt 2). Im Anschluß daran wird deutlich gemacht, daß das Austauschmodell keine *generelle* Lösung zu bieten vermag, sondern in seiner Geltung auf das Vorliegen gewisser einschränkender Bedingungen (begrenzte Anzahl von Akteuren, Kontinuität der sozialen Beziehungen) beschränkt ist, bei deren Wegfall *korporatives Handeln* als Lösungsmechanismus in's Spiel kommen muß (Abschnitt 3). Die Ergebnisse dieser Überlegungen werden dann verallgemeinert und auf das Kollektivgutproblem generell übertragen (Abschnitt 4).

Das abschließende *fünfte Kapitel* erörtert ausführlicher die im ersten Kapitel bereits erwähnten beiden Grundprobleme korporativen Handelns, das Problem der *korporativen Entscheidung* und das Problem der *Verteilung des Korporationsertrages*. Dabei werden die einschlägigen Ergebnisse neuerer ökonomischer Theorieentwicklungen (Public Choice, Neue Politische Ökonomie u.ä.) systematisch in die Perspektive des Modells der Ressourcenzusammenlegung integriert. Ausgehend von der bei korporativem Handeln generell zugrundeliegenden Kollektivgutproblematik werden zunächst die Frage der Initiierung korporativen Handelns (Abschnitt 1) und die Frage der organisatorischen Vorkehrungen diskutiert, durch die in korporativen Gebilden jenen Motivationsproblemen Rechnung getragen werden kann, die aus der fehlenden ‚automatischen' Koppelung von individuellem *Beitrag* und individuellem *Ertrag* resultieren (Abschnitt 2). Danach wird das Problem der *Herrschaft* — i.S. zentraler, korporativer Entscheidung — als generelles Problem korporativen Handelns erörtert, wobei mögliche unterschiedliche Regelungen des korporativen Entscheidungsproblems — oder: der Regelung korporativer

Herrschaft — voneinander abgegrenzt werden (Abschnitt 3). Zum Abschluß werden die spezifischen Probleme behandelt, die sich im Falle einer ‚*demokratischen*' Entscheidungsorganisation stellen, wobei insbesondere auf die Problematik der Kontrolle delegierter Entscheidungsmacht eingegangen wird (Abschnitt 4).

Abschnitt 3 in Kapitel 1 und das gesamte dritte Kapitel haben eher den Charakter von Exkursen, die auf bestimmte theoretische Diskussionen in anderen Bereichen eingehen, um deren Verwandtschaft zur Zentralproblematik dieser Arbeit deutlich zu machen und um die Relevanz der hier vorgetragenen Argumentation für die Lösung der dort angesprochenen Probleme aufzuzeigen. Der an diesen Aspekten weniger interessierte Leser mag die entsprechenden Abschnitte überspringen.

1. Kapitel

Korporative Akteure und das Modell der Ressourcenzusammenlegung: Kollektive Handlungseinheiten in individualistischer Perspektive

Bezeichnet man als *soziale Gebilde* oder soziale *Systeme* allgemein jegliche Art von abgrenzbaren, strukturierten sozialen Beziehungsgeflechten, so hat man es bei Kollektivgebilden, die als *Handlungseinheiten* angesprochen werden, offenkundig mit einer *besonderen Kategorie sozialer Gebilde oder Systeme* zu tun. Diese besondere Kategorie soll hier im folgenden mit dem – von James S. COLEMAN (1979) übernommenen – Begriff des *korporativen Akteurs* bezeichnet werden. Der Grund für die Wahl eines solchen *terminus technicus* liegt nicht darin, daß in der soziologischen Terminologie kein Begriff zu finden wäre, der sich als Bezeichnung für die hier interessierenden sozialen Gebilde anböte. Der Grund liegt eher darin, daß es zu viele derartige Begriffe gibt: Man findet eine ganze Reihe von Termini – insbesondere den der *Organisation*, aber auch den des *Verbandes*, der *Gruppe*, der *Assoziation* oder der *Institution* –, die zur Bezeichnung kollektiver Handlungseinheiten benutzt werden[1], doch kann weder von einer eindeutigen und einheitlichen Verwendung der einzelnen Begriffe die Rede sein noch von einer klaren Bedeutungsabgrenzung der verschiedenen Begriffe untereinander[2]. Dieses Nebeneinander verschiedener Begriffe mit mehr oder minder weitgehenden Bedeutungsüberschneidungen ist für die bisherige soziologische Problembe-

---

[1] Der Ausdruck ‚kollektives Handeln' wird hier – in gleicher Weise wie etwa bei M. OLSON (1968) oder bei M. CROZIER und E. FRIEDBERG (1979) – im Sinne von ‚*organisiertem* Handeln' benutzt. Er hat also eine völlig andere Bedeutung als der Begriff des ‚kollektiven Verhaltens' (z.B. N. J. SMELSER 1972; L. E. GENEVIE 1978), der üblicherweise als Bezeichnung für *nicht-organisiertes*, ‚spontanes' Massenverhalten benutzt wird.

[2] Auf die Frage der Verwendung der genannten Begriffe wird unten, (S. 23 ff.) etwas näher eingegangen werden.

handlung symptomatisch, spiegelt sich darin doch die Tendenz wider, durch vorgängige – nicht theorie*immanente* – Klassifizierungen zu suggerieren, daß es je besonderer theoretischer Annahmen bedarf, um die verschiedenen Gebildetypen zu behandeln. Es ist daher auch durchaus als Ausdruck einer entgegengesetzten Tendenz zu verstehen, wenn hier unter dem Begriff des *korporativen Akteurs* ein Spektrum sozialer Gebilde als *einheitlicher Gegenstand* theoretischer Betrachtung zusammengefaßt wird, das etwa den Freizeitverein ebenso einschließt wie den Staat. Damit sollen natürlich nicht die augenfälligen Unterschiede innerhalb dieses Spektrums geleugnet werden, noch soll damit geleugnet werden, daß soziologische Theoriebildung diesen Unterschieden Rechnung tragen muß. Dahinter steht vielmehr die Leitidee, daß ein Theorieansatz, der zunächst einmal die *strukturellen Gemeinsamkeiten* zwischen den verschiedenen Typen korporativer Akteure deutlich macht, eine bessere Orientierung für die Analyse dieser Unterschiede zu bieten vermag, als eine an vorgängigen Abgrenzungen orientierte Betrachtungsweise.

Man könne – so bemerkt COLEMAN (1972, S. 208 f.) in einem der Aufsätze, in denen er seine Konzeption des *korporativen Akteurs* erläutert – die mit der Frage des kollektiven oder organisierten Handelns aufgeworfenen sozialtheoretischen Probleme rein pragmatisch lösen, indem man den Umstand, daß die Menschen zuweilen kollektiv handeln, einfach als Gegebenheit hinnehme und gleich bei den Kollektivgebilden als seinen Untersuchungseinheiten ansetze. Diese Vorgehensweise finde man bei Soziologen, die etwa die ‚Normen einer Gruppe' oder die ‚Ziele einer Organisation' zum Ausgangspunkt ihrer Analyse nehmen, man finde sie bei Politologen, die ihre Theorien direkt auf die ‚Handlungen' von Regierungen und Staaten beziehen, und auch Ökonomen würden – obschon die klassische ökonomische Theorie doch auf dem Gedanken des rationalen *individuellen* Akteurs aufbaue – in dieser Weise verfahren, wenn sie etwa Haushalte als nutzenmaximierende Konsumeinheiten oder Firmen als gewinnmaximierende Produktionseinheiten behandeln[3].

Der Mangel einer solchen pragmatischen Vorgehensweise sei freilich, so wendet Coleman ein, daß man die wichtigsten Fragen des organisierten Zusammenlebens von Menschen übergehe, wenn man nicht an irgendeiner Stelle das Handeln solcher Kollektiveinheiten selbst problematisiere,

---

[3] Vgl. dazu etwa H. ALBERTS (1967, S. 32) Kritik „jenes kurzgeschlossenen Reduktionismus der neoklassischen Theorie, der die im Markt agierenden sozialen Gebilde selbst als Quasi-Subjekte behandelt und damit den Rekurs auf die im sozialen Kontext handelnden Individuen umgeht." – Zu Alberts Kritik dieses „Pseudo-Individualismus des ökonomischen Denkens" (ebenda, S. 502, Anm.) vgl. auch ebenda, S. 404 ff., 419 ff.

wenn man nicht darangehe, eine theoretische Verknüpfung herzustellen zwischen der Ebene sozialer Kollektiveinheiten und der Ebene individuellen Handelns. Gerade diese Aufgabe einer theoretischen Überbrückung zwischen den beiden Analyseebenen[4] ist aber nach Colemans Auffassung in der Soziologie sowohl von „Theoretikern makro-sozialer Strukturen" wie auch von „Theoretikern mikro-sozialer Strukturen" vernachlässigt worden[5]. Bei seiner Konzeption des korporativen Akteurs geht es Coleman denn auch insbesondere darum, einen Beitrag zur Lösung dieser Aufgabe zu leisten.

1. Das Modell der Ressourcenzusammenlegung

Die Grundannahme der Colemanschen Konzeption besagt: Korporative Akteure werden dadurch gebildet, daß mehrere Personen bestimmte *Ressourcen zusammenlegen,* über die dann nicht mehr individuell, separat, sondern ‚im Verbund' verfügt wird. Im Sinne dieser Vorstellung – sie wird hier abkürzend als *Modell der Ressourcenzusammenlegung* bezeichnet werden – kann man also von *kollektivem Handeln* insofern sprechen, als Ressourcen einer Mehrzahl von individuellen Akteuren in einen *Pool* eingebracht sind, der einer einheitlichen Disposition untersteht (vgl. Abb. 1)[6].

Der *Ressourcenbegriff* hat in diesem Zusammenhang eine sehr allgemeine Bedeutung, er umfaßt materielle ebenso wie nichtmaterielle Güter, übertragbare Mittel ebenso wie unveräußerliche, personengebundene Fä-

---

[4] Mit diesem Problem des Übergangs zwischen „levels of organization" hätten, so meint COLEMAN (1975, S. 85), die meisten wissenschaftlichen Disziplinen zu tun. In der Soziologie werde dieser Wechsel deutlich „beim Übergang von Personen als Analyseeinheiten zu Gruppen oder Organisationen, die Personen als Mitglieder haben, und zu Organisationen oder sozialen Systemen, die wiederum Gruppen oder Organisationen als Mitglieder haben".

[5] Diese Aufgabe werde, so bemerkt COLEMAN (1975, S. 85), vernachlässigt, „von dem Analytiker oder Theoretiker makro-sozialer Strukturen, der die Ebene, auf der er seine Untersuchungseinheiten wählt, als gegeben annimmt ohne seine Untersuchung auf der Ebene individueller Personen zu begründen, und von dem Theoretiker mikro-sozialer Strukturen, der niemals über die Ebene interpersonaler Beziehungen hinausgeht".

[6] Zur Interpretation der Symbole in Abbildung 1:
1, 2 . . . i, . . . m seien individuelle Akteure.
$r_1, r_2 \ldots r_i, \ldots r_m$ seien die von den Akteuren 1 bis m eingebrachten Ressourcen.
R sei der (die eingebrachten Ressourcen r_1 bis r_m umfassende) Ressourcenpool.

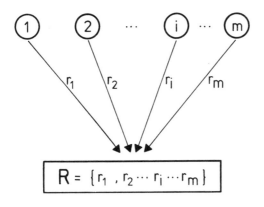

Abb. 1

higkeiten und Fertigkeiten[7]. Als Ressource in diesem allgemeinen Sinne ist all das zu bezeichnen, was ein Akteur zur Beeinflussung seiner — physischen und sozialen — Umwelt einsetzen kann[8].

Im Hintergrund des Modells der Ressourcenzusammenlegung steht die Idee, daß man den einzelnen Akteur als Inhaber eines spezifischen Bündels von Ressourcen betrachten, und sein *Handeln* als den Einsatz oder die Verwendung bestimmter Teile seiner Ressourcenausstattung interpre-

---

[7] In dieser umfassenden Bedeutung, in der er beispielsweise auch bei M CROZIER und E. FRIEDBERG (1979) verwandt wird (vgl. z.B. ebenda, S. 7, 41, 44), entspricht der Ressourcenbegriff dem *Gutsbegriff* der ökonomischen Theorie, sofern man diesen so allgemein faßt wie etwa H. ALBERT (1978, S. 65), nämlich als Bezeichnung für „alle Aspekte menschlicher Lebenssituationen, die unter dem Gesichtspunkt einer zu treffenden Entscheidung einer Bewertung unterliegen".

[8] Vgl. COLEMAN 1973a, S. 1: „In diesem Sinne können wir die Kontrolle, die ein Akteur über Ereignisse ausübt, als seine Ressourcen interpretieren". — In ähnlicher Weise definieren J. F. STOLTE und R. M. EMERSON (1977, S. 119): „Die Fähigkeit, eine bewertete Handlungsweise auszuführen, wird als *Ressource* bezeichnet". Vgl. auch R. M. EMERSON (1969, S. 388), der in der Terminologie der psychologischen Verhaltenstheorie als *Ressource* jedes mögliche Verhalten (,operant') eines Akteurs bezeichnet, das von diesem als ,Verstärker' gegenüber anderen Akteuren eingesetzt werden kann. Auf das Kriterium, daß ein Verhalten „dazu geeignet ist, einen potentiellen Tauschpartner zu belohnen bzw. zu bestrafen" stellt auch etwa G. SCHANZ (1978, S. 74) bei seiner Definition eines ,allgemein gefaßten *Güterbegriffs*' ab.

tieren kann[9]. Da (und insofern) seine Ressourcenausstattung *begrenzt* ist
— m.a.W. aufgrund von *Knappheit*[10] —, ist der einzelne bei seinen Handlungen — d.h. beim Einsatz seiner Ressourcen — mit einem *Abwägungsproblem* konfrontiert: Implizit oder explizit hat er abzuwägen zwischen
den Erträgen, die er — gemäß seiner Situationseinschätzung und gemäß
seinen Wertungen — von den verschiedenen, als potentiellen Alternativen
perzipierten Handlungsweisen (resp. Ressourcenverwendungen) erwartet[11], wobei natürlich auch das ‚Aufsparen' von Ressourcen für eine u.U.
noch völlig unspezifizierte zukünftige Verwendung eine bewertete — und
mit anderen verglichene — Handlungsalternative sein kann. Die Wahl einer bestimmten Ressourcenverwendung bedeutet zwangsläufig den Verzicht auf potentielle, jedoch konkurrierende Einsatzmöglichkeiten, ist also — in diesem Sinne — zwangsläufig mit *Kosten* verbunden[12].

Für die hier interessierende Problemstellung ist es zweckmäßig, die
Möglichkeiten der Ressourcenverwendung, die dem einzelnen überhaupt
zugänglich sind, in folgende zwei Kategorien zu unterteilen: *Erstens*, der
einzelne setzt seine Ressourcen individuell, separat ein, d.h. er verfügt jeweils für sich — gemäß seiner jeweiligen Einschätzung der Situationsgegebenheiten — über diese Ressourcen (wobei ‚Einschätzung der Situationsgegebenheiten' natürlich auch heißt: Berücksichtigung der Beschränkungen, die ihm die anderen Akteure in Verfolgung ihrer Interessen auferlegen). Oder, *zweitens*, der einzelne legt seine Ressourcen mit den Ressourcen anderer zusammen und unterstellt sie einer einheitlichen, zentralisierten Disposition. Das bedeutet, er investiert Ressourcen in einen bereits
bestehenden korporativen Akteur, oder er schafft gemeinsam mit anderen
Investoren einen neuen korporativen Akteur. — Korporative Akteure
werden durch derartige Investitionen individueller Akteure *geschaffen*,
und ihre weitere Existenz hängt von der Fortdauer solcher Investitionen
ab. Die *ursprünglichen* Inhaber von Ressourcen sind diese individuellen

---

[9] Was die Interpretation des einzelnen als eines ‚Inhabers von Ressourcen' anbelangt, so wird dazu eine gewisse Spezifikation vorzunehmen sein (vgl. S. 13).

[10] Das für die ökonomische Theorie schlechthin konstitutive *Problem der Knappheit* ist in der Soziologie keineswegs immer in seiner grundlegenden Bedeutung für die Strukturierung menschlicher Sozialbeziehungen beachtet worden. — Einen grundlegenden Beitrag zu einer ‚Soziologie der Knappheit' hat neuerlich B. BALLA (1978) vorgelegt.

[11] H. ALBERT 1978, S. 65 f.: „Alles Handeln ist eo ipso Güterverwendung. Die Ausstattung einer Person mit knappen Gütern — einschließlich ihrer Fähigkeiten, ihrer Arbeitskraft usw. — bestimmt ihre Handlungsmöglichkeiten, die im Hinblick auf ihre Ziele bewertet werden".

[12] In unmittelbarem Anschluß an ihre oben (Anm. 8, S. 11) zitierte Definition des Ressourcenbegriffs fahren J. F. STOLTE und R. M. EMERSON (1977, S. 119) fort: „Jegliche Ressourcenverwendung wird als mit Kosten verbunden betrachtet".

Akteure, während sich die bei korporativen Akteuren eingebrachten Ressourcen *letztendlich* von individuellen Akteuren herleiten[13]. Das einschränkende ‚letztendlich' ist im Hinblick auf solche korporative Akteure zu betonen, die einen Teil ihrer Ressourcen *direkt* durch andere korporative Akteure erhalten – wie dies z.B. für Dachorganisationen oder staatliche Behörden gilt[14]. Und es ist im Hinblick auf all jene korporativen Akteure zu betonen, die – aufgrund ihres u.U. recht beträchtlichen Alters – über Ressourcen verfügen, die nur zu einem Teil von den derzeitigen Mitgliedern eingebracht werden oder wurden, im übrigen jedoch einen ‚Nachlaß' früherer Mitglieder darstellen.

Mit der Alternative ‚individuelle Ressourcendisposition' versus ‚Einbringung in einen Ressourcenpool' wird natürlich lediglich eine grobe Klassifizierung innerhalb eines beiten Spektrums verschiedenster – und in den Grenzbereichen durchaus nicht immer scharf zu trennender – Möglichkeiten individuellen und kollektiven Ressourceneinsatzes vorgenommen[15]. Und natürlich trifft der einzelne seine Wahl innerhalb dieses Spektrums nicht für ‚seine Ressourcen' in toto, vielmehr kann er – im Prinzip in vielfältigsten Kombinationen – sein persönliches Ressourcenbündel (seine ‚Ressourcenausstattung') aufspalten in verschiedenartige individuelle Nutzungen einerseits und Investitionen in diverse korporative Akteure andererseits (vgl. Abb. 2)[16].

---

[13] Vgl. J. S. COLEMAN 1974/75, S. 757 f.: „Alle Ressourcen stammen von natürlichen Personen, und korporative Akteure erhalten ihre Ressourcen dadurch, daß natürliche Personen Ressourcen irgendwelcher Art in sie investieren". – COLEMAN 1976/77, S. 439: „Ebenso wie Individuen Rechte haben und Eigentum erwerben, so tun dies auch korporative Akteure, nur daß korporative Akteure ursprünglich allein dadurch entstehen, daß Individuen gewisse Rechte und Ressourcen in sie investieren".

[14] Vgl. J. S. COLEMAN 1974/75, S. 760: „Alle diese korporativen Akteure erhalten ihre Ressourcen letztlich von natürlichen Personen, wenn auch bei einigen die Ressourcen nicht direkt von Personen sondern von anderen korporativen Akteuren stammen".

[15] Vgl. J. S. COLEMAN 1974/75, S. 759 f.: „Alle Ressourcen liegen bei individuellen natürlichen Personen, und diese Personen treffen Investitionsentscheidungen. Es geht dabei um Investitionen in korporative Akteure, und zwar von einem korporativen Akteur, der lediglich ein weiteres Mitglied hat (wie etwa ein Ehepaar oder ein Freundespaar), bis hin zum umfassenden korporativen Akteur, dem Staat. Zwischen diesen Extremen liegen die verschiedenen korporativen Gebilde, mittels deren ein Großteil der Handlungen in der Gesellschaft stattfindet".

[16] Zur Interpretation der Symbole in Abb. 2:
i sei ein individueller Akteur.
A, B ... M seien korporative Akteure.
$r_\alpha, r_\beta \ldots r_\mu$ seien die Ressourcen, die Akteur i aus seinem Ressourcenbündel (Kreis) in die korporativen Akteure A, B ... M eingebracht hat.
r_{ind} seien die von Akteur i individuell disponierten Ressourcen.

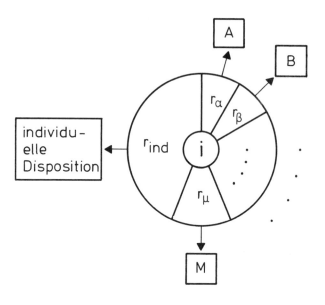

Abb. 2

Die Ressourcen, die die einzelnen in verschiedene korporative Akteure investieren, werden dabei nach Art und Umfang und nach der Bedeutung, die sie für den Investor haben, *variieren*. Aber ebenso, wie sich im Sinne des Modells der Ressourcenzusammenlegung überall dort ein korporativer Akteur definieren lassen muß, wo irgendwelche Ressourcen mehrerer einer einheitlichen Disposition unterstellt sind, so müssen sich auch überall dort, wo ein korporativer Akteur angenommen wird, *irgendwelche* Ressourcen spezifizieren lassen, die der individuellen Disposition der beteiligten Personen entzogen und in einen einheitlich disponierten Pool eingebracht sind. „Die Ressourcen können Geld sein (wie z.B. eine finanzielle Investition, oder Mitgliedschaftsbeiträge), das Recht, in ihrem Namen zu handeln (wie z.B. bei einer Gewerkschaft das Recht, einen Tarifvertrag auszuhandeln), oder Zeit und Mühe. Man kann Aktionär sein, Gewerkschaftsmitglied, Mitglied eines Berufsverbandes, Vereinsmitglied oder Bürger einer Stadt und eines Staates, und die Ressourcen, die man einbringt, werden in den verschiedenen Fällen unterschiedlich sein" (COLEMAN 1973a, S. 2). Die diversen korporativen Akteure unterscheiden sich in der Zahl ihrer Mitglieder (von Zweierkoalitionen[17] bis hin zu solch umfassenden Gebilden wie Staaten oder überstaatlichen Vereinigungen), sie unterscheiden sich hinsichtlich des Ausmaßes, in dem sie die Ressourcen ihrer Mitglieder binden (vom Freizeitklub mit minimaler Bindung bis hin zu einer nahezu totalen Einbindung wie etwa bei manchen religiösen Gemeinschaften), sie unterscheiden sich in den Modalitäten des Mitgliedschaftserwerbs (von Vereinigungen, denen der einzelne nur für kurze Frist, aus bestimmten Anlässen heraus *beitritt*, bis hin zu solchen, in die er *hineingeboren* wird und in denen er normalerweise sein Leben lang verbleibt), und sie unterscheiden sich in einer ganzen Reihe von weiteren Merkmalen. Auf einige dieser Unterschiede wird im weiteren Verlauf noch einzugehen sein. Hier sollen zunächst zwei grundlegende Probleme behandelt werden, die aus *strukturellen* Gründen bei *allen korporativen Akteuren* – ungeachtet all ihrer sonstigen Verschiedenheit – gegeben sind, wenn auch ihre Bedeutung bei gewissen korporativen Akteuren zweifelsohne größer ist als bei anderen. Die jeweiligen Regelungen, mit denen diesen Problemen Rechnung getragen wird, sind eine der wesentlichen Quellen der Unterschiede zwischen den einzelnen korporativen Akteuren, und die Fragen, die mit der Regelung dieser Probleme zusammenhängen, werden einen Hauptgegenstand der weiteren Überlegungen ausmachen.

2. Die beiden Grundprobleme korporativen Handelns

Die angesprochenen Probleme lassen sich recht gut anhand eines einfachen, fiktiven Beispiels deutlich machen[18]. Man stelle sich eine Gruppe von – um eine beliebige Zahl zu nennen – zwanzig Fischern vor, die jeweils für sich mit ihrem eigenen Boot und eigener Ausrüstung auf Fang gehen. Die einzelnen Fischer unterscheiden sich in der Qualität ihrer Ausrüstung, in ihren persönlichen Fähigkeiten, in ihrer Einsatzfreude und an bestimmten Tagen auch in ihrem Fangglück. Im Kontrast dazu stelle man sich eine Situation vor, in der diese zwanzig Fischer sich zusammengetan haben und in einem gemieteten oder gekauften großen Boot gemeinsam

---

[17] So kann man etwa ein Ehepaar insofern als eine korporativen Akteur ansehen, als die beiden Partner mit der Heirat die *individuelle* Disposition über gewisse Ressourcen – „ihre Kontrolle über gewisse Handlungen" (COLEMAN 1973a, S. 6) – zugunsten einer *gemeinschaftlichen Disposition* aufgeben.
[18] Das folgende Beispiel ist in Anlehnung an J. M. BUCHANAN (1977, S. 53 f.) gewählt worden.

auf Fang gehen. — Was unterscheidet den zweiten Fall, in dem — gemäß unserer Definition — ein *korporativer Akteur* gebildet worden ist, vom ersten? Offenkundig sind zwei wesentliche Unterschiede gegeben: Zunächst, während im ersten Fall jeder Fischer für sich separat entscheidet, wann, wo und wielange er zum Fischfang ausfahren und in welcher Weise er dabei vorgehen will, müssen diese Fragen im zweiten Fall für die Gruppe insgesamt, also für alle in einheitlicher Weise entschieden werden. Im Unterschied zum ersten Fall ist im zweiten eine *kollektive* — d.h. für die Gruppe insgesamt getroffene — *Entscheidung* erforderlich, wobei es für das Problem der kollektiven Entscheidungsfindung durchaus verschiedene Regelungsmöglichkeiten geben kann. *Zweitens*, während im ersten Fall jeder einzelne Fischer seinen individuellen, separaten Fangertrag erzielt — beeinflußt durch seine Ausrüstung, seine persönlichen Fähigkeiten, seinen Einsatz und auch durch Glück —, wird im zweiten Fall als Produkt des gemeinsamen Einsatzes der Gruppe ein Gesamtfangergebnis erzielt. Der Ertrag der gemeinsamen Aktion fällt also unmittelbar nicht in Form separater individueller Erträge, sondern als *Kollektivertrag* an, und das, was der einzelne als ‚Lohn' für seine Bemühungen erhält, hängt davon ab, wie der Gruppenertrag unter den Beteiligten *verteilt* wird[19]. Im Unterschied zum ersten Fall ist im zweiten ein *Verteilungsproblem* gegeben, und auch dieses Verteilungsproblem kann in unterschiedlicher Weise geregelt sein[20].

Das Modell der Ressourcenzusammenlegung lenkt — und darin liegt sein wesentlicher Vorzug als ‚theoretisches Instrument' — die Fragestellung systematisch auf diese beiden Probleme und ihre strukturellen Ursachen: Erstens, da die beim korporativen Akteur gepoolten Ressourcen nicht mehr separat, durch die einzelnen Beteiligten, sondern ‚im Verbund', als Bündel disponiert werden, ist danach zu fragen, wie eben diese Disposition über den Ressourcenpool *organisiert* ist[21]. Zweitens, da der

---

[19] Auf die Probleme, die sich aus dem Umstand ergeben, daß der Kollektivertrag in mehr oder minder ‚teilbarer' Form anfallen mag, wird noch einzugehen sein.

[20] H. INFIELD (1957, S. 57) weist auf dieses Verteilungsproblem hin, wenn er über den Zusammenschluß von Menschen zu einer Genossenschaft oder Kooperation bemerkt: „Indem sie dies tun, geben sie einen Teil ihrer Handlungsfreiheit auf und teilen sich gerecht (equitably) die Vorteile, die aus ihrem gemeinsamen Unternehmen erwachsen". — Mit der Formel „share equitably" setzt Infield freilich bereits definitorisch voraus, was erst im jeweiligen Einzelfall zu prüfen wäre: Wie die ‚aus dem gemeinsamen Unternehmen erwachsenden Vorteile' zwischen den Beteiligten aufgeteilt werden.

[21] Was im vorhergehenden in unspezifischer Weise als ‚einheitliche, zentrale oder kollektive Disposition' umschrieben wurde, ist also im Sinne dieser Frage nach der *Organisation korporativer Entscheidung* zu spezifizieren.

Einsatz der zusammengefaßten Ressourcen nicht separate individuelle Erträge sondern ein Gesamtergebnis, einen *Korporationsertrag* hervorbringt, ist danach zu fragen, durch welche soziale Verteilungsregelung dieser Korporationsertrag in individuelle Erträge umgesetzt wird (vgl. Abb. 3)[22].

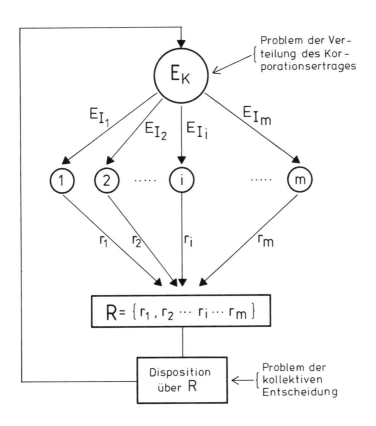

Abb. 3

---

[22] Zur Interpretation der Symbole in Abbildung 3:
E_k sei der Korporationsertrag.
$E_{I1}, E_{I2} \ldots E_{Im}$ seien die individuellen Erträge, die die Akteure 1 bis m jeweils aus ihrer Beteiligung an dem ,gemeinsamen Unternehmen' ziehen.
Zu den übrigen Symbolen vgl. Anm. 6, S. 10.

Wenn Personen Ressourcen zur gemeinsamen Nutzung zusammenlegen, also einen korporativen Akteur schaffen, so legen sie zwangsläufig – explizit oder implizit – Regelungen für diese beiden Probleme, für das Entscheidungs- und für das Verteilungsproblem, fest. Um die vielfältigen – denkbaren und tatsächlich vorfindbaren – Regelungen in eine überschaubare Systematik zu bringen, dürfte es zweckmäßig sein, von den beiden folgenden Regelungsmustern als Grundtypen der Organisation korporativen Handelns auszugehen:

Das eine Regelungsmuster ist dadurch gekennzeichnet, daß einer der Investoren die Position eines *zentralen Koordinators* einnimmt, dem die übrigen Beteiligten die Verfügung über die von ihnen eingebrachten Ressourcen überlassen, wofür sie ihrerseits feste – d.h. im *vorhinein* festgelegte und nicht vom konkreten Korporationsertrag abhängige – Gegenleistungen erhalten. Entsprechend den Modalitäten der Ressourceneinbringung ist das Entscheidungsproblem in diesem Fall so geregelt, daß der zentrale Koordinator die Verfügung über den Ressourcenpool inne hat. *Er entscheidet für die Gruppe der Ressourceneinbringer insgesamt* über den Einsatz der zusammengelegten Ressourcen. – Das Verteilungsproblem ist so geregelt, daß die übrigen Beteiligten ihre festen Erträge erhalten, während auf den zentralen Koordinator der übrigbleibende Teil des Korporationsertrages, das *Residuum*, entfällt[23]. Kennzeichnend für das zweite Regelungsmuster ist demgegenüber, daß die Verfügung über die zusammengelegten Ressourcen bei der *Gruppe* der Ressourceneinbringer insgesamt liegt, und daß auch der Korporationsertrag an die Gruppe insgesamt fällt. Was das Entscheidungsproblem anbelangt, so bedarf es in diesem Fall – da die Gruppe per se keine ‚natürliche' Entscheidungseinheit ist – irgendeines Verfahrens, durch das die individuellen Voten der Beteiligten zu *einer* Entscheidung aggregiert, also zu einer *Gruppenentscheidung* transformiert werden: Es bedarf eines expliziten oder impliz-

---

[23] Die hier vorgenommene Unterscheidung zweier ‚Ertragsarten' ist analog der Unterscheidung von ‚Kontrakteinkommen' und ‚Residualeinkommen', wie sie F. H. KNIGHT (1965) im Hinblick auf die „interne Organisation produktiver Gruppen" (ebenda, S. 267) vornimmt. Es gebe, so stellt KNIGHT (ebenda S. 271) fest, „zwei Arten von Einkommen, und nur zwei, Kontrakteinkommen ... und Residualeinkommen", wenn auch – wie er hinzufügt (ebenda, S. 272) – jedes reale Einkommen Elemente beider Einkommensarten enthalte. – Ähnlich der hier zugrunde gelegten Interpretation heißt es bei Knight zur Frage der Organisation: „Organisation schließt die Konzentration von Zuständigkeit ein, die Unterstellung von Ressourcen, die einer großen Zahl von Individuen gehören, unter zentralisierte Kontrolle" (ebenda, S. 308). Und für die Instanz, der diese ‚zentralisierte Kontrolle' zusteht, gebe es – so meint Knight (ebenda) – „nur eine mögliche Vergütung, das Residuum des Ertrages" also das, was übrig bleibe, nachdem die Zahlungen an alle übrigen Einbringer von Leistungen und Gütern vorgenommen worden seien.

ten Verfahrens kollektiver Entscheidung. – Das Verteilungsproblem wird in diesem Fall (explizit oder implizit) durch einen Verteilungsschlüssel geregelt, aufgrund dessen den einzelnen Investoren bestimmte – vom erzielten Ergebnis abhängige – Anteile am Korporationsertrag zugewiesen werden.

Diese beiden Grundmuster der Organisation korporativen Handelns, sie sollen hier als *monokratisch-hierarchischer* und *genossenschaftlich-demokratischer* Typ bezeichnet werden[24], (vgl. Abb. 4a, 4b)[25], sind bei realen korporativen Akteuren keineswegs notwendigerweise ‚in reiner Form' realisiert, sie können vielmehr in verschiedensten Kombinationen auftreten. So ist etwa, um nur ein besonders augenfälliges Beispiel zu wählen, bei einer Aktiengesellschaft die Gruppe der Aktionäre im Sinne des zweiten Regelungsmusters organisiert, während die Angestellten des Unternehmens im Sinne des ersten Regelungsmusters mit ihren Ressourcen

---

[24] Die Bezeichnungen sind hier gewählt in Anlehnung an R. MAYNTZ (1968, S. 13): „Es gibt, so groß die Vielfalt struktureller Formen großer und zweckgerichteter Sozialgebilde auch sein mag, letztlich nur eine kleine Zahl von organisatorischen Grundmodellen, wobei der Gegensatz zwischen dem genossenschaftlich-demokratischen und dem hierarchisch-monokratischen besonders augenfällig ist". – Otto von Gierke, auf dessen umfassende rechtsgeschichtliche Untersuchung zur Entwicklung des verbandstheoretischen Denkens noch ausführlicher einzugehen sein wird, hat in analoger Weise ‚*Herrschaftsverband*' und ‚*Genossenschaft*' als *Grundformen menschlicher Gemeinschaft* einander entgegengesetzt (GIERKE 1954 I, S. 9, 12 f.; 1954 II, S. 42 f.). Von den beiden Grundformen findet – so spezifiziert GIERKE (1954 II, S. 38) den Unterschied – „die eine in einem Herrn, die andere in einer Genossengesamtheit die Darstellung ihrer Einheit; alle Mischformen beruhen auf der Teilung des Verbandsrechts zwischen Herren und Gesamtheiten". Der Herrschaftsverband ist, so GIERKE (1954 I, S. 89), „in seiner reinen Form diejenige Gemeinschaft, in welcher Einer das ist, was in der Genossenschaft Alle sind. ... Er erscheint als das *Prius*, nur durch ihn und in ihm ist die Vielfalt verbunden...; sein Wille, seine Vollmacht, seine Anordnung, seine Entscheidung gelten da, wo in der Genossenschaft Gesamtwille, Wahl... gelten". – Auch in der Soziologie ist der grundlegende Unterschied zwischen ‚herrschaftlicher und genossenschaftlicher Organisationsform' verschiedentlich herausgestellt worden (z. B. von A. VIERKANDT 1931a, S. 191 f.; ders. 1961, S. 36 ff., 73), wobei er allerdings meist mit so vielen Zusatzannahmen befrachtet zu werden pflegt, daß sein analytischer Wert für die Abgrenzung allgemeiner *Grundmuster der Organisation korporativen Handelns* verloren geht. – In diesem Zusammenhang wirkt sich auch ein *terminologisches* Problem aus: Die begriffliche Gegenüberstellung von ‚Herrschaft' und ‚Genossenschaft' ist insofern irreführend, als sie davon ablenkt, daß für korporative Akteure schlechthin – also auch für ‚genossenschaftlich-demokratische' – die Unterstellung von Ressourcen unter eine einheitliche, zentrale Koordination, und in diesem Sinne *Herrschaft* kennzeichnend ist. Dieser Aspekt wird noch ausführlicher zu behandeln sein (S. 169 ff.).

[25] Zur Interpretation der Symbole in Abb. 4a, 4b vgl. Anm. 22, S. 17. Die schraffierte Umrahmung kennzeichnet jeweils die Einheit, bei der die Verfügung über die zusammengelegten Ressourcen liegt, in Abb. 4a also den ‚zentralen Koordinator', in Abb. 4b die Gruppe der Investoren.

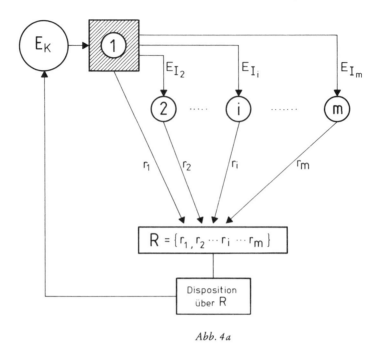

Abb. 4a

in den korporativen Akteur eingebunden sind[26]. Dieses Beispiel zeigt auch, daß die Position des zentralen Koordinators beim monokratisch-hierarchischen Typ nicht notwendigerweise nur von *einem* der Ressourceneinbringer, sondern auch von einer *Teilgruppe* eingenommen werden kann, wobei diese Teilgruppe selbst wiederum als ein besonderer korporativer Akteur innerhalb des umfassenden korporativen Gebildes interpretiert werden kann: Im Falle einer Aktiengesellschaft etwa kann die Gruppe der Aktionäre als ein korporativer Akteur betrachtet werden, der gegenüber den übrigen Ressourceneinbringern die Position einer zentralen Vertragspartei einnimmt.

Wie die vorhergehenden Überlegungen zeigen, lassen sich die *Mitglieder* korporativer Akteure, also die Personen, die Ressourcen zur gemeinsamen Nutzung zusammenlegen, offenbar in zwei Kategorien unterteilen, die sich in charakteristischer Weise hinsichtlich der Konditionen unterscheiden, unter denen sie ihre Ressourcen einbringen: *Einerseits* Kor-

---

[26] Diese einfache Charakterisierung der Aktiengesellschaft bedürfte natürlich bei genauerer Betrachtung – etwa im Hinblick auf gesetzliche Mitbestimmungsregelungen – zusätzlicher Spezifikation, doch kann davon im vorliegenden Zusammenhang abgesehen werden.

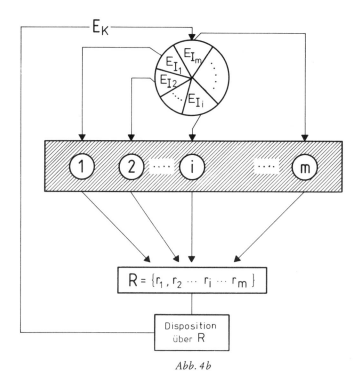

Abb. 4b

porationsmitglieder, die 1. die Verfügung über den Ressourcenpool innehaben (die also entweder das alleinige Bestimmungsrecht oder ein *Mit*bestimmungsrecht bei den ‚Entscheidungen der Korporation' haben), und denen 2. ein ergebnisabhängiger Anteil am Korporationsertrag, bzw. das Residuum, als Vergütung für ihre Investition zufällt. Und *andererseits* Korporationsmitglieder mit fester Vergütung und ohne ein solches (Mit-)Verfügungsrecht[27]. — Implizit wird bei dieser Unterteilung auf zwei Kriterien abgestellt: Erstens, auf die Frage der (Mit-)Verfügung über den Ressourcenpool, und zweitens auf die Frage der Beteiligung am Korporationsertrag. Betrachtet man diese Kriterien — mit den Ausprägungen ‚(Mit-)Verfügungsrecht/kein (Mit-)Verfügungsrecht' und ‚Residualeinkommen/Kontrakteinkommen' — als die beiden Dimensionen einer

---

[27] COLEMAN (1979, S. 22, 84) unterscheidet diese beiden Typen als „*Mitglieder* oder *Eigentümer*" einerseits und „*Angestellte oder Agenten der Korporation*" andererseits. Der Mitgliederbegriff wird von Coleman also in einem engeren Sinne verwandt als dies hier geschieht. Hier werden, dies sei noch einmal ausdrücklich betont, *alle Ressourceneinbringer* als *Mitglieder* bezeichnet, unabhängig von der Frage der Konditionen, unter denen sie ihre Ressourcen einbringen.

Matrix (s. unten), so wird deutlich, daß neben den hier herausgehobenen Kombinationen — ‚Mitbestimmung/Residualeinkommen' (a) und ‚keine Mitbestimmung/Kontrakteinkommen' (d) — natürlich noch andere Mitgliedschaftskonditionen denkbar sind. In der Realität bilden allerdings die beiden Kombinationen (a) und (d) den Regelfall, während (b) und (c) eher als ‚Abweichungen' mit mehr oder minder starker Affinität zu einer der beiden ‚typischen' Kombinationen vorzukommen scheinen.

Ertragsart \ Entscheidungsbet.	(Mit-)Verfügungsrecht	kein (Mit-)Verfügungsrecht
Residualeinkommen	a	b
Kontrakteinkommen	c	d

Auf die hier zugrunde gelegten Unterscheidungskriterien stellt etwa P. M. BLAU (1964, S. 214) ab, wenn er ‚Gewerkschaftsmitglieder' und ‚Unternehmensangestellte' als Repräsentanten zweier Typen von Organisationsmitgliedern einander gegenüberstellt und dazu bemerkt: „Der Unterschied zwischen diesen beiden Typen von Organisationsmitgliedern entspricht dem zwischen Aktionären, die — in gleicher Weise wie Gewerkschaftsmitglieder — Investitionen im Hinblick auf einen Anteil an den Gewinnen vornehmen, und Obligationsinhabern, die — ebenso wie Angestellte — einen festen Ertrag für ihre Investition erhalten"[28].

Die hier skizzierte Gegenüberstellung zweier Grundtypen der Organisation korporativen Handelns und die analoge Unterscheidung zweier Typen von Mitgliedern korporativer Akteure bietet lediglich ein erstes, grobes Orientierungsraster für die Analyse korporativer Strukturen. Auf eine Reihe von Fragen, die mit dem *Verteilungsproblem* und dem *Entscheidungsproblem* in korporativen Akteuren zusammenhängen, wird noch ausführlicher eingegangen werden (vgl. insbesondere Kap. 5). Zunächst jedoch sollen einige grundsätzlichere Fragen behandelt werden, die den allgemeinen Stellenwert einer Theorie korporativen Handelns und den theoretischen Status des Modells der Ressourcenzusammenlegung betreffen.

---

[28] P. M. BLAU 1964, S. 329: „Einige Organisationen, wie etwa freiwillige Vereinigungen und Gewerkschaften, bestehen hauptsächlich aus Mitgliedern, deren Zielen die Organisation erklärtermaßen dienen soll, und von denen man annimmt, daß sie einen Anteil an den Gewinnen erhalten. Andere Organisationen, wie etwa Wirtschaftsunternehmen, bestehen hauptsächlich aus Mitgliedern, die für Leistungen entlohnt werden, mit denen sie den Interessen anderer dienen, und die keinen Anspruch auf einen Anteil an den Gewinnen haben".

3. Verband, Institution, Organisation: Korporative Akteure in der soziologischen Terminologie

Die sozialtheoretische Problematik, zu der die — am Modell der Ressourcenzusammenlegung orientierte — *Theorie korporativer Akteure* einen Lösungsvorschlag anbietet, gehört zu den klassischen und besonders heftig umstrittenen Grundproblemen der Sozialwissenschaft. Die Frage, welcher theoretische Status *kollektiven Handlungseinheiten* einzuräumen sei, und wie die spezifischen Charakteristika derartiger Kollektivgebilde in theoretisch konsistenter Weise zu bestimmen seien, diese Frage ist in den verschiedenen Sozialwissenschaften Gegenstand theoretischer Kontroversen gewesen, wobei trotz mancher Unterschiede in den Problemformulierungen die Gemeinsamkeit der grundlegenden Problemstellung deutlich erkennbar bleibt.

In der Soziologie ist, darauf wurde in der Einleitung bereits hingewiesen, die Problematik kollektiver Handlungseinheiten in verschiedenen theoretischen Zusammenhängen und unter unterschiedlichen Begriffen behandelt worden. Auf die in diesem Zusammenhang vornehmlich interessierenden Begriffe und ihren Bezug zur Problematik korporativen Handelns soll im folgenden etwas näher eingegangen werden, um die Einordnung der hier vorgestellten theoretischen Konzeption des Modells der Ressourcenzusammenlegung in den soziologischen Diskussionskontext zu erleichtern. Die Darstellung wird sich im wesentlichen darauf beschränken, deutlich zu machen, in welchen theoretischen Zusammenhängen die Frage korporativen Handelns innerhalb der Soziologie thematisiert worden ist. Auf die inhaltliche Diskussion einiger dort formulierter Thesen und Argumente wird im weiteren Verlauf der Arbeit zurückzukommen sein.

Der Begriff des *Verbandes* ist häufig in einer ähnlich umfassenden Bedeutung, wie sie hier dem Begriff des *korporativen Akteurs* beigelegt wird, verwandt worden, allerdings vornehmlich in der älteren deutschen Soziologie[29]. So verwendet etwa Ferdinand TÖNNIES (1931, S. 186) den

---

[29] Vgl. dazu T. OTAKA 1932. – In der zeitgenössischen Diskussion hat der Verbandsbegriff kaum mehr den Status eines allgemeinen theoretischen Terminus. Er ist weitgehend zu einem spezifisch politik-soziologischen Begriff geworden, der zur Bezeichnung einer bestimmten Kategorie korporativer Akteure dient, und zwar des – auf den politischen Prozeß Einfluß nehmenden – *Interessenverbandes*. Vgl. dazu etwa J. WEBER 1977, S. 72: „Der Begriff des Verbandes bezeichnet den Zusammenschluß einzelner Personen oder Personengruppen, aber auch von Organisationen ... zu einer kollektiven Handlungseinheit, die das Ziel verfolgt, die eigenen Interessen durch Einflußnahme auf staatliche Einrichtungen, Par-

Begriff des *Verbandes* — synonym mit dem der *Korporation* oder der *Körperschaft*[30] — als Bezeichnung für jene Art von sozialen Gebilden, die „immer nach Art einer menschlichen Person gedacht wird, die als solche fähig ist, einen einheitlich bestimmten Willen zu bilden, der als Wille für die ihr angehörigen Personen (natürliche oder andere künstliche) verbindlich und nötigend ist" (ebenda)[31]. Im Sinne seiner Typologie von ‚Gemeinschaft' und ‚Gesellschaft' unterscheidet Tönnies auch Körperschaften oder Verbände danach, ob sie sich eher dem einen oder dem anderen Typus annähern[32], wobei er die eher ‚gemeinschaftlichen', durch gemeinsamen ‚Wesenswillen' bestimmten Verbände als *Genossenschaften*, die eher ‚gesellschaftlichen', durch gemeinsamen ‚Kürwillen' konstituierten Verbände als *Vereine* bezeichnet[33]. Diese Unterscheidung ist per se im vorliegenden Zusammenhang von geringerem Interesse. Erwähnung verdient sie hier deshalb, weil Tönnies dort, wo er auf ‚gesellschaftliche' Korporationen oder ‚Vereine' bezug nimmt, das Prinzip der Konstituierung kollektiver Handlungseinheiten mit Formulierungen kennzeichnet, die eine deutliche Analogie zum Denkmuster des Modells der Ressourcenzusammenlegung aufweisen.

---

teien, öffentliche Meinung und andere gesellschaftliche Gruppierungen zu fördern". — Vgl. dazu etwa auch den Abschnitt „Zur Theorie der Verbände", in: W.-D. NARR, F. NASCHOLD 1971, S. 204 ff.

[30] Vgl. auch F. TÖNNIES 1963, S. II. Als ‚spezifische Ausprägungen des sozialen Lebens' unterscheidet Tönnies (ebenda, S. XLV) ‚*Verhältnisse*' und ‚*Verbindungen*', wobei er zum Begriff der ‚Verbindung' anfügt, diese werde „zweckmäßiger als ‚Körperschaft' (Korporation — Organisation) verstanden" (ebenda).

[31] Vgl. auch F. TÖNNIES 1931, S. 189 f., wo es zur Charakterisierung der „*Körperschaft*, die auch durch viele andere Namen bezeichnet wird", heißt: „Ihr Merkmal ist die Fähigkeit einheitlichen Wollens und Handelns, eine Fähigkeit, die sich in deutlichster Weise als Beschlußfähigkeit darstellt".

[32] ‚Gemeinschaft' und ‚Gesellschaft' will TÖNNIES (1963, S. XLV) als ‚Normaltypen' verstanden wissen, „zwischen denen sich das wirkliche soziale Leben bewegt". Dementsprechend gilt auch für Körperschaften: Sie „sind gemeinschaftlich, in dem Maße als sie in unmittelbarer gegenseitiger Bejahung, also im Wesenswillen, beruhen; gesellschaftlich in dem Maße, als diese Bejahung rationalisiert worden, d. i. durch Kürwillen gesetzt worden ist" (ebenda).

[33] Die ‚Essenz' jeder „Korporation oder Verbindung von Menschen" sei — so TÖNNIES (1963, S. 228) — „nichts anderes, als bestehender, gemeinsamer Wesenswille, oder konstituierter gemeinsamer Kürwille. . . . Wenn wir den Namen der *Genossenschaft* auf den ersten Begriff (einer gemeinschaftlichen Verbindung), den des *Vereines* auf den anderen (einer gesellschaftlichen Verbindung) anwenden, so folgt, daß eine Genossenschaft als Naturprodukt nur beschrieben und als ein Gewordenes . . . begriffen werden kann. . . . Hingegen ein Verein ist ein . . . fingiertes Wesen, welches seinen Urhebern dient, um ihren gemeinsamen Kürwillen in irgendwelchen Beziehungen auszudrücken".

Die Herausbildung einer solchen ‚künstlichen Person' aus „einem System von wirklichen einzelnen Personen (Menschen)" könne man sich – stellt TÖNNIES (1963, S. 177) fest – in der Weise denken, daß diese Personen „Stücke ihres Inhalts (ihrer Freiheit, ihrer Mittel) zusammensetzen", und zwar „zu einem bestimmten Zwecke, der den Mehreren gemeinsam sein und sie verbinden muß" (ebenda, S. 178). Das ‚Dasein' dieser ‚künstlichen Person' sei entsprechend, so folgert Tönnies (ebenda), „in Wirklichkeit nur das Dasein der in bezug auf diese sich verbindenden Zwecke zusammengelegten Mittel". Was die Körperschaft an ‚eigenem Recht' habe, leite sich von dem „ihrer Konstituenten" (ebenda, S. 179) her, sei aus „dem Stoffe ihres Kürwillens ... abgeleitet und zusammengesetzt" (ebenda)[34]. Grundlage eines jeden ‚Vereins', also jedes ‚gesellschaftlichen' Verbandes, ist nach TÖNNIES (ebenda, S. 229) eine „Vereinbarung, ... ein Statut. Das Statut gibt dem Verein einen Willen durch Ernennung einer bestimmten Vertretung, es gibt ihm einen Zweck ..., in bezug worauf die Kontrahenten sich einig wissen, und gibt ihm die Mittel zur Verfolgung oder Erreichung solches Zweckes, welche Mittel aus den Mitteln jener zusammengelegt werden müssen". Zu diesen Mitteln gehören auch, wie Tönnies (ebenda) bemerkt, „Rechte in bezug auf gewisse Handlungen der einzelnen Personen".

Die Nähe zur *juristischen* Sichtweise, die in der oben zitierten Argumentation anklingt, ist durchaus symptomatisch für die Art und Weise, in der das Problem der ‚Verbände' oder ‚Korporationen' bei Tönnies und generell in der seinerzeitigen Soziologie behandelt worden ist. Gab es doch noch eine sehr enge Verbindung zwischen *soziologischer Verbandstheorie* und *juristischer Korporationslehre*, eine Verbindung, die sicherlich einerseits ein Relikt gemeinsamer Theoriegeschichte – einer ursprünglich einheitlichen Verbandslehre – war[35], die andererseits aber auch einfach den grundlegenden Gemeinsamkeiten in der Problemstellung Rechnung trug, die die soziologische und die juristische Behandlung des Verbands-

---

[34] Vgl. auch F. TÖNNIES 1963, S. 199 ff.

[35] Über diese ‚gemeinsame Theoriegeschichte', über die lange Tradition verbandstheoretischen Denkens, in der rechtliche und sozialtheoretische Elemente noch unmittelbar miteinander verquickt waren, bietet wohl OTTO VON GIERKES vierbändiges ‚Deutsches Genossenschaftsrecht' (1954; erstmals erschienen die einzelnen Bände 1868, 1873, 1881 und 1913) die wohl ausführlichste und detaillierteste Übersicht. Als *rechts*geschichtliche Abhandlung konzipiert, gibt Gierkes Werk gleichzeitig einen äußerst informativen Überblick über die Entwicklung der *sozialtheoretischen* Verbandsauffassungen. – Erwähnt sei, daß Tönnies in der ‚Vorrede' zur (1912 erschienenen) zweiten Auflage von ‚Gemeinschaft und Gesellschaft' bemerkt, er habe sich durch Gierkes ‚Genossenschaftsrecht' „unendlich bereichert" gefunden (TÖNNIES 1963, XXXII).

problems miteinander verbinden[36]. Und ein zentrales Problem, das die juristische wie auch die soziologische Verbandstheorie gleichermaßen – wenn auch nicht immer unter denselben Aspekten – beschäftigt hat, ist die Frage danach, in welchem Sinne soziale Verbände als Handlungseinheiten gelten können, ein Problem, das als Frage nach dem „Realitätscharakter der menschlichen Verbände" (E.-W. BÖCKENFÖRDE 1973, S. 272) gerade die verbandstheoretische Diskussion zu Ende des vergangenen und zu Beginn dieses Jahrhunderts bestimmt hat[37].

H. HELLER (1931) nimmt auf diese Diskussion um den ‚Realitätscharakter' sozialer Verbände bezug, wenn er seine verbandstheoretische Auffassung gegen einen „Atomismus" einerseits und eine ‚organische' Auffassung („Organologie") andererseits abgrenzt. Der ‚Atomismus' lasse, so Heller, den „Verband zur bloßen Fiktion" werden, indem er diesen nur „als Aggregat äußerlich zusammengefaßter ‚Elemente', niemals aber als reale Einheit" begreife, und die ‚organische' Verbandsauffassung begehe den „umgekehrten Fehler", indem sie zwar „von der realen Einheit des Verbandes" ausgehe, „diesen aber zur Substanz" werden lasse (ebenda, S. 612 f). Seine eigene Konzeption charakterisiert Heller mit der Feststellung: „Die Einheit ... eines jeden Verbandes ist nur insoweit wirklich, als sie stets von neuem durch (zur Wirkungseinheit geordnete) menschliche Akte hervorgebracht wird" (ebenda, S. 613). Nun ist dies zunächst eine recht allgemeine Umschreibung, der Heller denn auch einige Präzisierungen hinzufügt. Und gerade diese Präzisierungen sind im vorliegenden Zusammenhang von besonderem Interesse, bieten sie sich doch – ebenso,

---

[36] Auf die Frage dieser ‚Gemeinsamkeiten' wird an späterer Stelle (S. 105 ff.) noch ausführlicher zurückzukommen sein. – Es ist bezeichnend, daß J. Coleman bei der Darstellung seiner Konzeption des korporativen Akteurs die Verbindung zur juristischen Behandlung des Verbandsproblems hervorhebt (COLEMAN 1979, S. 1 ff.), und es ist bemerkenswert, daß er dabei ausdrücklich einen Bezug zwischen seiner Konzeption und dem Werk O. v. Gierkes herstellt: Seine eigenen Überlegungen zum Problem ‚korporativer Akteure' seien, so bemerkt COLEMAN (1979, S. IX), unmittelbar durch den englischen Rechtshistoriker F. W. Maitland beeinflußt und daher mittelbar durch Gierke, sei doch Maitland seinerseits „sehr stark Otto von Gierke verpflichtet" gewesen.

[37] Dabei lassen sich nicht nur in der Problemstellung, sondern – wie T. Otaka zu Recht betont – auch in den vorgeschlagenen theoretischen Lösungen deutliche Parallelen zwischen der soziologischen und der juristischen Behandlung des Verbandsproblems feststellen: „In der Entwicklung der Lehre vom sozialen Verband, die sich einerseits im Gebiet der Soziologie, andererseits in dem der Rechtswissenschaft abspielte, finden wir verschiedene, aber, im Grunde genommen, doch auf einige Haupttypen rückführbare Versuche, das identische Fortbestehen des menschlichen Verbandes zu erklären" (T. OTAKA 1932, S. 19).

wie die oben wiedergegebenen Äußerungen von Tönnies – dazu an, im Sinne des Modells der Ressourcenzusammenlegung interpretiert zu werden.

Ein Verband ist nach Heller eine ‚*ordnende Organisation*'[38], in der über bestimmte Leistungen der Mitglieder ‚*einheitlich verfügt*' wird, und der im Sinne einer solchen ‚einheitlichen Verfügung über Leistungen' als *Herrschaftsgefüge*[39] zu betrachten ist: „Die objektiv-wirkliche Einheit des (sei es durch autokratischen, sei es durch Majoritätsbeschluß zustande gekommen) Herrschaftsgefüges wird konstituiert durch Repräsentation, d.h. dadurch, daß Repräsentanten über die organisierten (kumulierten) Leistungen der Verbandsangehörigen einheitlich zu verfügen ... vermögen" (ebenda). Ein Verband im Sinne „einer handlungsfähigen realen ... Entscheidungs- und Wirkungseinheit" (ebenda, S. 615) komme, so Heller, „zustande durch die ... Verbindung individueller (physischer, ökonomischer, geistiger) Machtleistungen, welche durch Repräsentanten zu einer Wirkungseinheit nach innen und außen aktualisiert werden" (ebenda)[40].

Auf den Charakter des Verbandes als eines *Herrschaftsgefüges* stellt auch Max Weber bei seinen Erläuterungen zum Verbandsbegriff ab, zu dessen Definition er feststellt: „*Verband* soll eine nach außen regulierend beschränkte oder geschlossene soziale Beziehung dann heißen, wenn die Innehaltung ihrer Ordnung garantiert wird durch das eigens auf deren Durchführung eingestellte Verhalten bestimmter Menchen: eines *Leiters* und, eventuell, eines Verwaltungsstabes, der gegebenenfalls normalerweise zugleich Vertretungsgewalt hat" (WEBER 1964, S. 34)[41]. Entscheidendes Kennzeichen eines Verbandes ist nach Weber das Vorhandensein einer zentralen Koordinationsinstanz, das „Vorhandensein eines ‚Leiters': Familienhaupt, Vereinsvorstand, Geschäftsführer, Fürst, Staatspräsident,

---

[38] H. HELLER 1931, S. 613: „Verband nennen wir eine ordnende Organisation."

[39] Ebenda: „Herrschaft heißt Verfügung über menschliche Leistungen".

[40] „Erst indem die körperlichen oder geistigen Leistungen, welche aus dem persönlichen Leistungsvermögen der einzelnen zugunsten der Organisationsmacht ... ausgeschieden sind, durch besondere Organe in einheitlich entschiedener Richtung zu einem einheitlichen Leistungs- und Wirkungszusammenhang aktualisiert werden, entsteht je nachdem eine wirtschaftliche, militärische oder politische Machteinheit" (H. HELLER, Staatslehre, 1934, 3. Aufl. 1970, S. 232; hier zitiert nach E.-W. BÖCKENFÖRDE 1973, S. 293).

[41] Der in diesem Sinne als ‚Verband' zu bezeichnenden Kategorie sozialer Gebilde rechnet Weber etwa zu: Staat, Kirche, Heer, Partei, Wirtschaftsbetrieb, Interessenverband, Verein, Aktiengesellschaft, Gemeinde, Gewerkschaft u.ä. (vgl. M. WEBER 1964, S. 164 und S. 536).

Kirchenhaupt" (ebenda, S. 35)[42]. Ebenso wie Heller — obschon weniger explizit — sieht wohl auch Weber die Grundlage des innerverbandlichen Herrschaftsverhältnisses in dem Umstand, daß im Verband eine einheitliche Verfügung über Leistungen (oder Mittel) der Verbandsangehörigen stattfindet, daß also — im Sinne der obigen Erläuterungen zum Modell der Ressourcenzusammenlegung (S. 15 ff.) — das Problem der korporativen Entscheidung gegeben ist[43]. Als „Idealtypus der Vergesellschaftung" betrachte er, so stellt WEBER (1968, S. 447) fest, den ‚Zweckverein', „ein Gesellschaftshandeln mit einer zweckrational von *allen* Beteiligten *vereinbarten* Ordnung des Inhalts und der Mittel des Gesellschaftshandelns"[44]. Und zur Spezifikation dieser ‚vereinbarten Ordnung' fügt Weber erläuternd hinzu: „In der Vereinbarung der Ordnung (‚Satzung') haben. . . . die vergesellschaftet Handelnden . . . ausbedungen: welches in welchen Formen sich vollziehende Handeln welcher (oder in welcher Art zu bestimmender) Personen (‚Vereinsorgane') ‚dem Verein zugerechnet' werden soll . . . Ferner: ob und welche Sachgüter und Leistungen für die vereinbarten Zwecke des Gesellschaftshandelns (‚Vereinszweck') verfügbar sein sollen (‚Zweckvermögen'). Ebenso: welche Vereinsorgane und wie sie darüber disponieren sollen; welche Leistungen die Beteiligten für Vereinszwecke zu bieten, . . . und was sie selbst auf Grund ihrer Beteiligung an Vorteilen zu gewärtigen haben" (ebenda)[45].

---

[42] WEBER 1964, S. 35: „Die ‚Existenz' des Verbandes haftet ganz und gar an dem ‚Vorhandensein' eines Leiters und eventuell eines Verwaltungsstabes". — Zum Begriff des ‚Verbandshandelns' ebenda: „‚Verbandshandeln' soll a) das auf die Durchführung der Ordnung bezogene . . . legitime Handeln des Verwaltungsstabes selbst, b) das von ihm durch Anordnungen *geleitete* Handeln der Verbandsbeteiligten heißen. . . . ‚Verbandshandeln' wäre z. B. für alle Beteiligten ein Krieg, den ein Staat ‚führt', oder eine ‚Eingabe', die ein Vereinsvorstand beschließen läßt, ein ‚Vertrag', den der Leiter schließt, und dessen ‚Geltung' den Verbandsgenossen oktroyiert und zugerechnet wird". — Zur Frage ‚Verband und Herrschaft' vgl. auch M. WEBER 1964, S. 39, 160 f., 212 f., 214 f., 691, 697, 726 f.; ders. 1968, S. 450, 470, 476.

[43] So läßt sich etwa die — wenn auch in einem anderen Kontext stehende — Feststellung WEBERS (1964, S. 1047) deuten, das ‚Herrschaftsverhältnis' im ‚modernen Staat' und in einer Fabrik seien „gleichartig bedingt", nämlich in der „Konzentration der sachlichen Betriebsmittel" (ebenda, S. 1048) und darin, daß „die Verfügung über diese Mittel in den Händen" (ebenda) einer Zentralgewalt liege.

[44] Die Begriffe ‚Vergesellschaftung' und ‚Gesellschaftshandeln' werden von Weber nicht ganz eindeutig verwandt. Im hier zitierten Zusammenhang sind sie im spezifischen Sinne von ‚Verbandsbildung' und ‚Verbandshandeln' zu verstehen, sie werden von Weber aber auch ganz allgemein im Sinne eines durch eine ‚normative Ordnung' bestimmten Handelns benutzt (vgl. WEBER 1968, S. 422 ff.), so etwa, wenn er das „Verhalten des ‚Diebes' . . . als . . . ‚ordnungswidriges' Gesellschaftshandeln" (ebenda, S. 446) bezeichnet.

[45] Vom *Verein* grenzt Weber die *Anstalt* als spezifisch andersartigen Verbandstyp ab: „*Verein* soll ein vereinbarter Verband heißen, dessen gesatzte Ordnungen nur für die kraft

Zum Abschluß dieser Erläuterungen zur Rolle des Verbandsbegriffs in der Soziologie sei hier noch auf W. SOMBARTS Abhandlung „Grundformen des menschlichen Zusammenlebens" (1931) hingewiesen, die sich in ausführlicher, allerdings im wesentlichen rein klassifikatorischer Weise mit der Frage der Verbände – „Familie, Staat, Aktiengesellschaft, Gefolgschaft, Verein usw." (ebenda, S. 223) – befaßt[46]. Es genügt hier – im Hinblick auf eine weiter unten (S. 146) zu erörternde Fragestellung – Sombarts Unterscheidung von ‚Zweckverbänden' (oder ‚finalen Verbänden') und ‚intentionalen Verbänden' zu erwähnen. Als ‚intentionalen Verband' bezeichnet Sombart eine ‚Mehrheit von Personen', die „durch ein gemeinsames Interesse oder ein (gekürtes) Ideal geeint wird, *ohne* daß es zu einem Zweckverbande kommt" (ebenda, S. 227)[47]. Der ‚intentionale

---

persönlichen Eintritts Beteiligten Geltung beanspruchen. Anstalt soll ein Verband heißen, dessen gesatzte Ordnungen innerhalb eines angebbaren Wirkungsbereichs jedem nach bestimmten Merkmalen angebbaren Handeln (relativ) erfolgreich oktroyiert werden" (WEBER 1964, S. 37 f.). Für eine ‚Anstalt' – als Beispiel nennt WEBER (ebenda, S. 38) „vor allem den Staat nebst allen seinen heterokephalen Verbänden" – gilt im Unterschied zum ‚Verein', „daß der Einzelne normalerweise in die Beteiligung am Gesellschaftshandeln ... ohne sein Zutun hineingerät" (WEBER 1968, S. 465), daß „die Zurechnung auf Grund rein objektiver Tatbestände unabhängig von Erklärungen des Zugerechneten" (ebenda, S. 466) erfolgt (zur näheren Erläuterung vgl. WEBER 1964, S. 38; ders. 1968, S. 465 ff.). – Zu seiner Unterscheidung von ‚Verein' und ‚Anstalt' merkt WEBER (1964, S. 38) selbst an, sie sei „relativ", bezeichne nur „‚polare' Gegensätze" und teile „nicht etwa die *Gesamtheit* aller denkbaren Verbände restlos" auf. Nicht immer ganz deutlich wird im übrigen, wie das für Weber offenbar zentrale Unterscheidungskriterium, nämlich die *Modalitäten des Mitgliedschaftserwerbs*, sich zu den übrigen Abgrenzungen verhält, die Weber bei seiner Verbandsanalyse betont: zum „Gegensatz paktierter und oktroyierter Ordnungen" (WEBER 1964, S. 27; vgl. auch ebenda, S. 36, 951; ders. 1968, S. 469), und zur Unterscheidung zwischen ‚auto- und herteronomen' sowie zwischen ‚auto- und hektorokephalen' Verbänden (vgl. dazu WEBER 1964, S. 36; ders. 1968, S. 449 f., 475).

[46] Nach W. Sombarts eigenem Verständnis soll die genannte Abhandlung „eine Theorie der menschlichen Verbände" (SOMBART 1931, S. 223) bieten.

[47] ‚Intentionale Verbände' im Sinne Sombarts bilden also keine ‚*Handlungseinheiten*', sind also nicht als ‚korporative Akteure' zu betrachten. Sombarts Verbandsdefinition ist entsprechend auch allgemeiner gefaßt: Als Verband gilt „eine Mehrheit von Menschen, die in einem Sinnzusammenhang stehen" (SOMBART 1931, S. 222). Abgegrenzt werden Verbände gegenüber solchen „als Einheit gedachten oder erscheinenden Mehrheiten von Menschen" (ebenda, S. 223), denen dieses Merkmal fehlt: ‚statistische Gruppe', ‚Berufsgruppe', ‚Sprachgruppe' etc. (ebenda, S. 223 ff.). Verbände unterteilt Sombart in zwei Grundkategorien: ‚Interessen-Verbände' (oder ‚reale Verbände') einerseits und ‚Ideen-Verbände' (oder ‚ideale Verbände') andererseits. Die zweite Kategorie – sie umfaßt nach Sombart „nur drei" Verbandsarten: „Familie, Staat (Nation), religiöse Gemeinschaft" (ebenda, S. 227) – will Sombart „von allen übrigen menschlichen Verbänden" (ebenda, S. 231) abgesondert wissen, weil er meint, es sei unmöglich, diese „drei Verbände von einem empirischen Standpunkt aus, d.h. ... von irgendwelchem individualistischen Interesse ... aus sinnvoll zu deuten" (ebenda). Für die ‚Interessen-Verbände' wiederum trifft Sombart die oben erwähnte Unterscheidung in ‚Zweckverbände' und ‚intentionale Verbände'. – ‚Ideen-Verbände' und

Verband' schwebe – so SOMBART (ebenda, S. 233) – „gleichsam zwischen zwei Welten", zwischen der bloßen ‚statistischen Gruppe' einerseits und dem ‚Zweckverband' andererseits. Von der statistischen Gruppe unterscheide ihn „die geistige Verbundenheit der Mitglieder", und vom Zweckverband trenne ihn, daß die betreffende Mehrheit von Menschen „sich noch nicht auf der Grundlage eines Zweckzusammenhanges ‚organisiert' hat" (ebenda)[48]. Im *Zweckverband* ist nach Sombart eine Mehrheit von Menschen durch einen ‚Zweckzusammenhang' geeint, „der in einer Organisation (gesetzten Ordnung) seine Objektivierung (Vergegenständlichung) erfährt. Der Zusammenschluß erfolgt um des Zweckes willen, den die Mitglieder sich vorgesteckt haben. ... Die Spannweite des Zweckverbandes ist unermeßlich groß. Sie reicht von der Landpartie zum Kartell, von der Butterhandlung zur Akademie der Wissenschaften, von der Räuberbande zum Protestantenverein, vom Kegelklub zum Völkerbund, von der Aufwertungspartei zum Schutzverband der Schwerhörigen. Es gibt in der großen Welt der Zwecke keinen einzigen, der nicht Anlaß zur Gründung eines Zweckverbandes werden könnte, die ihrerseits in den allerverschiedensten Formen erfolgen kann" (ebenda, S. 232)[49].

Als eine weitere Bezeichnung für korporative Akteure ist in der Soziologie auch der Begriff der *Gruppe* gebräuchlich, mit dessen großer Verbreitung allerdings eine ebenso große Uneinheitlichkeit und Unschärfe der ihm beigelegten Bedeutung einhergeht[50]. Überdies stehen bei der Verwendung dieses Begriffs in der Regel andere Fragen und Problemstellungen im Vordergrund als die hier interessierende Problematik korporativen

---

‚Zweckverbände' im Sinne der Terminologie Sombarts entsprechen also zusammengenommen jener Kategorie sozialer Gebilde, die in der vorliegenden Arbeit als *korporative Akteure* bezeichnet werden.

[48] Es sei erwähnt, daß F. Tönnies eine analoge Unterscheidung vornimmt, wenn er der oben (Anm. 30, S. 24) erwähnten Gegenüberstellung von ‚Verhältnissen' und ‚Körperschaften' den Begriff „der ‚Samtschaft' als ein Mittelglied" (TÖNNIES 1963, S. XLV) hinzufügt und diesen Begriff wie folgt erläutert: „Als soziale Samtschaften verstehe ich Gesamtheiten von Individuen oder Familien, die durch überkommene gemeinsame Werte oder dank ihnen eigener Kräfte – Interessen – ... miteinander zusammenhängen und von diesen Zusammenhängen, mithin von ihrer ideellen Einheit ein Bewußtsein haben, ohne jedoch einen bestimmten gemeinsamen Willen zu bilden, weil sie nicht als solche beschluß- und handlungsfähig sind, nicht als organisierte Korporation wirken, sondern nur eines stillschweigenden Einverständnisses fähig, das ... auf bestimmte Anlässe hin, zutage tritt, aber sonst latent bleibt" (TÖNNIES 1931a, S. 617).

[49] Zur Frage der „Struktur des Zweckverbandes" lasse sich, meint SOMBART (1931, S. 232), „im Grunde nicht viel mehr sagen, als daß sich die Mitgliedschaft jedes Verbandes in Leiter und Geleitete spaltet, deren Verhältnis zueinander aber in grundverschiedener Weise geregelt sein kann".

[50] Vgl. dazu etwa den Übersichtsartikel von W. BERNSDORF (1969).

Handelns. — Als umfassende Bezeichnung für ‚kollektive Handlungseinheiten' hat etwa Georg Simmel den Begriff der sozialen Gruppe verwandt: ‚Staat', ‚Verein' und ‚Armee' (SIMMEL 1968, S. 377) fallen bei ihm ebenso darunter wie ‚Familie', ‚Universität', ‚Gewerkschaft' oder ‚religiöse Gemeinde' (ebenda, S. 518)[51]. Simmels Abhandlung „Die Selbsterhaltung der sozialen Gruppe" (ebenda, S. 375 — 526) enthält eine recht detaillierte Analyse einiger zentraler Aspekte solcher ‚kollektiver Handlungseinheiten', insbesondere des Problems der Organisation *korporativer Entscheidung*. Im Zusammenhang mit der späteren Behandlung dieses Problems wird auf die entsprechenden Argumente Simmels noch eingegangen werden, sodaß hier diese Hinweise genügen mögen.

Auf das Verständnis von ‚sozialer Gruppe' als *Handlungseinheit* wird (zumindest implizit) in all den Fällen abgestellt, in denen dem Begriff der Gruppe das Adjektiv ‚organisiert' beigegeben wird[52]. So spricht etwa A. VIERKANDT (1961, S. 36) vom „Gegensatz zwischen organisierten und nicht organisierten Gruppen", wobei er als Spezifikum der organisierten Gruppe nennt, daß „das Geschehen und Handeln von einem Mittelpunkt aus in größerem oder geringerem Umfange mehr oder weniger bewußt und planmäßig geleitet wird" (ebenda, S. 36 f.)[53]. Und die Vorstellung von ‚organisierten Gruppen' als kollektiven Handlungseinheiten steht etwa auch hinter R. DAHRENDORFS (1957, S. 171 f.) Gegenüberstellung von „*organisierten Interessengruppen*" und „*Quasi-Gruppen*", die — so DAHRENDORF (ebenda, S. 172) — als bloße *Aggregate* (von Trägern gleicher Merkmale) „allenfalls potentielle Gruppen" seien[54]. Den Begriff der Interessen-

---

[51] Vgl. auch G. SIMMEL 1968, S. 7, wo Simmel die strukturellen Ähnlichkeiten betont, die an den verschiedensten „gesellschaftlichen Gruppen" aufweisbar seien: „an einer staatlichen Gesellschaft wie an einer Religionsgemeinde, an einer Verschwörerbande wie an einer Wirtschaftsgenossenschaft, an einer Kunstschule wie an einer Familie".
[52] Vgl. dazu z.B. die Gegenüberstellung von ‚sozialen Kategorien' oder ‚sozialen Aggregaten' einerseits und Gruppen (Primär- und Sekundärgruppen) als *organisierten* Gebilden andererseits, wie sie E. M. WALLNER (1975, S. 117) bei seiner Übersicht über die Verwendung entsprechender Kollektivbegriffe in der soziologischen Literatur als Ordnungsschema zugrunde legt.
[53] Im Hinblick auf die oben (S. 15 ff.) vorgenommene Unterscheidung zweier ‚Grundmuster der Organisation korporativen Handelns' sei erwähnt, daß VIERKANDT (1961, S. 36) — wie er bemerkt: „nach heute ziemlich herrschender Anschauung" — die organisierten Gruppen in ‚herrschaftliche' und ‚genossenschaftliche' unterteilt (vgl. auch ebenda, S. 73 sowie ders. 1931, S. 191 f.).
[54] Dahrendorfs Gegenüberstellung von Quasi-Gruppen und (organisierten) Interessengruppen ist analog zur oben (S. 29) erwähnten Sombartschen Unterscheidung zwischen ‚intentionalen —' und ‚finalen Verbänden' sowie zur Tönniesschen Abgrenzung von ‚Samtschaft' und ‚Körperschaft' (vgl. oben, S. 30, Anm. 48). — In gleichem Sinne unterscheidet etwa auch G. GURVITCH (1974, S. 131, 157, 161) „*unorganisierte und organisierte Gruppierungen*".

gruppe will Dahrendorf dabei als „eine allgemeine Kategorie" verstanden wissen, zu der er erläuternd bemerkt: „jede sekundäre Gruppe läßt sich als Interessengruppe verstehen — ein Schachklub sowohl wie ein Berufsverband, ein Fußballklub wie eine politische Partei oder eine soziale Klasse" (ebenda)[55].

Der Begriff der *Institution* ist ein weiterer Begriff, der in der Soziologie als Bezeichnung für kollektive Handlungseinheiten verwandt wird. Gerade diesem traditionsreichen soziologischen Terminus werden jedoch in besonderem Maße *unterschiedliche* Bedeutungen beigelegt[56], wobei vor allem die mangelnde Trennung zweier Bedeutungsvarianten manche Unklarheit gestiftet hat. Im Sinne der einen Bedeutungsvariante dient der Institutionenbegriff als Bezeichnung für *organisierte Gruppen*, im Sinne der zweiten demgegenüber als umfassende Bezeichnung für *normative Regelungen* oder sozial-normative Verhaltensmuster jeglicher Art[57].

Vornehmlich (obschon nicht eindeutig) im Sinne der zweiten Bedeutungsvariante wird der Institutionenbegriff etwa von E. Durkheim verwandt. In ähnlich umfassender Bedeutung wie der Begriff des ‚soziologischen Tatbestandes' erscheint der Institutionenbegriff bei Durkheim als Bezeichnung für jene „ganz besondere Art des Seins" (DURKHEIM 1965, S. 100), die nach Durkheims Auffassung den spezifischen Gegenstandsbereich der Soziologie konstituieren soll. Man könne — so Durkheim — „alle Glaubensvorstellungen und durch die Gesellschaft festgesetzten Verhaltensweisen Institutionen nennen" (ebenda), wobei er etwa ‚Familie', ‚Ehe' oder ‚Eigentum' als Institutionen bezeichnet (ebenda, S. 215). — Als

---

[55] Was die etwas irritierende Einordnung der ‚sozialen Klasse' in die Kategorie der organisierten Interessengruppe anbelangt, so sind die Besonderheiten der Dahrendorfschen Terminologie zu berücksichtigen. Spricht DAHRENDORF (1957, S. 173) doch von ‚Klasse' in einem doppelten Sinne: Klasse im Sinne einer ‚Quasi-Gruppe' („Klasse an sich") und Klasse im Sinne einer Interessengruppe („Klasse für sich"). Klassen haben sich — in der Konzeption Dahrendorfs — „erst als solche konstituiert, wenn sie als organisierte Gruppen in politische Auseinandersetzungen eingreifen". — Vgl. dazu auch etwa M. WEBER 1964, S. 680 f.

[56] So spricht etwa J. STONE (1968, S. 366) von der „Unbestimmtheit des Begriffs ‚Institution' in der Sozialtheorie" und weist darauf hin, daß dieser Begriff „in der Soziologie, der Anthropologie und der Rechtswissenschaft in mannigfacher Weise verwendet" (ebenda, S. 365) werde.

[57] Dazu auch A. ETZIONI 1967, S. 13: Der Begriff „*Institution* wird manchmal gebraucht, um gewisse Arten von Organisationen zu kennzeichnen . . . Manchmal bezieht sich der Begriff ‚Institution' auch auf ein ganz anderes Phänomen, und zwar auf ein normatives Prinzip, welches kulturelle Einrichtungen, wie z. B. die Ehe und das Eigentum, beschreibt. Wegen dieser zwei widersprüchlichen Begriffsinhalte hat der Ausdruck *Institution* vielleicht mehr Verwirrung hervorgerufen . . .". Diese Doppeldeutigkeit des Institutionenbegriffs in der soziologischen Terminologie ist etwa auch von T. PARSONS kritisch vermerkt worden (vgl. ders. 1975, S. 97).

Bezeichnung für *organisierte Kollektivgebilde* und synonym mit Begriffen wie Verband, Gruppe oder Organisation verwendet demgegenüber etwa B. Malinowski den Begriff der Institution (B. MALINOWSKI 1975, S. 31 ff.). Eine Institution ist nach Malinowski „ein System von organisierten und koordinierten Tätigkeiten" (ebenda, S. 84), ein System organisierter Zusammenarbeit, das – wie Malinowski betont[58] – seine Grundlage in einer bestimmten ‚materiellen Ausstattung'[59] und in einer stillschweigenden oder ausdrücklichen ‚Verfassung'[60] hat. Jedwede Institution – so Malinowski – „hat ihren materiellen Untergrund; ein bestimmter Teil von dem, was die Umwelt an Reichtum und Hilfsmitteln aufweist, ist ihr vorbehalten und ebenso ein Anteil an den Früchten, die das vereinte Tun hervorbringt. Die Gruppe ist nach ihrer Verfassung organisiert, handelt durch ihr gesellschaftliches und organisiertes Zusammenwirken, ... nutzt den ihr zur Verfügung stehenden materiellen Apparat und verrichtet so die Handlungen, für die sie sich organisiert hat" (ebenda, S. 89). „Bei Familie und Geschäft, bei Hotel und Hospital, bei Klub und Schule, beim politischen Hauptquartier und bei der Kirche, bei allen Institutionen, finden wir eine bestimmte Gruppe, einen Ort, eine Reihe von Satzungen und technischen Regeln, und weiter eine Verfassung" (ebenda, S. 84)[61].

Ohne ausdrückliche Unterscheidung sind die beiden erwähnten Bedeutungsvarianten des Institutionenbegriffs etwa in der Institutionenlehre Arnold Gehlens zu finden. Von Institutionen spricht Gehlen einerseits (und vorrangig) dann, wenn er auf normative Regelungen bezug nimmt,

---

[58] Vgl. dazu insbes. die Kapitel „Theorie des organisierten Verhaltens" und „Die konkreten Einzeltatsachen des organisierten Verhaltens" in B. MALINOWSKI 1975, S. 80 – 102.

[59] MALINOWSKI (Ebenda, S. 81): Eine Gruppe „organisiert sich . . ., das heißt, sie stattet sich materiell aus".

[60] MALINOWSKI (ebenda, S. 85): „Die Organisation jedes solchen Tätigkeitssystems setzt stillschweigend die Annahme gewisser grundlegender Wertsetzungen und Gesetze voraus. . . . Selbst wenn wir uns mit einer Verbrecherbande beschäftigen, würden wir sehen, daß auch sie ihre Ziele und Absichten festlegt".

[61] Was die zentrale Rolle anbelangt, die der Gedanke der ‚*Verfassung*' in Malinowskis ‚Theorie des organisierten Verhaltens' spielt, so sei an die oben (S. 25 und S. 28) zitierten Äußerungen von Tönnies und Weber erinnert, in denen auf ‚Satzung' oder ‚Statut' als Grundlage von Verbänden bezug genommen wird. Hier wie dort werden, dies ist im Hinblick auf nachfolgende Überlegungen (unten, S. 37 ff.) hervorzuheben, ‚Systeme organisierter Zusammenarbeit' (Verbände, Institutionen) als ‚*konstitutionelle Systeme*' interpretiert. – Vgl. dazu auch MALINOWSKI 1975, S. 80: „Die grundlegende Tatsache der Kultur . . . ist die Organisation von Menschenwesen in dauerhafte Gruppen. Solche Gruppen sind durch irgendeine Übereinstimmung verbunden, . . . kurz durch irgendetwas, was Rousseaus *contrat social* entspricht. Wir sehen sie stets innerhalb bestimmter materieller Gegebenheiten zusammenwirken: ein Stück der Umwelt, das ihr vorbehalten ist, einer Anzahl von Werkzeugen und Artefakten, ein Stück Reichtum, das ihr rechtmäßig zusteht".

auf die „Einrichtungen, Gesetze und Verhaltensstile" (GEHLEN 1961, S. 23) einer Gesellschaft, auf ihre „kulturellen Verhaltensmuster" (ebenda, S. 71), ihre „sich verselbständigenden Ordnungs- und Zuordnungsgefüge" (ebenda, S. 143), ihre „Sozialformen, Produktionsformen, Rechtsformen, Riten usw." (ebenda, S. 62)[62]. Andererseits verwendet Gehlen den Institutionenbegriff aber auch als Bezeichnung für „Organisationen" (GEHLEN 1963, S. 205; ders. 1964, S. 35), für „rationale Zweckverbände" (ders. 1963, S. 227), für „Interessenverbände" (ebenda, S. 228), für (organisierte) Kollektivgebilde wie Familie, Berufsverbände, Gewerkschaften, Parteien, Betriebe, Hochschulen, Kirche oder Staat (ebenda, S. 205, 227f., 245, 334; ders. 1964, S. 35)[63].

Zu erwähnen ist in diesem Zusammenhang auch die — in enger Nachbarschaft zur sozialtheoretischen Diskussion angesiedelte — juristische Institutionentheorie von Maurice Hauriou, in der der Begriff der Institution ebenfalls in der erwähnten Doppelbedeutung erscheint. Hauriou nimmt allerdings eine ausdrückliche Abgrenzung der beiden Bedeutungsvarianten vor, indem er „zwei Typen von Institutionen" (HAURIOU 1965, S. 34) unterscheidet, nämlich einerseits „die Kategorie der Personen-Institutionen (institutions-personnes) oder Körperschaften (Staaten, Vereinigungen, Gewerkschaften usw.)" (ebenda) und andererseits die Kategorie der „Sach-Institutionen (institutions-choses)" (ebenda, S. 35), für die er „die sozial verankerte Rechtsnorm" (ebenda) als charakteristisches Beispiel anführt. Der Stellenwert dieser Unterscheidung und die Bedeutung des übergreifenden Institutionenbegriffs werden freilich bei Hauriou kaum deutlich, da sich seine Ausführungen — wie er selbst betont — „ausschließlich den Personen-Institutionen oder verbandsmäßigen Institutionen widmen" (ebenda)[64]. Den Begriff der ‚Personen-Institution' (‚ver-

---

[62] Vgl. auch A. GEHLEN 1963, S. 201, 205; ders. 1964, S. 20, 23.

[63] Auch H. SCHELSKY (1970) benutzt den Begriff der Institution einerseits als Bezeichnung für „die normativ bewußt gemachten, auf Dauer gestellten Regelmäßigkeiten des sozialen Handelns" (ebenda, S. 13), andererseits — im Anschluß an Malinowski — als Bezeichnung für „gruppenhafte Organisation" (ebenda, S. 15), ohne diesen Bedeutungsunterschied jedoch zu problematisieren.

[64] Daß der Begriff der ‚Sach-Institutionen' und seine Zuordnung zum Begriff der ‚Personen-Institutionen' bei Hauriou unklar bleiben, wird auch von W. I. JENNINGS (1968, S. 105 f.), V. LEONTOVITSCH (1968, S. 177, 233) und J. STONE (1968, S. 317 f.) kritisch vermerkt. — G. GURVITCH (1968, S. 30 f.) meint, die von Hauriou angeführten „zwei Gruppen von Institutionen" könnten zusammenfassend mit dem Ausdruck „normative Tatbestände" gekennzeichnet werden. Doch betont auch Gurvitch, die Aufmerksamkeit Haurious sei „so stark auf die ‚Institutionen' als ‚soziale Gruppen' gerichtet, daß er, wenn er von ‚Institutionen' spricht, gewöhnlich nur diese Kategorie ‚normativer Tatbestände' im Auge hat" (ebenda, S. 31).

bandsmäßigen Institution' oder ‚körperschaftlichen Institution') verwendet Hauriou dabei als umfassende Bezeichnung für organisierte Kollektivgebilde, in denen es eine „Gruppe von Beteiligten" (ebenda, S. 39) — „d.i. im Staat die Gruppe der Untertanen und Bürger, in der Gewerkschaft die Gruppe der Gewerkschaftler, in der Aktiengesellschaft die Gruppe der Aktionäre" (ebenda, S. 39 f.) — und „eine *organisierte Führungsmacht*" (ebenda, S. 40) gibt[65].

Das Merkmal des *Organisiert-Seins* ist — wie die vorangegangenen Erläuterungen zum Gebrauch der Begriffe ‚Verband', ‚Gruppe' und ‚Institution' erkennen lassen — offensichtlich das Merkmal, auf das primär bezug genommen wird, wenn es darum geht, die Besonderheit jener Kategorie sozialer Gebilde zu kennzeichnen, die hier als *korporative Akteure* bezeichnet werden. In ähnlich umfassender Bedeutung wie der Terminus korporativer Akteur wird denn vor allem auch der Begriff der *Organisation* verwandt[66], und zwar insbesondere in der zeitgenössischen soziologischen Terminologie. In der modernen Organisationssoziologie, so stellt etwa R. MAYNTZ (1969) fest, diene der Organisationsbegriff „zur Bezeichnung einer bestimmten Kategorie sozialer Gebilde, die neben den Vereinen und Verbänden auch die rational durchgeformten Institutionen auf allen wichtigen Lebensgebieten — von der Kirche über Wirtschafts- und Verwaltungsbetriebe bis hin zu Schulen, Gefängnissen und Wehrmacht — umfaßt" (ebenda, S. 761), in ihr würden als Organisationen „alle sozialen Gebilde bezeichnet, in denen eine Mehrzahl von Menschen zu einem spezifischen Zweck bewußt zusammenwirken" (ebenda, S. 762). — Wenn auch in der soziologischen und allgemein in der sozialwissenschaftlichen Organisationstheorie eine gewisse (in den zitierten Feststellungen von R. Mayntz anklingende) Tendenz besteht, die Bezeichnung ‚Organisation' auf jene Teilgruppe kollektiver Handlungseinheiten zu beschränken, die durch ein formalisiertes Regelsystem bestimmt, ‚rational durchgeformt'

---

[65] Der Begriff der ‚Personen-Institution' im Sinne Haurious bezeichne — so bemerkt J. STONE (1968) — „eine Gruppierung von Menschen, die sich der Erreichung eines gemeinsamen Zwecks widmen" (ebenda, S. 316), einen „Zusammenschluß zur Erfüllung einer gemeinschaftlichen Aufgabe" (ebenda, S. 313), bei dem „die individuellen Verhaltensweisen zu einem kollektiven Verhalten ... verschmelzen" (ebenda).

[66] Dazu bereits die Arbeit von F. KLEIN (1913). — Man kann eine Parallele zum Denkmuster des Modells der Ressourcenzusammenlegung ziehen, wenn es bei KLEIN (ebenda, S. 125) etwa heißt: „Die Mittel der Organisation sind auf das letzte Agens zurückgeführt Geist, Wille und Sachgüter, Kapital. Es sind dieselben Elemente, woraus sich jedes soziale Sein aufbaut; die Organisation ist nur nach irgendwelcher Richtung angehäuftes und konzentriertes soziales Sein ... die Grundelemente sind immer dieselben, in ihrem Gebrauche besteht das Handeln der Organisation".

sind, so steht doch ohne Zweifel die hier zu behandelnde Theorie korporativer Akteure in besonders enger Nachbarschaft zur soziologischen und allgemein sozialwissenschaftlichen Organisationstheorie. An dieser Stelle sei lediglich auf diese enge Verbindung hingewiesen, wird doch im weiteren Verlauf der Arbeit noch wiederholt Gelegenheit gegeben sein, den Bezug zur sozialwissenschaftlichen Organisationstheorie herzustellen.

2. Kapitel

Individualistisch-vertragstheoretische und individualistisch-evolutionistische Erklärung sozialer Strukturen: Das Modell der Ressourcenzusammenlegung und das Austauschmodell als Grundmodelle individualistischer Sozialtheorie

Die – implizite oder explizite – Regelung des Entscheidungs- und des Verteilungsproblems bei korporativem Handeln, von der oben (S. 18 f.) die Rede war, bedeutet im Kern nichts anderes als die – stillschweigende oder ausdrückliche – Vereinbarung einer *Verfassung* für den betreffenden korporativen Akteur. Denn, was man als Verfassung von Organisationen, Verbänden oder auch Staaten zu bezeichnen pflegt, beinhaltet eben dies: Mehr oder minder spezifische Angaben darüber, welche Leistungen die Mitglieder einzubringen haben, wie über die gemeinsamen Angelegenheiten entschieden wird, und welche Ansprüche die einzelnen an den Erträgen des gemeinsamen Unternehmens haben.

Daß in diesem Sinne im Modell der Ressourcenzusammenlegung die Vorstellung von korporativen Akteuren als *konstitutionellen Systemen* angelegt ist, hebt COLEMAN (1974/75, S. 758) mit der Feststellung hervor: Indem Personen Ressourcen in korporative Akteure investieren, legen sie „stillschweigend oder ausdrücklich eine Verfassung fest, die man durchaus als einen Gesellschaftsvertrag zwischen ihnen betrachten kann"[1].

---

[1] Weiter heißt es dazu bei COLEMAN (1974/75, S. 758): „In diesem Gesellschaftsvertrag verpflichtet sich jede Partei, gewisse Rechte und Ressourcen in den korporativen Akteur einzubringen, und sie erhält dafür zweierlei zurück: partielle Kontrolle über die Handlungen des korporativen Akteurs und die Aussicht, aus den Handlungen des korporativen Akteurs größere Vorteile zu ziehen, als die, welche sie durch eigene individuelle Handlungen realisieren würde".
In ähnlicher Weise wie Coleman hat G. E. Swanson seiner ‚organisationstheoretischen Analyse von Kollektiven' (SWANSON 1978) den Gedanken zugrunde gelegt, daß einer *korporativen* Beziehung stets ein *stillschweigender oder ausdrücklicher Vertrag* (ebenda, S. 299) zu-

Wenn seine Konzeption des korporativen Akteurs von daher eine gewisse „Verwandtschaft zu Vertragstheorien der Gesellschaft" aufweise, so sei dies — meint COLEMAN (ebenda, S. 757, 758) — keineswegs zufällig, müsse doch jede Theorie, die „von der Position eines analytischen Individualismus ausgeht", in irgendeiner Form die Idee eines Gesellschaftsvertrages enthalten.

Nun liegt es zwar in der Tat nahe, beim Bemühen um eine *individualistische Theorie korporativer Akteure* auf die Theorie des Gesellschaftsvertrages bezug zu nehmen, wie sie insbesondere der naturrechtlichen Staats- und Verbandslehre zugrunde lag. Dennoch ist es bemerkenswert, daß Coleman seinen Versuch, eine theoretische Verknüpfung zwischen der Ebene individuellen Handelns und der Ebene sozialer Kollektiveinheiten (vgl. oben, S. 9 f.) herzustellen, in die *Tradition des naturrechtlich-vertragstheoretischen Denkens* einordnet. Bemerkenswert deshalb, weil damit an eine sozialtheoretische Konzeption angeknüpft wird, die sich in charakteristischer Weise von jener unterscheidet, in deren Zeichen die neuere individualistische Sozialtheorie gerade angetreten ist: von der *individualistisch-evolutionistischen Konzeption der Schottischen Moralphilosophie*. Auf die Unterschiedlichkeit der sich hier gegenüberstehenden Grundmodelle einer individualistischen Erklärung sozialer Strukturen sowie auf das Verhältnis dieser beiden Modelle zueinander, soll im folgenden etwas ausführlicher eingegangen werden.

---

grunde liege. Als *korporativer Akteur* stelle — so SWANSON (ebenda, S. 289) — „jedes Kollektiv ein konstitutionelles System dar" („As a corporate actor, every collectivity *consists in* a constitutional system"). Dies gelte auch etwa für Familien- oder Freundschaftsbeziehungen. Denn auch bei einer Freundschaft gebe es „Verfahren und Regeln für kollektives Handeln und einen speziellen Bereich, in dem diese Verfahren legitimerweise geltend gemacht werden können" (ebenda). Und auch eine Familie habe „ein Verfahren, ihre Handlungen auszuführen ... Dieses Verfahren wird vielleicht nicht immer zwischen den Mitgliedern einer Familie ausgesprochen, aber jede Familie hat eins" (ebenda, S. 291). — Es sei hier zum Vergleich J. S. Coleman zitiert, der die Einbeziehung von ‚Ehepaar' und ‚Freundespaar' in die Kategorie der korporativen Akteure mit der Bemerkung kommentiert: „Auf den ersten Blick mag es so scheinen, als lasse sich eine ‚Beziehung zwischen zwei Freunden' beim besten Willen nicht als korporativer Akteur interpretieren. Die Definition eines korporativen Akteurs impliziert jedoch, daß man überall dort, wo Handlungen korporativ ausgeführt werden, einen korporativen Akteur sinnvoll definieren kann. Von daher bildet auch ein Paar von Freunden, insoweit diese korporativ handeln, einen korporativen Akteur. Der von ihm erfaßte Kreis von Aktivitäten und Ereignissen kann durchaus eng begrenzt sein; nichtsdestoweniger, im Hinblick auf diese Aktivitäten und Ereignisse kann es als korporativer Akteur betrachtet werden" (COLEMAN 1974/75, S. 759 f. Anm.).

1. Die Theorie des Gesellschaftsvertrages und die evolutionistische Sozialtheorie der Schottischen Moralphilosophen

Jene Tradition des naturrechtlich-vertragstheoretischen Denkens, von der oben die Rede war, umfaßt ein recht breites Spektrum von Vorstellungen, die sowohl in ihren Ausgangsannahmen wie auch in ihren schließlichen Konklusionen keineswegs einheitlich sind. Doch soll im vorliegenden Zusammenhang von der Frage der unterschiedlichen Ausgestaltung, die die Denkfigur des Gesellschaftsvertrages in der Tradition der Naturrechtsphilosophie erfuhr, ebenso abgesehen werden wie von der Frage, inwieweit dabei Probleme der Erklärung und Probleme der Legitimation korporativer Strukturen miteinander verquickt wurden. Hier ist allein der Umstand von Interesse, daß sich bereits innerhalb der klassischen naturrechtlichen Kontraktlehre Ansätze zu einer *allgemeinen individualistischen Verbandstheorie* finden, die gewisse deutliche Parallelen zu den Vorstellungen des Modells der Ressourcenzusammenlegung aufweisen.

„Die Theorie des Gesellschaftsvertrages war zunächst für *den Staat* entwickelt worden. Mehr und mehr aber wurde sie *auf alle menschlichen Verbände angewandt*". Dies betont OTTO VON GIERKE (1954 IV, S. 402), der in seiner detaillierten Darstellung der Entwicklung der naturrechtlichen Vertragstheorie gerade die Überlegungen zu einer allgemeinen individualistischen Verbandstheorie vorstellt (ebenda, S. 332—447, S. 489—541). Für die Entwicklung der *Vertragslehre*, die die theokratische Gesellschaftsauffassung des Mittelalters ablösen sollte[2], ist nach Gierke die ‚Politik' (‚Politica methodice digesta …', 1603) des Johannes Althusius von maßgeblicher Bedeutung. Althusius habe die Vertragslehre, die auch bereits in der philosophischen Staatslehre des Mittelalters zu finden war, „zur *Theorie* erhoben" (GIERKE 1958, S. 76), er müsse „als der Schöpfer einer eigentlichen *Theorie* des contrat social betrachtet werden" (ebenda, S. 99), sei er doch der erste gewesen, der „den Gedanken, daß alles menschliche Gemeinleben auf einem Vertrage der Verbundenen beruht, zum konstruktiven Prinzip seines politischen und sozialen Systems"

---

[2] GIERKE 1954 IV, S. 276: „Die geistige Großmacht, welche die mittelalterlichen Anschauungen vom Wesen der menschlichen Verbände schließlich zersetzt hat, war das *Naturrecht*". — Dazu auch etwa W. SOMBART 1956, S. 15 f.: „Als die europäische Welt in die neue Zeit eintrat, beherrschten zwei Anschauungsweisen das auf das menschliche Zusammenleben gerichtete Denken: die theokratische, die aus dem Mittelalter herübergekommen war, und die naturrechtlich-vertragstheoretische".

(ebenda) gemacht habe[3]. Über dieses ‚politische und soziale System' des Althusius heißt es bei GIERKE (1954 IV, S. 195 f.): „Indem ihm jeder Verband unter den allgemeinen Begriff der Gesellschaft fällt, durch einen stillschweigenden oder ausdrücklichen Gesellschaftsvertrag zu stande kommt und durch fernere Verträge sich organisiert und fortbildet, ergibt sich ein gleichförmiges Schema, nach welchem überall die Gemeinschaft aus den Individuen stammt und in den Individuen beschlossen bleibt". Dieser ausdrückliche oder stillschweigende Gesellschafts- oder ‚Vereinigungsvertrag' werde dabei von Althusius, so stellt Gierke fest, „als Verschmelzung eines Teiles der Individualsphären" (ebenda, S. 196) aufgefaßt, als ein Vertrag, „durch welchen ... einerseits die Vergemeinschaftung der hierfür erforderlichen Mittel und Kräfte bewirkt, andererseits eine zur Verwaltung der gemeinsam gewordenen Angelegenheiten geeignete Herrschermacht hergestellt wird" (ebenda, S. 346).

Nach GIERKES (1954 IV, S. 350) Urteil hatte Althusius mit „der Aufstellung seiner allgemeinen naturrechtlichen Gesellschaftslehre" bereits recht früh ein Gedankensystem entwickelt, dem sich die späteren Versuche einer konsequenten Durchführung des Vertragsgedankens zwangsläufig mehr oder weniger annäherten. Die von Althusius vollzogene „Generalisierung der Theorie des Sozialvertrages" (GIERKE, 1954 IV, S. 402) war für die spätere naturrechtlich-vertragstheoretische Tradition richtungsweisend, also für jene Tradition, die vornehmlich mit den Namen Hobbes (*Leviathan*, 1651), Locke (*Two Treatises of Government*, 1690) und Rousseau (*Contrat Social*, 1762) verbunden wird[4]. Wenn sich auch − so

---

[3] Mit „der von Althusius zuerst prinzipiell durchgeführten Theorie des Sozialvertrages" sei, so GIERKE (1954 IV, S. 178, 179), der Grund gelegt worden für „eine in sich einheitliche und geschlossene, den Staat und die Korporation gleichmäßig umspannende Verbandstheorie".

[4] Mit besonderer Betonung der deutschen Naturrechts-Tradition stellt GIERKE (1954, IV, S. 402, Anm.) fest: „Nachdem Althusius die Generalisierung der Theorie des Sozialvertrages in radikaler Weise vollzogen, Grotius sie mit Ermäßigungen aufgenommen, Hobbes sie seinem absolutistischen System eingefügt hatte, schritten Pufendorf, Thomasius, J. H. Boehmer, Wolff, Daries, Nettelbladt, Achenwall, Hoffbauer usw. auf dieser Bahn fort. Dagegen ließ freilich bei Rousseau der Staatsvertrag schlechthin keinem Raum für andere Sozialverträge offen". − Mit seiner Bemerkung zu Rousseaus Konzeption weist Gierke auf einen wesentlichen Aspekt der oben angesprochenen Unterschiedlichkeit in der Ausgestaltung der Idee des Gesellschaftsvertrages hin: Unterschiedliche Auffassungen über den ‚Inhalt' des Gesellschaftsvertrages − spezifischer: über das *Ausmaß* der von den Beteiligten eingebrachten ‚Ressourcen' − konnten innerhalb der vertragstheoretischen Tradition zu höchst unterschiedlichen Interpretationen des Verhältnisses ‚Individuum − Staat' führen. Je nachdem, ob die Idee einer ausdrücklichen *verfassungsmäßigen Beschränkung* der eingebrachten Ressourcen betont wurde, oder ob − wie etwa bei Rousseau (vgl. VANBERG 1973, S. 29 ff.) − vom Gedanken einer *unbeschränkten Einbringung* aller Ressourcen ausgegangen wurde,

Gierke (ebenda, S. 379) — die im Rahmen dieser Tradition fortbildende *allgemeine Verbandstheorie* „in mancherlei ungleichen Bahnen" bewegte, so blieb doch „innerhalb des naturrechtlichen Gesichtskreises ein stets folgerichtig durchgeführter *Individualismus* der Leitstern". Kennzeichnend blieb der Gedanke, daß die durch den Gesellschaftsvertrag jeweils konstituierte „Gesellschaftsgewalt ... nichts als vertragsmäßig zusammengelegtes Individualrecht" (ebenda, S. 524) ist, eine Gewalt, die „daher ihre Kraft fort und fort aus dem Konsense der verbundenen Individuen" (ebenda) schöpft[5].

Diese kurze Charakterisierung der vertragstheoretischen Verbandslehre, die vornehmlich die Parallelität zum Denkansatz des Modells der Ressourcenzusammenlegung deutlich werden lassen sollte[6], mag hier genügen. — Mit der individualistisch-evolutionistischen Konzeption der Schottischen Moralphilosophie (geprägt und ausformuliert wurde diese sozialtheoretische Konzeption vor allem durch B. MANDEVILLE, *The Fable of the Bees*, 1723; D. Hume, *Treatise on Human Nature*, 1739/40; A. FERGUSON, *Essay on the History of Civil Society* 1767; und A. SMITH, *Wealth of Nations*, 1776) trat eine Gegenkonzeption zu dieser vertragstheoretischen Gesellschaftslehre auf. Zwar richtete sich diese Gegenkonzeption sicherlich kaum gegen die hier betonte vertragstheoretische Vorstellung der Konstituierung von Verbänden durch die Zusammenlegung indi-

---

konnte die vertragstheoretische Konzeption zur Grundlage eines *liberalen* oder eines *totalstaatlichen* Politikmodells werden. — Zu dieser ‚Ambivalenz der Vertragstheorie' vgl. O. v. GIERKE 1954 I, S. 648 f.; 1954 III, S. 630 f.; 1954 IV, S. 405—410; vgl. auch J. M. BUCHANAN 1962, S. 317; K.-J. BIEBACK 1976, S. 151; J. S. COLEMAN 1974/75, S. 756; R. SCHOTTKY 1976, S. 94.

[5] Die Formulierung „zusammengelegtes Individualrecht" legt natürlich den Gedanken an das Modell der Ressourcenzusammenlegung ebenso nahe wie die zuvor zitierten Formulierungen, mit denen Gierke die vertragstheoretische Konzeption des Althusius charakterisiert („Verschmelzung eines Teils der Individualsphären", „Vergemeinschaftung der ... Mittel und Kräfte").

[6] Was diese Parallelität anbelangt, so verdient Erwähnung, daß GIERKE (1954 IV, S. 396) auf zwei Vertreter der naturrechtlich-vertragstheoretischen Tradition hinweist, nämlich auf JUSTUS MÖSER (‚Patriotische Phantasien', 1778—1786) und EMMANUEL SIÈYES (‚Politische Schriften', 1796), die beide eine ausdrückliche „Gleichstellung der ursprünglichen Gemeinschaftsbildung mit der Errichtung einer Aktiengesellschaft" vorgenommen hätten. Jede bürgerliche Gesellschaft, so referiert Gierke (ebenda, Anm.) J. Möser, „gleicht einer Aktienkompagnie; Bürger ist, wer Aktionist ist"; und über die entsprechenden Vorstellungen von Sièyes heißt es bei GIERKE (ebenda): „die Individuen bilden die Nation, wie Aktionäre die Gesellschaft; die Aktivbürger sind ‚wahre Aktieninhaber der großen gesellschaftlichen Unternehmung', die Passivbürger (Weiber, Kinder, Fremde) bloß Geschützte. Daß die Staatsgewalt nur von den Einzelnen ‚zusammengetragen' ist und der individuelle Wille das einzige Element des allgemeinen Willens bildet, wird Sièyes nicht müde, zu wiederholen". (Vgl. auch GIERKE 1958, S. 119, Anm.).

vidueller Rechte, Mittel oder Kräfte, sondern vielmehr gegen andere Aspekte des vertragstheoretischen Denkens, insbesondere gegen dessen ‚Rationalismus'. Doch führte die allgemeine Kritik der Vertragstheorie dazu, daß auch jene Elemente des vertragstheoretischen Denkens beiseite geschoben wurden, in denen ein durchaus fruchtbares individualistisches ‚Verbandsmodell' angelegt war.

Der Haupteinwand gegen die vertragstheoretische Verbandslehre war, daß die Einsicht in die Vorteile, die die menschlichen Zusammenschlüsse – namentlich der Verband *Staat* – stiften, nicht als *Motiv* für ihre Gründung und Entwicklung betrachtet werden könne, daß die rationale Voraussicht dieser Vorteile nicht als Erklärung für die Entstehung sozialer Verbände in Betracht komme[7]. Im Kontrast zu einer solchen ‚rationalistischen' Interpretation stellt die Gegenkonzeption der Schottischen Moralphilosophen auf den Gedanken der *organischen, unbewußten Entwicklung* ab, auf den Gedanken der allmählichen Herausbildung von sozialen Einrichtungen, deren Vorteile von jenen, die an ihrer Schaffung beteiligt waren, gar nicht vorausgesehen wurden und daher auch kein Motiv ihres Handelns waren, und die auch denen, die gegenwärtig mit diesen Einrichtungen leben, keineswegs bewußt zu sein brauchen[8]. Ein grundlegendes

---

[7] Zum ‚rationalistischen' Charakter des ‚naturrechtlichen Individualismus' bemerkt K. PRIBRAM (1912) in seiner Abhandlung über „Die Entstehung der individualistischen Sozialphilosophie": „Aus den Vorteilen, die dem einzelnen durch die Gemeinschaft mit andern seinesgleichen erwachsen, und die ihn den Verzicht auf die schrankenlose Befriedigung seiner Begierden lehren, leitet der Individualismus die Entstehung der gesellschaftlichen Verbände ab ... Die sozialen Institutionen sind ihm daher ... bewußte Erzeugnisse des Willens; sie beruhen auf einem Vertrag der Individuen, nicht auf einer unbewußten Wirksamkeit der menschlichen Triebe" (ebenda, S. 10). Vgl. auch ebend, S. 43 ff.: „Die Entstehung des naturrechtlichen Individualismus im Vorstellungskreise des Rationalismus".

[8] H. HUTH 1907, S. 49: „Wir lernen hier eine ganz andere Auffassung kennen als die der Vertragstheorie zugrunde liegende; von einem vollen Bewußtsein der Menschen von den Vorteilen des Staates bei der Entstehung desselben kann keine Rede sein: die Absichtlichkeit, die Bezwecktheit, die individuelle Schaffung desselben wird durchaus zurückgewiesen". Vgl. auch ebenda, S. 45 ff., wo Huth hervorhebt, daß die Schottische Moralphilosophie als Gegenposition „gegen die Vertragslehre" (ebenda, S. 46) den Gedanken „des organischen Wachstums" (ebenda, S. 45) betont. – Auch K. PRIBRAM (1912) legt bei seiner Darstellung der Sozialtheorie der Schottischen Moralphilosophen den Nachdruck auf deren „Ablehnung der naturrechtlichen Vertragslehre" (ebenda, S. 90) und ihre dem ‚rationalistischen Vertragsdenken' entgegengesetzte Vorstellung, „daß die unbewußte Arbeit von Generationen erforderlich war, um die sozialen Einrichtungen zu schaffen" (ebenda, S. 91). – W. SOMBART (1956) sieht in der Ablösung des vertragstheoretischen Rationalismus durch die Sozialtheorie der Schotten die „Anfänge der modernen Soziologie" (ebenda, S. 18): „Unter den bewußten Gegnern des Naturrechts und namentlich der Vertragstheorie haben wir die Begründer der modernen Soziologie zu suchen. .... Jenes Sturmlaufen gegen die herrschenden Lehrmeinungen des sozialen Rationalismus beginnt in England in dem Menschenalter, das auf die Hauptschriften des HOBBES (1642–51) folgt" (ebenda). Unter denen, „die die neue Lehre verkünden" (ebenda) nennt Sombart Mandeville, Ferguson und A. Smith.

Merkmal der hier entworfenen sozialtheoretischen Konzeption liegt darin, daß die Frage nach den *Motiven* individuellen Handelns ausdrücklich getrennt wird von der Frage nach den *sozialen Auswirkungen* dieses Handelns, insbesondere von der Frage nach den ‚Funktionen', die die aus dem Zusammenspiel der individuellen Handlungen erwachsenden sozialen Gesamtresultate erfüllen[9]. Die zentralen Erklärungsprinzipien dieser Konzeption liegen im Gedanken der *wechselseitigen Anpassung* der individuellen Akteure einerseits und der *unintendierten sozialen Konsequenzen* ihrer Handlungen andererseits[10].

Wenn der *individualistisch-vertragstheoretischen* Erklärung sozialer Strukturen solchermaßen eine *individualistisch-evolutionistische* Konzeption entgegengestellt wurde[11], so ging es dabei sicherlich nicht um eine völlige Leugnung des Elements rational-vertraglicher Strukturierung gesellschaftlicher Verhältnisse. Es sollte der Stellenwert betont werden, den sozialtheoretische Erklärungen – *neben* den ‚bewußt geschaffenen' – jenen sozialen Strukturen einräumen müssen, die gänzlich *unintendiert*, allein aus der wechselseitigen Anpassung der nur ihre mehr oder weniger eng begrenzten persönlichen Ziele verfolgenden Akteure erwachsen. Gegen die „Tendenz auf Ausschließlichkeit der künstlichen, bewußten Organisation als Kriterium der Gesellschaft" (H. HUTH 1907, S. 88) sollte betont werden, daß „neben den künstlichen auch ‚natürliche' Organisationskräfte" (ebenda, S. 156) in der Gesellschaft wirksam sind. Doch das theoretische Interesse galt nahezu ausschließlich eben jenen ‚natürlichen Organisationskräften': den Mechanismen der wechselseitigen Anpassung. Und mit der Konzentration auf den Gedanken der individuellen wechselseitigen Anpassung rückte ein *spezifisches sozialtheoretisches Erklärungsmodell* in's Zentrum: das *Austauschmodell*. Die zentrale Stellung des Austauschmodells kann denn auch als das wesentliche Kennzeichen jener *individualistischen sozialtheoretischen* Tradition gelten, die der Schottischen Moralphilosophie verpflichtet ist, einer Tradition, die im wesentlichen in der *Ökonomie* kontinuierlich fortgeführt wurde und in-

---

[9] Vgl. z. B. A. SMITH 1976, S. 166 ff. (Mor. Sent., Part II, Sect. II, Chap. 3), wo Smith betont, daß man bei der Erklärung der Vorgänge in der Gesellschaft ebenso wie bei der Erklärung der Naturvorgänge zwischen den *Ursachen,* den ‚efficient causes', und den schließlichen Auswirkungen auf den Gesamtzusammenhang, den ‚final causes', unterscheiden müsse.

[10] Die hier lediglich grob umrissene sozialtheoretische Konzeption der Schottischen Moralphilosophie wird ausführlicher behandelt in Vanberg 1975, S. 5–29.

[11] Daß die evolutionistische Sozialtheorie der Schotten in „Opposition zu den zeitgenössischen Doktrinen des Naturrechts" (HAYEK 1969, S. 100) stand, wird auch von F. A. Hayek immer wieder betont; vgl. ders. 1969, S. 79 f., 132, 233; ders. 1971, S. 70; ders. 1973, S. 21 f.

nerhalb der Soziologie in neuerer Zeit erst wieder mit der von G. C. Homans initiierten Entwicklung einer austausch- und verhaltenstheoretischen Soziologie nennenswerte Beachtung gefunden hat[12].

Im Hinblick darauf, daß die Ökonomie als einzige sozialwissenschaftliche Disziplin eine verhältnismäßig einheitliche und durchgehende theoretische Tradition aufzuweisen hat, die in der individualistischen Konzeption der Schottischen Moralphilosophie wurzelt, kann man zu Recht den *ökonomischen Denkansatz* als Paradigma einer individualistischen Sozialtheorie bezeichnen[13]. Allerdings muß man dabei die oben angesprochene *spezifische Orientierung* dieser Theorietradition in Rechnung stellen: ihre Konzentration auf das Austauschmodell und auf „das Problem der Steuerung in dezentralisierten sozialen Systemen" (ALBERT 1978, S. 62), also auf die Analyse von *Marktsystemen*[14]. Denn diese Konzentration auf die Analyse von Marktstrukturen und die Dominanz des Austauschmodells haben eine systematische Vernachlässigung der sozialtheoretischen Pro-

---

[12] Diese theoriegeschichtlichen Zusammenhänge werden ausführlicher erläutert in VANBERG 1975. – In seiner Darstellung der neueren soziologischen Austauschtheorie weist auch W. L. SKIDMORE (1975, S. 75 ff.) darauf hin, daß die auf dem Gedanken des *Austauschs* als sozialem Steuerungsprinzip aufbauenden theoretischen Ansätze in der angelsächsischen Aufklärung entwickelt worden seien, und zwar als Alternativkonzeption zu vertragstheoretischen Gesellschaftsvorstellungen.

[13] Mit besonderem Nachdruck hat Hans Albert diese Bedeutung der „Nationalökonomie als sozialwissenschaftliches Erkenntnisprogramm" (so der Titel eines Aufsatzes: ALBERT 1978) wiederholt hervorgehoben; vgl. dazu z. B. ALBERT 1967; ders. 1977. – Auf die paradigmatische Bedeutung des ‚ökonomischen Modells' hat etwa auch R. BOUDON (1975) in seiner vergleichenden Analyse dreier ‚Grundparadigmata der Makrosoziologie' hingewiesen, bei der er dem ‚Funktionalismus' und dem ‚Neo-Marxismus' einen Ansatz gegenüberstellt, der soziale Gegenheiten erklärt „als das Ergebnis der Aggregation individueller Handlungen, bei denen jeder versucht, seinen Interessen in der bestmöglichen Weise zu dienen" (ebenda, S. 398) – und zwar innerhalb der „gegebenen institutionellen Rahmenbedingungen" (ebenda, S. 400). Zu dieser *„Interaktions-Analyse* oder, vielleicht besser, Analyse der *Aggregation von Handlungen"* (ebenda, S. 396), die er als ‚fruchtbarstes' Paradigma wertet, bemerkt Boudon: „Offensichtlich spielt dieses Paradigma eine entscheidende Rolle in der Ökonomie. Tatsächlich folgt ein Großteil der ökonomischen Theorie diesem Paradigma, und es gibt überhaupt keinen Grund, weshalb es nicht auch in der Soziologie eine wichtige Rolle spielen sollte. Schließlich ist es im Werk eines der größten Pioniere der Soziologie zentral, bei Jean-Jacques Rousseau" (ebenda, S. 402). – Mit seinem Bezug auf Rousseau übergeht Boudon freilich die oben herausgestellte Besonderheit des ‚ökonomischen Ansatzes' gegenüber dem *vertragstheoretischen*.

[14] Daß „es vor allem *Marktphänomene* waren, Marktprozesse und ihre Auswirkungen, die im Zentrum der ökonomischen Analyse standen" (ALBERT 1977, S. 179), hat gerade H. Albert bei seinen Hinweisen auf den paradigmatischen Charakter des ‚ökonomischen Denkens' immer wieder betont. Vgl. auch z. B. ALBERT 1967, S. 16 oder ders. 1965, S. 142: „Die Nationalökonomie begann ihre Karriere als Soziologie des *Marktes* und hat diesen Charakter nie verloren".

bleme *korporativer Strukturen* zur Folge gehabt[15]. Es ist ein Hauptanliegen dieser Arbeit, deutlich zu machen, daß eine *allgemeine individualistische Sozialtheorie*, die sich nicht nur für die Analyse *marktlicher Strukturen* eignet, neben der *individualistisch-evolutionistischen* Konzeption gewisse Grundelemente des *individualistisch-vertragstheoretischen* Denkens einbeziehen, und damit in gewisser Weise wieder an jene naturrechtlich-vertragstheoretische Tradition anknüpfen muß, gegen die die Sozialtheorie der Schottischen Moralphilosophie einst angetreten ist. Bietet doch, wie noch genauer zu zeigen sein wird, das mit dem ‚evolutionistischen' Denkansatz verknüpfte Austauschmodell für die Lösung der sozialtheoretischen Problematik korporativer Akteure einen weniger fruchtbaren Ansatz als das Modell der Ressourcenzusammenlegung, das — in dem vorhin angedeuteten Sinne — an die Grundkonzeption des vertragstheoretischen Denkens anknüpft[16].

Es mag als Bestätigung der hier gestellten Diagnose gewertet werden, wenn es etwa bei J.M. BUCHANAN und G. TULLOCK (1962, S. VI f.) heißt: „Die Ökonomen haben recht ausführlich die individuellen Entscheidungsprozesse in jenem Bereich untersucht, den man etwas irreführend als ‚Markt-Sektor' bezeichnet. Die individuellen Entscheidungen, die bei der Entstehung des Gruppen-Handelns im ‚öffentlichen Sektor' gegeben sein müssen, wurden demgegenüber von den modernen Sozialwissenschaftlern eher vernachlässigt. Bei ihrer Ablehnung der Vertragstheorie des Staates als Erklärung des Ursprungs oder der Grundlagen der politi-

---

[15] In der Vernachlässigung der theoretischen Probleme korporativer Strukturen wird hier denn auch ein wesentlicher Aspekt jener ‚Ausblendung des Institutionenproblems' gesehen, in der H. Albert (neben anderen) ein zentrales Manko der ‚neoklassischen Phase' der Ökonomie erblickt (vgl. z.B. H. ALBERT 1977, S. 199). Während Albert allerdings bei der Frage nach den Ursachen dieses Mankos eher die Mängel des *allgemeinen Verhaltensmodells* hervorhebt, nämlich die „neoklassische Problemverschiebung in entscheidungslogischer Richtung" (ALBERT 1977, S. 200; ders. 1978, S. 55), liegt die Betonung hier bei den auf der Ebene des *sozialtheoretischen* Erklärungsmodells zu suchenden Gründen, nämlich den ‚Einseitigkeiten' des Austauschmodells.

[16] Es sei hier nachdrücklich betont, daß die Hinweise auf die Verwandtschaft zwischen der vertragstheoretischen Verbandslehre und dem Modell der Ressourcenzusammenlegung keineswegs besagen sollen, die Lösung der theoretischen Problematik korporativen Handelns könne von einer ungebrochenen Reaktivierung der vertragstheoretischen Tradition erwartet werden. Es soll damit lediglich darauf hingewiesen werden, daß die hinreichend bekannte Kritik der Idee des Gesellschaftsvertrages — eine Kritik, die hier im einzelnen gar nicht dargestellt und auf ihre Berechtigung hin geprüft werden kann und soll — auch jene Elemente des vertragstheoretischen Denkens aus dem Blick geraten ließ, die einen fruchtbaren Ansatz zur Analyse korporativer Gebilde bieten. Zu diesen Elementen wird hier insbesondere die Idee gerechnet, daß korporative Gebilde durch die Zusammenlegung und den gemeinsamen Einsatz von Rechten oder Ressourcen konstituiert werden.

schen Gesellschaft, eine Ablehnung, die für sich genommen angemessen war, neigten die Theoretiker dazu, jene Elemente innerhalb der vertragstheoretischen Tradition zu übersehen, die uns die ‚Brücke‘ zwischen individuellem Entscheidungs-Kalkül und Gruppenentscheidungen bieten".
– In der Wiederbelebung eben dieser Elemente der naturrechtlichen Theorie des Gesellschaftsvertrages, muß man denn wohl auch die *grundsätzlichere* Bedeutung jener neueren, als ‚Public Choice' bezeichneten ökonomischen Theorieentwicklung sehen, zu deren prominentesten Vertretern Buchanan und Tullock zählen[17]. Denn diese Theorieentwicklung macht deutlich, daß das ‚vertragstheoretische' und das ‚evolutionistische' Erklärungsmodell keineswegs als einander ausschließende, sondern durchaus als einander ergänzende Ansätze individualistischer Sozialtheorie betrachtet werden können. Dieser Gesichtspunkt wird etwa von Buchanan angesprochen, wenn er einerseits den *ökonomisch-individualistischen* Charakter der von ihm und Tullock formulierten ‚ökonomischen Theorie der Verfassung' (BUCHANAN und TULLOCK 1962) unterstreicht[18], und andererseits hervorhebt, daß diese Theorie in den „breit definierten Rahmen der vertragstheoretischen Tradition" (BUCHANAN 1962, S. 318) einzuordnen sei. Von Interesse ist hier, daß auch BUCHANAN (ebenda, S. 316) bei seiner Erörterung der Ursprünge dieser Tradition die Bedeutung von Althusius unterstreicht: „In dieser Hinsicht muß vor allem Johannes Althusius ... erwähnt werden, denn er scheint der erste Gelehrte gewesen zu sein, der versucht hat, aus Vertragsprinzipien eine auf menschliche Verbände jeder Art anwendbare logische Grundlage für kollektive Organisation abzuleiten. Die späteren, der allgemeinen vertragstheoretischen Tradition zuzurechnenden Autoren des siebzehnten und achtzehnten Jahrhunderts folgen Althusius in dieser Beziehung, obschon

---

[17] Die in den USA als ‚Public Choice' bezeichnete Theorierichtung (einen Überblick bietet z. B. D. C. MUELLER 1976, 1979) wird im Deutschen – wegen ihrer Konzentration auf Probleme des ‚Politikbereichs' meist als ‚Neue Politische Ökonomie' oder ‚Ökonomische Theorie der Politik' bezeichnet (als Überblicksdarstellungen vgl. z. B. G. KIRSCH 1974; B. S. FREY 1977). Diese Bezeichnungen haben den Nachteil, daß sie von der allgemeinen Bedeutung ablenken, die diese Theorierichtung für die sozialtheoretische Behandlung der Probleme kollektiven Handelns und kollektiver Entscheidung generell – und eben nicht nur im ‚Politikbereich' – hat. – Unter diesem Gesichtspunkt verdient die ‚ökonomische Kooperationstheorie' (BOETTCHER 1974; ESCHENBURG 1971; ders. 1977) hervorgehoben zu werden, da in ihr gerade die allgemeineren sozialtheoretischen Implikationen des Denkansatzes der ‚Neuen Politischen Ökonomie' herausgearbeitet und im Sinne einer generellen Theorie der Kooperation ausformuliert werden.
[18] Der ‚Public Choice'-Ansatz sei, so bemerkt Buchanan an anderer Stelle (BUCHANAN 1978, S. 5), „insofern ‚ökonomisch', als *Individuen* und nicht korporative Einheiten" die Grundelemente seien, von denen er ausgehe.

in ihren Werken die gemeinsame logische Grundlage des öffentlichen und privaten Verbandswesens wohl nicht mehr so nachdrücklich betont wurde wie bei Althusius"[19].

Im folgenden wird genauer zu untersuchen sein, in welcher Hinsicht das ‚individualistisch-vertragstheoretische' *Modell der Ressourcenzusammenlegung* den — für die individualistisch-evolutionistische Tradition charakteristischen — am *Austauschmodell* orientierten Erklärungsansatz *modifiziert* bzw. *ergänzt*. Und es wird deutlich zu machen sein, wo die grundlegenden Gemeinsamkeiten beider Modelle liegen, und wie sie innerhalb einer einheitlichen, allgemeinen individualistischen Sozialtheorie einander zugeordnet werden können. Dazu soll zunächst etwas ausführlicher auf den Denkansatz des *Austauschmodells* eingegangen werden, wobei sich die Darstellung allerdings auf jene Aspekte austauschtheoretischer Erklärung konzentrieren wird, die für die Abklärung des Verhältnisses zwischen dem Austauschmodell und dem Modell der Ressourcenzusammenlegung von speziellem Interesse sind.[20]. Dabei sollen insbesondere einige Grundannahmen der Austauschtheorie näher erläutert werden, die auch für das Modell der Ressourcenzusammenlegung gelten. Und es sollen einige der Haupteinwände gegen die Austauschtheorie kritisch geprüft werden, um sie deutlich gegenüber jener Kritik abzugrenzen, die im Sinne der hier vertretenen Auffassung gegen das Austauschmodell vorzubringen ist.

2. Das Austauschmodell: Einige grundlegende Aspekte

Grundgedanke des Austauschmodells ist, daß man zwischenmenschliche Beziehungen als *Austauschbeziehungen* betrachten kann, als Beziehungen nämlich, in denen die Beteiligten einander irgendwelche Leistungen erbringen bzw. vorenthalten und sich auf diese Weise positiv bzw. negativ sanktionieren. Da Leistungen und Gegenleistungen sich in diesen Beziehungen gegenseitig bedingen, bildet das Interesse an den Leistungen *anderer* für den einzelnen das Motiv, selbst Leistungen zu erbringen, an

---

[19] Als einen Autor, in dessen Werk man einen „ähnlichen Schwerpunkt" finde wie bei Althusius, nennt BUCHANAN (1962, S. 316) in diesem Zusammenhang ausdrücklich noch CHRISTIAN WOLFF (*Institutiones juris naturae et gentium*, 1750).
[20] Für eine allgemeinere Behandlung des austauschtheoretischen Ansatzes in der Soziologie vgl. z.B. P. EKEH 1974; M. GROSER 1979, S. 48 ff.; A. HEATH 1976; W. L. SKIDMORE 1975, S. 74 ff.; ders. 1975 a, S. 9 ff.; J. H. TURNER 1974, S. 211 ff.; V. VANBERG 1975, S. 54 ff.; S. R. WALDMAN 1972.

denen diese anderen interessiert sind[21]. Interaktions- oder Austauschprozesse erscheinen demnach als Prozesse wechselseitiger Verhaltensbeeinflussung und Verhaltenssteuerung, in denen die Akteure sich in ihrem Verhalten gegenseitig kontrollieren und aneinander anpassen, und in denen sich allmählich bestimmte Verhaltensregelmäßigkeiten und Ablaufmuster herausbilden. Die *sozialen Strukturen*, in denen sich diese Verhaltensregelmäßigkeiten niederschlagen, lassen sich daher im Sinne dieser theoretischen Perspektive auch als mehr oder minder komplexe Netzwerke aktueller und potentieller Austauschbeziehungen zwischen individuellen Akteuren analysieren.

Geht man, entsprechend der obigen (S. 10 ff.) Darstellung des Modells der Ressourcenzusammenlegung, auch hier wiederum von der Vorstellung aus, daß den einzelnen Akteuren zu jedem Zeitpunkt eine spezifische (im Zeitablauf natürlich *variable*) Ressourcenausstattung zugeschrieben werden kann, und daß ihr Handeln als Einsatz von Ressourcen zu betrachten ist, so lassen sich die zentralen Annahmen des Austauschmodells anhand der nachstehenden Abbildung (Abb. 5)[22] erläutern:

Betrachten wir die Austauschtransaktion zwischen i und j, bei der Akteur i durch den Einsatz – bzw die Hergabe – von r_i den Akteur j zum Einsatz – bzw. zur Hergabe – von r_j veranlaßt o. u.[23], so gilt: Zwischen

---

[21] J. S. COLEMAN 1975, S. 82: Beim sozialen Austausch „bringt ein Akteur dem andern Nutzen – als ,Nebenprodukt', wenn man so will, denn jeder ist nur auf sein eigenes Wohlergehen bedacht; aber jeder ... muß dem Wohlergehen des anderen dienen, um sein eigenes zu fördern".

[22] Zur Erläuterung der Symbole in Abb. 5:
1, 2 ... i, j ... n seien wiederum (vgl. Abb. 1, S. 11) individuelle Akteure.
Die durchgezogenen Linien (⇄) sollen *tatsächliche*, die unterbrochenen Linien (⇄) *potentielle* Austauschbeziehungen symbolisieren. (Es sind, der Übersichtlichkeit der Darstellung wegen, nur einige der denkbaren aktuellen und potentiellen Austauschbeziehungen eingezeichnet worden. Natürlich kann man sich das Austauschnetzwerk weit komplexer vorstellen).
r_i, r_j seien die von Akteur i bzw. j eingesetzten Ressourcen.
$c_i(r_i), c_j(r_j)$ seien die Kosten, die für Akteur i mit dem Einsatz von r_i – bzw. für j mit dem Einsatz von r_j – verbunden sind.
$v_i(r_j), v_j(r_i)$ bezeichnen den Wert, den Akteur i bzw. j den in der Austauschtransaktion zu erhaltenden Gegenleistungen, also dem Einsatz von r_j bzw. von r_i, beimessen.
v_i', v_j' bezeichnen den Wert, den Akteur i (bzw. j) durch die günstigste alternative Verwendungsmöglichkeit von r_i (bzw. r_j) realisieren zu können glaubt.

[23] Die Unterscheidung zwischen ,Einsatz' und ,Hergabe' von Ressourcen zielt auf den oben (S. 10) bereits angesprochenen Unterschied zwischen *veräußerlichen* und *unveräußerlichen* Ressourcen. Während erstere, also etwa materielle Güter, im Austausch *hergegeben* werden können, können die zweiten, also etwa personengebundene Fähigkeiten und Fertigkeiten, nur im Sinne der Erbringung bestimmter Leistungen *eingesetzt* werden, und diese Leistungen sind es dann, die den Gegenstand der Austauschtransaktion bilden.

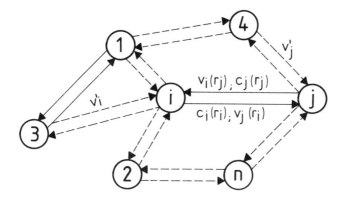

Abb. 5

den beiden Akteuren, i und j, wird es dann zu der angenommenen Austauschtransaktion kommen, wenn für beide gilt, daß die in dieser Transaktion durch den Einsatz von Ressourcen – also von r_i bzw. r_j – zu realisierenden Vorteile - also $v_i(r_j)$ bzw. $v_j(r_i)$ – *nach ihrer Einschätzung* größer sind als (oder zumindest gleich groß sind wie) die *Kosten* des Ressourceneinsatzes – also $c_i(r_i)$ bzw. $c_j(r_j)$ –, wobei diese Kosten aus den Vorteilen bestehen, die die Akteure von der günstigsten – unter den von ihnen als realisierbar in Betracht gezogenen – *alternativen Verwendung* der betreffenden Ressourcen erwarten (also: $c_i = v_i'$ und $c_j = v_j'$). Als Bedingung für das Zusandekommen der Austauschtransaktion zwischen i und j gilt also[24]:

$$[v_i(r_j) \geq v_i'] \wedge [v_j(r_i) \geq v_j']$$

Von den ,Kosten einer Handlung' ist häufig auch in einem anderen als dem hier zugrunde gelegten Sinne die Rede. Bei dieser anderen Bedeutung wird darauf abgestellt, daß die erwarteten Konsequenzen einer Handlung

---

[24] In seiner Formulierung von Grundannahmen des austauschtheoretischen Ansatzes drückt A. BOHNEN (1971, S. 145) diese Bedingung in der Hypothese aus: „Von zwei oder mehreren Verhaltensmöglichkeiten, die einem Menschen in einer gegebenen sozialen Situation offenstehen, wird er dasjenige Verhalten zeigen, von dem er erwartet, daß es ihm in Gestalt bestimmter Verhaltensreaktionen anderer eine höhere Belohnung einbringt als irgendeine andere Verhaltensmöglichkeit".

für den Akteur durchaus ambivalent sein können, also sowohl *positiv* wie auch *negativ* bewertete Aspekte einschließen können. Und die negativ bewerteten Konsequenzen werden dann als Kosten der Handlung bezeichnet[25]. Im Unterschied zu einem solchen Wortgebrauch stellt der hier zugrunde gelegte Kostenbegriff auf den Umstand ab, daß jeder Einsatz von Ressourcen – also jedes Handeln – notwendigerweise den Verzicht auf *alternative* Einsatzmöglichkeiten einschließt. Und im Ertrag der günstigsten unter den aufgegebenen Handlungsalternativen werden die Kosten der betreffenden Handlung gesehen[26]. Was die negativ bewerteten Aspekte von Handlungskonsequenzen anbelangt, so werden diese als *Komponenten* jenes Wertes betrachtet, der hier als ‚erwarteter Vorteil', ‚erwarteter Ertrag' oder ‚erwarteter Nutzen' einer Handlung bezeichnet wird. Diese Begriffe stehen also für eine die positiven und negativen Aspekte *saldierende* Gesamtbewertung der Konsequenzen von Handlungsalternativen.

Eine unerschöpfliche Quelle für immer neue – oder besser: für die stete Erneuerung derselben – Mißinterpretationen scheint die oben als Grundannahme der Austauschtheorie formulierte Behauptung zu sein, daß ein Austausch nur dann zustandekommt, wenn beide Parteien darin einen Vorteil gegenüber anderen – ihnen offenstehenden Alternativen – sehen. Bei diesen Mißinterpretationen läßt sich in der Regel zeigen, daß zwei grundlegende Aspekte einer austauschtheoretischen Interpretation sozialer Realität ungenügend oder gar nicht beachtet werden, nämlich:

---

[25] Die Kosten, die der einzelne „bei der Verwendung seiner Ressourcen" („*cost in the use of his resources*") eingehe, bestünden, so stellt auch R. M. EMERSON (1969, S. 388) fest, in der ‚entgangenen Belohnung' alternativer Handlungsmöglichkeiten, sie seien also ‚*Opportunitätskosten*'. Die „in Gestalt von negativen Verstärkern auftretenden Kosten" könnten, fügt Emerson (ebenda) hinzu, als ‚besonderer Fall' behandelt werden. – Häufig bleibt bei entsprechenden Argumenten unklar, welcher der beiden Kostenbegriffe gemeint ist. So etwa, wenn davon die Rede ist, daß „alle wahrgenommenen Vorteile einer gegebenen Alternative . . . als Erträge gewertet werden, und alle Nachteile dieser Alternative, im Sinne der Einschätzung des betreffenden Akteurs, als ‚Kosten'" (M. J. OLSON 1969, S. 141).

[26] G. C. HOMANS 1972a, S. 65: „Wir können von dem Maß einer Belohnung, die ein Mensch für eine Aktivität erhält, nur in bezug auf eine alternative Belohnung sprechen, die durch eine alternative Aktivität erlangt werden kann. Das heißt, ein Mensch vergleicht Aktivitäten und deren Belohnungen und wählt zwischen diesen, sei es bewußt oder unbewußt. . . . Es ist in der Tat die größte menschliche Tragödie, daß man nicht zwei Dinge zugleich tun kann. . . . Die ausgeschlagene Belohnung bezeichnen wir als die Kosten einer Aktivität". – Vgl. auch A. KUHN 1963, S. 262ff., insbesondere ebenda, S. 265: „Kosten und die Notwendigkeit der Wahl sind nicht nur untrennbar, sie sind im Grunde genommen ununterscheidbar".

a) daß eine solche austauschtheoretische Interpretation auf die *subjektiven Bewertungen* der Beteiligten selbst abstellt, und

b) daß eine solche austauschtheoretische Interpretation die zentrale Rolle der *jeweiligen Handlungsbedingungen* betont, den Einfluß der — die Wahlmöglichkeiten der einzelnen bestimmenden — äußeren Beschränkungen, oder kurz: der *Restriktionen*.

Was den ersten Aspekt, also die Frage der *subjektiven Bewertung der Beteiligten* anbelangt, so findet man bisweilen das Argument, bei einem Tausch müsse zwangsläufig der Gewinn einer Partei zu Lasten der anderen gehen[27]. Dieses Argument ist etwa aus jener aristotelisch-scholastischen Tradition ‚objektiver Wertlehre' vertraut[28], für die galt, daß ‚kein Christ Kaufmann sein kann', weil nur ein solcher Tausch ‚gerecht' sei, bei dem sich ‚*objektiv gleiche Werte*' gegenüberstehen, und weil mithin jemand, der vom Handel allein lebt, seine Existenz zwangsläufig auf ‚ungerechte' Transaktionen gründen müsse.

Nun kann man in soziologischen Texten, zumal in älteren, gar nicht so selten Denkmuster eine ‚objektiven Wertlehre' wiederfinden, insbesondere in Form der ‚Arbeitswertlehre', in der sie zu einem der zentralen Argumente der Marxschen Theorie geworden ist. So heißt es etwa in E. Durkheims ‚Arbeitsteilung': „In einer gegebenen Gesellschaft hat jedes Tauschobjekt zu jeder Zeit einen bestimmten Wert, den man den sozialen Wert nennen könnte. Er stellt die Menge der nützlichen Arbeit dar, die er enthält" (DURKHEIM 1977, S. 424). Und einem Austausch werde, so Durkheim (ebenda), „nur dann voll zugestimmt ..., wenn die ausgetauschten Dienste einen gleichwertigen sozialen Wert haben". — Die Charakterisierung des Tausches bei F. Tönnies kann hier ebenfalls als Beispiel erwähnt werden. Tönnies geht zwar von der Überlegung aus, daß derjenige, der eine Leistung erbringe, es „um einer Gegenleistung oder Gegengabe willen" (TÖNNIES 1963, S. 40) tue, „welche er seinem Gegebenen wenigstens gleich achtet" (ebenda) oder, weit eher noch, die „ihm willkommener sei, als was er hätte behalten können, denn nur die Erlangung eines Besser-Scheinenden wird ihn bewegen, ein Gutes von sich zu lösen" (ebenda). Da dies

---

[27] In seinem ‚Entwurf einer soziologischen Tauschtheorie' geht etwa L. CLAUSEN (1978) von der zentralen These aus, daß der ‚normale Tausch' ein ‚2-Personen-Nullsummen-Spiel' sei: „Des einen Gewinn ist Verlust des anderen" (ebenda, S. 15). — Austauschsituationen in denen „beide etwas gewinnen" (CLAUSEN 1978, S. 121) will Clausen nur als Ausnahmeerscheinungen gelten lassen (vgl. ebenda, S. 117). — Zur Kritik des Beitrages von Clausen vgl. VANBERG 1978a.
[28] Vgl. dazu W. BECKER 1972, S. 11 ff.

schließlich für beide Seiten einer Austauschtransaktion gilt, sieht denn auch TÖNNIES die „Voraussetzung des vernünftigen Tausches" (ebenda, S. 43) darin, daß die subjektiven Wertschätzungen der beteiligten Parteien *verschieden* sind[29]. Von der Frage der „*Verschiedenheit* solcher Empfindungen" (ebenda), will TÖNNIES allerdings die Frage nach dem „wahren Wert" (ebenda, S. 42), wie er „im objektiven Urteil" (ebenda, S. 43) erscheint, abgehoben wissen. Und über die Erörterung der Frage des ‚objektiven Werts'[30] kommt auch Tönnies dann schließlich zu dem Urteil: In ‚jedem einzelnen Tausch' sei „der Schaden des einen gleich dem Nutzen des anderen ..., sofern nicht wirklich gleiche Werte ihren Eigentümer wechseln" (ebenda, S. 54).

Es kann im vorliegenden Zusammenhang davon abgesehen werden, die Problematik einer ‚objektiven Wertlehre' zu erörtern. Hier genügt die Feststellung, daß eine austauschtheoretische Erklärung *allein* auf die subjektiven Bewertungen und Einschätzungen der betreffenden Akteure selbst Bezug nimmt, und daß für die *Erklärung* sozialen Verhaltens auch lediglich diese *subjektiven Bewertungen* von Belang sind. – Ganz abgesehen von den Vertretern der ökonomischen Grenznutzentheorie, auf die in diesem Zusammenhang natürlich zuvörderst hinzuweisen ist[31], haben Autoren wie Rudolph von Jhering oder Georg Simmel diesen Sachverhalt mit Argumenten geklärt, denen auch heute noch kaum etwas hinzugefügt zu werden braucht. So stellt etwa JHERING (1884, S. 121) mit bezug auf den Charakter ‚zweiseitiger Verträge' fest: „Die psychologisch unabweisbare Bedingung des Vorganges ... ist die Überzeugung beider Teile, daß dasjenige, was jeder erhält, ihm wertvoller ist, als das, was er gibt, ... – ohne diese Voraussetzung ... kann kein Austausch zu Stande kommen". Und zur Erläuterung dieser Behauptung heißt es bei JHERING (ebenda, S. 122): „Diese Möglichkeit des beiderseitigen Gewinnes beim Geschäft beruht

---

[29] F. TÖNNIES 1963, S. 40 f.: „Wenn aber ein jeder solchen Willens teilhaftig ist, so ist durch sich selber deutlich, daß zwar die Sache a für das Subjekt B besser sein kann als die Sache b, und ebenso die Sache b für das Subjekt A besser als die Sache a; aber nicht ohne diese Relation zugleich a besser als b und b besser als a".

[30] Maßstab für den ‚wahren Wert' einer Sache seien, so stellt TÖNNIES (ebenda, S. 44) im Sinne der Arbeitswertlehre fest, die für ihre Herstellung oder Beschaffung erforderliche Zeit und Mühe, „die Quantität der für sie notwendigen Arbeit" (ebenda). Diese sei „das einzige für den vernünftigen Tauscher subjektive, für die Tauschgesellschaft absolute Kriterium des Wertes" (ebenda). – In einem später (1911) eingefügten Zusatz (ebenda, S. 82 f.) nimmt Tönnies denn auch ausdrücklich auf die Wertlehre von Marx bezug.

[31] Vgl. dazu z. B. die Ausführungen über die ‚subjektivistische Wertlehre' bei L. MISES 1933, S. 137 ff. und S. 156 ff.; vgl. auch die Hinweise zum ‚Marginalismus' bei H. ALBERT 1967, S. 46 f., S. 257 ff.

auf der Verschiedenheit des beiderseitigen Bedürfnisses, jeder von beiden Teilen hat für die beiden Sachen oder Leistungen, welche den Gegenstand des Austausches bilden, in seinem eigenartigen Bedürfnis einen von dem des anderen abweichenden individuellen Wertmaßstab, und so kommt es, daß jeder gewinnt, ohne daß der andere verliert"[32]. – G. Simmel, der bereits den von der neueren austauschtheoretischen Soziologie wiederaufgenommenen Gedanken betonte, „daß die Mehrzahl der Beziehungen von Menschen untereinander als Tausch gelten kann" (SIMMEL 1958, S. 33), und daß man „die Wirtschaft als einen Spezialfall der allgemeinen Lebensform des Tausches" (ebenda, S. 40) betrachten könne, hat gegen die Vorstellung eines ‚objektiven Wertmaßstabes' eingewandt: „Tatsächlich kann der Wert, den ein Subjekt für einen anderen aufgibt, für dieses Subjekt selbst, unter den tatsächlichen Umständen des Augenblicks, niemals größer sein als der, den es eintauscht. Aller entgegengesetzte Schein beruht auf der Verwechslung des wirklich vom Subjekt empfundenen Wertes mit demjenigen, der dem betreffenden Tauschgegenstand nach der sonstigen durchschnittlichen oder als objektiv erscheinenden Taxierung zukommt" (ebenda, S. 41)[33]. Beim Tausch sei, so Simmel, der „praktisch wirksame Wert niemals ein Wert überhaupt" (ebenda, S. 48), es gehe dabei nicht um „eine absolute Wertgröße" (ebenda, S. 54), sondern um die situationsabhängige subjektive Bewertung der Beteiligten, um die „Relation der Begehrungen zueinander" (ebenda)[34].

Wenn im hier erläuterten Sinne, also bezogen auf die subjektiven Einschätzungen der beteiligten Parteien, der Tausch als eine Transaktion gelten kann, die für beide Seiten ‚vorteilhaft' ist, so heißt dies natürlich keineswegs, daß alle beteiligten Parteien auch stets mit dem Ergebnis der

---

[32] In der Ökonomie pflegt man den von Jhering hier angesprochenen Sachverhalt (für den Fall des ‚isolierten Tauschs') anhand der sog. ‚Edgeworth-Box' formal zu verdeutlichen. Vgl. dazu etwa die Darstellung bei R. ESCHENBURG 1977, S. 40 ff.

[33] G. SIMMEL 1958, S. 49 f.: „Daß von zwei Objekten das eine wertvoller ist als das andere stellt sich sowohl innerlich wie äußerlich nur so dar, daß ein Subjekt wohl dieses für jenes, aber nicht umgekehrt hinzugeben bereit ist". – Es sei vermerkt, daß Simmel im Kontrast zu seiner hier wiedergegebenen Auffassung (SIMMEL 1958, S. 40 ff.) an anderer Stelle (SIMMEL 1968, S. 370) feststellt, es sei „das Wesen des Tausches, daß objektiv gleiche Werte gegeneinander eingesetzt werden".

[34] Wenn diesbezüglich Unklarheiten entstehen, so liegt dies nach Simmels Argumentation daran, daß sich in den ‚eingewurzelten Wertvorstellungen' zwei Schichten überlagern: „die eine gebildet aus den Traditionen des Gesellschaftskreises, der Majorität der Erfahrungen, ... die andere aus den individuellen Konstellationen, den Ansprüchen des Augenblicks, dem Zwange der zufälligen Umgebung. Gegenüber dem schnellen Wechsel innerhalb der letzteren Schicht verbirgt sich unserer Wahrnehmung die langsame Evolution der ersteren und ihre Bildung aus der Sublimierung jener, und sie erscheint als das sachlich Gerechtfertigte, als der Ausdruck einer objektiven Proportion" (SIMMEL 1958, S. 52 f.).

Transaktion *zufrieden* sein müßten[35]. Ein Akteur kann mit einer Austauschtransaktion durchaus unzufrieden sein, sich aber dennoch – wenn auch widerwillig – auf sie einlassen, weil sie unter den gegebenen Umständen das ‚geringere Übel' darstellt, d. h. weil sie unter den Alternativen, die ihm offenstehen und die er wahrnimmt, als die relativ günstigste erscheint. Um die Extremsituationen zu benennen: Weil Alternativen fehlen (Notlage), abgeschnitten sind (Unterdrückung) oder unattraktiv gemacht werden (Drohung), kann die Einlassung auf bestimme Tauschbedingungen für einen Akteur unter den obwaltenden Umständen zwar relativ vorteilhaft, aber dennoch alles andere als befriedigend sein.

Als generelle Ursache für Unzufriedenheit in Austauschbeziehungen kann gelten, daß der realisierte ‚Ertrag' unter dem bleibt, was nach der sonstigen – direkten oder indirekten – Erfahrung des Betroffenen als ‚angemessene' Gegenleistung zu werten ist[36]. Im Sinne derartiger – direkter oder indirekter – Erfahrungen bringt jeder Akteur in konkrete Austauschbeziehungen ein bestimmtes *Anspruchsniveau* mit, das den Bewertungsmaßstab für die ‚Angemessenheit' von Gegenleistungen abgibt, und von dem die Zufriedenheit mit den realisierten Ergebnissen abhängt[37]. Das Problem der ‚Unzufriedenheit' in Austauschbeziehungen weist besonders nachdrücklich auf den zweiten – oben (S. 51) angesprochenen – grundlegenden Aspekt einer austauschtheoretischen Interpretation hin, nämlich darauf, daß eine solche Interpretation – wie im übrigen *jede* Erklärung sozialen Verhaltens – die zentrale Rolle der Handlungs*restriktionen* beachten muß. Akteure handeln stets unter dem Einfluß ‚*der gegebenen Umstände*', sie sind stets bei der Verfolgung ihrer Interessen Beschränkungen unterworfen – nicht nur in den Fällen, in denen sie sich auf Transaktionen einlassen, die ihnen weniger einbringen als es ihrem Anspruchsniveau entspricht. Allerdings sind es in der Regel erst diese Fälle, die auf den Einfluß der äußeren Handlungsbeschränkungen aufmerksam

---

[35] Die Frage der relativen – d. h. an den jeweiligen Umständen gemessenen – ‚Vorteilhaftigkeit' einer Austauschtransaktion müsse, dies betont G. C. HOMANS (1974, S. 81) nachdrücklich, strikt von der Frage der Zufriedenheit der Beteiligten getrennt werden. Ausführlich dazu HOMANS 1974, S. 225 ff.

[36] So nimmt offenbar auch Durkheim auf die ‚allgemeinen Erfahrungen' bezug, wenn er „das öffentliche Bewußtsein" (DURKHEIM 1977, S. 424) als Schiedsrichter in der Bewertungsfrage anführt.

[37] Zum Problem ‚Anspruchsniveau und Zufriedenheit in Austauschbeziehungen' vgl. die ausführliche Erörterung bei J. W. THIBAUT und H. H. KELLEY 1959, S. 21 ff. u. S. 80 ff. Siehe auch A. BOHNEN 1971, S. 148 ff. – SIMMELS oben (Anm. 34) zitierter Hinweis auf die Wertvorstellungen, die „aus den Traditionen des Gesellschaftskreises, der Majorität der Erfahrungen" erwachsen, zielt offenbar auf dieses ‚Anspruchsniveau'.

werden lassen[38]. Es ist daher auch nicht verwunderlich, daß die Frage der Restriktionen vornehmlich unter dem Gesichtspunkt zweier Probleme Interesse findet: Dem Problem des *Zwangs* und dem Problem der *Macht* in sozialen Beziehungen. — Im folgenden sollen einige Bemerkungen zur austauschtheoretischen Behandlung dieser beiden Probleme gemacht werden, nicht zuletzt im Hinblick darauf, daß bei der Skepsis gegenüber einer am Austauschmodell orientierten Sozialtheorie der Verdacht eine besondere Rolle zu spielen scheint, eine Theorie, die vom Gedanken des beiderseitigen Vorteils bei Austauschtransaktionen ausgeht, müsse zwangsläufig für die Probleme von Zwang und Macht in sozialen Beziehungen blind sein.

Was das Problem des Zwanges anbelangt, so neigen in der Tat manche Austauschtheoretiker dazu, lediglich ‚freiwillige' Transaktionen als *Austausch* zu betrachten und dementsprechend Fälle von Zwangsausübung — zumindest wenn es sich um *physischen* Zwang handelt — aus dem Geltungsbereich der Austauschtheorie auszuklammern. In diesem Sinne äußert sich beispielsweise P. M. BLAU (1964, S. 91): „Ein Individuum kann jemandem Geld geben, weil der Betreffende bei einem Überfall mit einem Gewehr vor ihm steht. Obschon man dies als einen Austausch von Geld gegen Leben bezeichnen könnte, dürfte es wohl vorzuziehen sein, die Auswirkung physischen Zwanges aus dem Bereich des sozialen Verhaltens auszuschließen, das mit dem Begriff ‚Austausch' erfaßt wird". Als ‚sozialen Austausch' bezeichne er, so stellt Blau (ebenda, S. 91 f.) fest, „freiwillige Handlungen von Individuen, die um der Erträge willen ausgeführt werden, die man von ihnen erwartet", und durch physischen Zwang abgenötigtes Verhalten sei nun einmal „nicht freiwillig".

So einleuchtend eine solche Grenzziehung zwischen ‚freiwilligen' und ‚erzwungenen' Transaktionen auch zunächst erscheinen mag, ihr theoretischer Wert erweist sich doch bei näherem Zusehen als recht zweifelhaft. Denn abgesehen davon, daß eine derartige *definitorische* Eingrenzung des Geltungsbereichs allzu leicht auf eine Immunisierung der Austauschtheo-

---

[38] Vgl. dazu etwa E. DURKHEIMS (1977, S. 424 f.) Argument: „Unsere Wünsche sind ohne Grenzen und mäßigen sich folglich nur, weil sie sich untereinander begrenzen. Aber dieser Zwang ... darf nicht mit dem Zwang verwechselt werden, der uns die Mittel entzieht, die gerechte Entlohnung unserer Arbeit zu erhalten". Die Zustimmung zu einem Austausch sei, so DURKHEIM (ebenda, S. 425), dann „verfälscht ..., wenn eine äußere Macht in die Waagschale geworfen worden ist". — Vgl. auch M. Webers Feststellung: „Der rationale Tausch ist nur möglich, wenn entweder *beide* Teile dabei Vorteil zu finden hoffen, oder eine durch ökonomische Macht oder Not bedingte Zwangslage für einen Teil vorliegt" (M. WEBER 1964, S. 51).

rie hinausläuft³⁹, gibt die Annahme, daß Handlungen „um der Erträge willen ausgeführt werden, die man von ihnen erwartet", wohl schwerlich ein Kriterium ab, das geeignet wäre, ‚freiwillige' von ‚erzwungenen' Transaktionen zu unterscheiden⁴⁰. – Daß auch in einer solchen Extremsituation, wie sie das gern zitierte Beispiel der Transaktion zwischen Räuber und Bedrohtem beschreibt, von den beteiligten Akteuren die Erfolgs- und Ertragsaussichten alternativer Handlungsweisen bewußt oder unbewußt gegeneinander abgewogen werden⁴¹, dies haben bereits R. v. Jhering und G. Simmel betont⁴².

Gegenüber einer definitorischen Ausgrenzung des Zwangs-Problems aus dem Geltungsbereich austauschtheoretischer Analyse ist es zweifelsohne theoretisch fruchtbarer, die Frage ‚Freiwilligkeit-Zwang' im Rahmen des Austauschmodells als ein Problem der *Handlungsumstände* oder der *Restriktionen* zu behandeln, unter denen die am Austausch beteiligten Akteure ihre Entscheidungen treffen. So kann man im Sinne des Austauschmodells das Kriterium für das Vorliegen von Zwang darin sehen, daß ein Akteur einem anderen Handlungsalternativen entweder unzugänglich macht oder für den Fall ihrer Wahl negative Sanktionen androht und dadurch den ‚erwarteten Wert' dieser Alternativen herabsetzt. Etwas genauer läßt sich dies, unter bezug auf die obige Abbildung 5

---

³⁹ Dazu V. Vanberg 1975, S. 75.
⁴⁰ In diesem Sinne kritisiert auch A. Heath (1976, S. 20) Blaus Feststellung, Fälle von Zwangsausübung würden von der Austauschtheorie nicht erfaßt. – Auf die geringe Eindeutigkeit der Bezeichnung ‚*freiwillige* Transaktion' ist J. Lively (1976) in seiner Kritik an Blau ausführlich eingegangen.
⁴¹ Lively (1976, S. 9) wendet gegen Blaus definitorische Ausgrenzung ‚physischen Zwanges' ein: Das einzige, was erforderlich sei, um von einem Austausch sprechen zu können, sei, „daß Alternativen vorhanden sind, die den Beteiligten das Abwägen von Opportunitätskosten erlauben".
⁴² Wie eben generell gelte, daß „kein Kontrahent einen Preis zahlt, der ihm unter den gegebenen Umständen für das Erworbene zu hoch ist" (Simmel 1958, S. 52), so sei auch – bemerkt Simmel – dem mit einer Pistole Bedrohten „unter solchen Umständen ... das Eingetauschte wirklich den Preis wert" (ebenda). – Ähnlich stellt R. v. Jhering (1884, S. 16) zum „Fall des *physischen Zwanges*" fest: „Wo der Räuber seinem Opfer gewaltsam Uhr und Börse entreißt, liegt gar keine Handlung des letzteren ... vor. Wo aber die Drohungen des Räubers den Bedrohten nötigen, Uhr und Börse auszuliefern, handelt Letzterer, wenn auch unter dem Einfluß eines (psychologischen) Zwanges ..., er opfert das Geringere, um das Wertvollere zu behaupten".
G. C. Homans (1974, S. 78 f.) hat die *beiderseitigen* Abwägungsprobleme und *wechselseitigen* Abhängigkeiten einmal etwas ausführlicher aufgezeigt, die – entgegen dem ersten Anschein – auch in der extremen Situation ‚Räuber – Bedrohter' bestehen: So ist etwa für den ‚Räuber' das Verhalten des Bedrohten beispielsweise deshalb eine wichtige Variable, weil ihm daran gelegen sein mag, sich nicht mit einem Mord zu belasten. – Und was den ‚Bedrohten' anbelangt, so mag er einkalkulieren, daß der ‚Räuber' u. U. nur blufft und in Wirklichkeit gar nicht gewillt ist, ‚Ernst zu machen'.

(S. 49), in folgender Weise ausdrücken: Akteur i übt auf Akteur j dann Zwang aus, wenn er diesem durch eigene – oder von ihm veranlaßte – Eingriffe vorhandene Handlungsmöglichkeiten (i. e. Verwendungsmöglichkeiten für r_j) entweder (durch physische Gewaltanwendung) *effektiv versperrt* oder (durch Sanktionsandrohungen) *in ihrem Wert mindert*, wobei dies so wirksam sein kann, daß die von ihm gebotene Gegenleistung für Akteur j als ‚günstigste' Alternative (i. e. als größter durch den Einsatz von r_j zu realisierender Ertrag) übrig bleibt (also: $v_j(r_i) > v_j'$)[43].

Diese Definition von ‚Zwang' weist darauf hin, daß die Frage ‚Zwang-Freiwilligkeit' eine Frage des ‚mehr oder weniger' und nicht des ‚entweder – oder' ist. Denn Versuche, zugunsten der eigenen Position die ‚Attraktivität' bestimmter Handlungsalternativen seiner Interaktionspartner zu mindern, sind eine alltägliche Erscheinung des sozialen Verkehrs, die man in den vielfältigsten Variationen und in unterschiedlichsten Intensitätsgraden antreffen kann[44]. Bemühungen, ‚in der Sache liegende' Kriterien für eine eindeutige Grenzziehung zwischen ‚Zwang' und ‚Nicht–Zwang' in sozialen Beziehungen zu finden, sind denn auch wenig erfolgreich gewesen. Selbst bei einer Einschränkung auf die Problematik physischen Zwangs ist eine eindeutige Grenzziehung nicht möglich. Ein (relativ) eindeutiges Abgrenzungskriterium läßt sich lediglich dann gewinnen, wenn man auf die *sozial–normative* Unterscheidung zwischen *zulässigen* und *unzulässigen* Formen der Einflußnahme auf andere abstellt, so wie sie in

---

[43] Die Ausübung von Zwang zielt also darauf ab, den Wert alternativer Verwendungsmöglichkeiten für r_j – also v' – herabzusetzen. – Dies ist wohl auch gemeint, wenn A. Heath (1976, S. 19) die Feststellung, ein Austausch stelle beide Parteien besser „als sie ohne ihn daran wären", mit dem Hinweis kommentiert: „Es ist jedoch zu beachten, daß die beiden Individuen ... *nicht unbedingt besser gestellt sein müssen, als sie es zuvor waren*. In der Tat, ob sie dies sind oder nicht, ist ein gutes Kriterium, um *freiwilligen* Austausch von *erzwungenem* definitorisch zu unterscheiden". – Auch A. Kuhn (1974, S. 194 ff.) sieht das Definitionskriterium des *Zwanges* im Einsatz (bzw. der Androhung) von ‚Übeln', also von negativen Sanktionen, die die Wahl der – vom Zwangsausübenden nicht gewünschten – Handlungsalternativen unattraktiv machen. – Auf denselben Sachverhalt stellt J. Lively (1976, S. 9) bei seiner Definition von *Macht* ab: „Macht besteht genau darin, daß man die Kosten verändern kann, die anderen bei den verschiedenen Handlungsalternativen entstehen, normalerweise, indem man die Kosten aller außer einer erhöht, manchmal indem man eine belohnender macht". – Auf die Unterscheidung der Probleme von Zwang und Macht, die Lively in dieser Definition nicht trennt, wird unten noch einzugehen sein.

[44] Dies wird bereits bei R. v. Jhering (1884, S. 17 f.) ausdrücklich betont: Wenn „man im Falle des Zwanges das Dasein des Willens in Abrede nehmen wollte" – so heißt es dort –, dann „wäre schließlich jeder unfrei, der äußeren Einwirkungen bei der Fassung seines Entschlusses nachgäbe. ... Wo wäre die Grenze! ... Die Kasuistik setzt leicht eine ganze Kette solcher Fälle mit stets steigender oder abnehmender Nötigung zusammen; es soll jemand sagen, bei welchem einzelnen Gliede der Kette die Unfreiheit aufhört und die Freiheit beginnt".

den formellen und informellen Regeln des sozialen Verkehrs enthalten ist. Im Sinne einer derartigen sozial-normativen oder rechtlichen Definition könnte man von Zwang dann sprechen, wenn Beeinflussungsmethoden angewandt werden, die expliziten Rechtsregeln oder informellen sozialen Normen widersprechen. Der Gedanke an ein solches normatives Kriterium scheint auch in der Tat bei manchen Argumenten zur Problematik sozialen Zwangs implizit oder explizit zugrunde zu liegen[45]. — Im übrigen weist dieses normative Kriterium auf die wesentliche Rolle hin, die dem *normativen Handlungsrahmen* — also insbesondere der Rechtsordnung — für die Frage zukommt, auf welche Weise Akteure gegenüber den verzerrenden Auswirkungen von Zwang in Austauschbeziehungen geschützt werden können. Denn die Ausgrenzung bestimmter Mittel der Beeinflussung aus dem Kreis der *sozial zulässigen* bedeutet ja nichts anderes, als daß ihre Verwendung mit dem Risiko bestimmter Sanktionen belastet und dadurch unattraktiver gemacht wird.

Analog der obigen Definition von Zwang läßt sich — wiederum anknüpfend an Abb. 5 — das Problem der *Macht* im Rahmen des Austauschmodells in folgender Weise charakterisieren: Wenn für Akteur j die Wahlsituation (i.e. das Spektrum der alternativen Verwendungsmöglichkeiten für r_j) so eingeschränkt ist — gleichgültig worauf diese Einschränkung beruht —, daß der im Austausch mit Akteur i zu realisierende Ertrag — also $v_j(r_i)$ — größer ist als die Erträge *alternativer* Handlungsmöglichkeiten — also als v_j' —, dann hat Akteur i über Akteur j *Macht*. Genauer: Akteur i hat umso mehr Macht über Akteur j, je mehr $v_j(r_i)$ den Wert v_j' übersteigt, und je stärker folglich Akteur j am Zustandekommen der Transaktion mit Akteur j interessiert ist. Die Einschränkung der Wahlsituation von Akteur j kann — darauf sollte der obige Zusatz hinweisen — auf Gründen beruhen, auf die Akteur i überhaupt keinen Einfluß genommen hat, und sie kann von Akteur i herbeigeführt worden sein, also auf *Zwang* beruhen[46].

---

[45] Auf dieses Kriterium bezieht sich etwa Durkheim, wenn er das Problem erörtert, daß jemand einem Austausch ja auch „nur gezwungen zustimmen" (DURKHEIM 1977, S. 424) könne, und die Frage aufwirft, „wo beginnt der Zwang?" Zwang, so glaubt Durkheim diese Frage klären zu können, sei da gegeben, wo direkter oder indirekter Druck die Zustimmung verfälsche (ebenda, S. 425; vgl. dazu oben Anm. 38), und zur Charakterisierung eines solchen Falles heißt es dann bei ihm: „Auf der einen oder auf der anderen Seite war also eine *Rechtsverletzung*" (ebenda, Hervorhebung von mir, V. V.).

[46] Diesen Unterschied spricht etwa DURKHEIM (1977, S. 424) an — allerdings ohne ihn ausdrücklich zu betonen —, wenn er im Zusammenhang mit dem Problem des Zwanges in sozialen Beziehungen von ‚direkter' und ‚indirekter Gewalt' spricht, und eine Erpressung „unter Todesdrohung" mit dem Ausnutzen einer Lage vergleicht, „die ich zwar nicht hervorgerufen habe, die den anderen aber zwingt, mir nachzugeben oder zu sterben".

Die Ausübung von Zwang ist demnach *eine*, aber keineswegs die einzige Grundlage von Macht[47].

Zwei Aspekte dieser austauschtheoretischen Interpretation von Macht sollen hier hervorgehoben werden: *Erstens*, Macht ist eine sozialem Austausch *inhärente* Erscheinung, sie spielt — wenn auch natürlich mit unterschiedlicher Intensität — in *allen* Austauschbeziehungen eine Rolle. Dies deshalb, weil allen Austauschbeziehungen ein *Interesse* an bestimmten Leistungen der jeweiligen Gegenseite zugrunde liegt, und weil demzufolge auch stets eine — von der Intensität dieses Interesses abhängige — mehr oder minder große Bereitschaft gegeben ist, auf Forderungen der Gegenseite einzugehen[48]. — *Zweitens*, Macht ist eine *reziproke* Relation: *beide* Parteien in einer Austauschbeziehung haben gegenüber der anderen Macht, wenn diese Macht natürlich auch keineswegs *gleich verteilt* zu sein braucht[49]. Das Problem der Machtverteilung in Austauschbeziehungen ist ein Problem der relativen Interessiertheit der beteiligten Parteien am Zustandekommen der Austauschtransaktion — also, bezogen auf Abb. 5, ein Problem des Verhältnisses von $[v_i(r_j) - v_i']$ zu $[v_j(r_i) - v_j']$[50]. Derjenige, der das geringere Interesse am Zustandekommen der Austauschtransak-

---

[47] Vgl. dazu etwa G. C. HOMANS' (1974, S. 80 ff.) Erläuterungen zur Unterscheidung von ‚auf Zwang beruhender' (‚coercive') und ‚nicht auf Zwang beruhender Macht' (‚noncoercive power').

[48] Insofern ist etwa die — eine durchaus gängige Denkweise widerspiegelnde — Aussage wenig sinnvoll, Macht liege „dann vor, wenn eine Person A eine Person B in dem Ausmaß beeinflußt, daß A B dazu bringt, etwas zu tun, was B unbeeinflußt nicht tun würde; das Ergebnis der Interaktion zwischen A und B entspricht nicht den Präferenzen des B" (K. H. HANSMEYER, 1973, S. 1295). — Denn natürlich gilt in *allen* Austauschbeziehungen für *beide* Seiten, daß sie etwas tun, was sie ohne den Einfluß der Gegenseite nicht tun würden. Und von einem Handeln, das ‚nicht den Präferenzen des Akteurs entspricht', kann man sinnvoll auch nicht reden, da *jedes Handeln* ein Ausdruck von Präferenzen *und Restriktionen* ist. Was hier wohl gemeint ist, ist das oben (S. 54) bereits erörterte Problem, daß sich jemand unter dem ‚Druck der Umstände' auf Transaktionsbedingungen einläßt, die unter seinem ‚Anspruchsniveau' liegen. Doch was diesen ‚Druck der Umstände' anbelangt, so ist er — und damit auch die in ihm gründende *Macht* — ein graduelles Problem. So weist etwa R. v. JHERING (1884, S. 132) darauf hin, daß die Chance der Interessendurchsetzung (also die Macht) in Austauschbeziehungen in der „Ungunst der Lage des andern" ihre Grundlage habe, und er stellt fest: „Diese Ungunst kann sich zu einer wahren Zwangslage steigern, wenn mit dem höchsten Grade des Bedürfnisses auf der einen die ausschließliche Möglichkeit der Befriedigung desselben auf der andern Seite zusammentrifft. Hier bleibt dem Bedürftigen keine andere Wahl als die Annahme der vom Gegenpart diktierten Bedingungen".

[49] In der Regel ist der Fall des Macht*ungleichgewichts,* also der ‚Übermacht' einer Seite, gemeint, wenn von ‚Macht' in sozialen Beziehungen die Rede ist.

[50] Natürlich kann, dies sei zur Vermeidung von Mißverständnissen angemerkt, dieses Verhältnis nicht in Form eines Quotienten ausgedrückt werden, da hier auf — intersubjektiv nicht vergleichbare und daher auch nicht gegeneinander aufrechenbare — subjektive Nutzengrößen bezug genommen wird.

tion hat, für den also „beim Austauch am wenigsten auf dem Spiel steht, der hat die größere Macht, das Verhalten des anderen zu ändern" (G. C. HOMANS 1974, S. 80), – ein Sachverhalt, der als das ‚Prinzip des geringsten Interesses' bezeichnet worden ist[51].

F. J. STOLTE und R. M. EMERSON (1977, S. 120) fassen die wesentlichen Zusammenhänge des Machtproblems in sozialen Austauschbeziehungen in folgender Weise zusammen: „In jeder Austauschbeziehung gilt für jede Partei, daß sie – in einem gewissen Ausmaß – von der anderen Partei als einer Quelle erwünschten Handelns abhängig ist. Angenommen, die Parteien seien A und B, dann ist die Abhängigkeit des A von B (D_{AB}): (1.) eine direkte Funktion des Wertes, den die Ressourcen von B für A haben; und (2.) eine inverse Funktion der Zahl alternativer Austauschbeziehungen, die A zu C, D, usw. (zu Parteien mit Ressourcen gleicher Art wie B) aufnehmen kann. Wenn die Macht von A über B (P_{AB}) aufgefaßt wird als A's Fähigkeit, sich – trotz Widerstrebens von B – Zugang zu den Ressourcen von B zu verschaffen, dann gilt: $P_{AB} = D_{BA}$, und dann stellt eine Austauschbeziehung eine Beziehung wechselseitiger Abhängigkeit und reziproker (obschon nicht unbedingt gleicher) Macht dar"[52]. – Die Feststellung, daß die – in der Verfügung über bestimmte Ressourcen liegende – Macht von den *alternativen* Zugangsmöglichkeiten zu den betreffenden Ressourcen abhängig ist[53], verweist nicht nur auf die – bereits mehrfach betonte – grundlegende Bedeutung der Handlungs*restriktionen*. Sie weist auch auf ein entscheidendes Mittel hin, mit dem dem Ausbau von

---

[51] Vgl. G. C. HOMANS 1974, S. 83; J. W. THIBAUT und H. H. KELLEY 1959, S. 103; M. GROSER 1979, S. 67 ff.; S. R. WALDMAN 1972, S. 69 f. – Da die Intensität der jeweiligen Interessen – als eine subjektive Größe – von der Gegenseite nicht *unmittelbar* wahrgenommen, sondern lediglich *mittelbar* aus bestimmten äußeren Indikatoren ‚erschlossen' werden kann, gehört es zu den gängigen Strategien des sozialen Verkehrs, dem Austauschpartner gegenüber das eigene Interesse an der Transaktion ‚herunterzuspielen', um auf diese Weise einen günstigeren ‚Preis' zu erzielen (vgl. z.B. S. R. WALDMAN 1972, S. 71). – Man spricht daher auch, um den gemeinten Sachverhalt präziser auszudrücken, vom ‚Prinzip des geringsten *erkennbaren* Interesses'.

[52] Vgl. dazu auch R. M. EMERSON 1969, S. 389 und S. 394. – Die Symbole D_{AB} bzw. P_{AB} im obigen Zitat sind aus dem englischen Text unverändert übernommen worden (D = dependence; P = power).

[53] Das bedeutet natürlich auch, daß die *Handlungsmöglichkeiten*, die bestimmte Ressourcen ihrem ‚Inhaber' verschaffen, nicht nur von der ‚Eigenart' (der ‚Erwünschtheit') dieser Ressourcen selbst, sondern in entscheidender Weise auch von den sozial-strukturellen *Kontextbedingungen* (i. e. der Zugänglichkeit von Alternativen) abhängen (dazu etwa R. M. EMERSON 1969, S. 394). – Insofern ist es angebracht, ‚Ressourcen' und ‚Handlungsmöglichkeiten' nicht – wie dies etwa bei M. CROZIER und E. FRIEDBERG (1979, S. 41) geschieht – definitorisch gleichzusetzen, sondern es als ein *empirisches* Problem zu behandeln, in welchem Ausmaß bestimmte Ressourcen in Abhängigkeit von den gegebenen Kontextbedingungen – etwa der ‚Marktstruktur' – Handlungsmöglichkeiten eröffnen.

Machtpositionen in sozialen Beziehungen entgegengewirkt und vorhandene Macht eingeschränkt werden kann. Dieses Mittel besteht darin, die *Zugänglichkeit von Alternativen* zu sichern und zu verbessern, oder anders formuliert: Es besteht in der Sicherung und Förderung von *Wettbewerb* und *Konkurrenz*[54].

3. Die individualistische sozialtheoretische Tradition und das Austauschmodell: Die vernachlässigte Theorie korporativer Strukturen

Die besondere Beachtung, die im vorhergehenden Abschnitt gewissen gängigen Vorbehalten gegenüber dem Austauschmodell gewidmet worden ist, sollte nicht zuletzt deutlich machen, daß derartige Kritiken *gerade nicht* gemeint sind, wenn von ‚Mängeln' der austauschtheoretischen Tradition und von der Notwendigkeit einer Wiederanknüpfung an vertragstheoretische Erklärungsmuster die Rede ist. Wenn hier (vgl. oben S. 45) argumentiert wird, daß das Austauschmodell für die Behandlung der sozialtheoretischen Problematik *korporativer Akteure* wenig geeignet ist als das (vertragstheoretische) Modell der Ressourcenzusammenlegung, so wird der Grund dafür nicht in jenen angeblichen ‚Mängeln' des Austauschmodells gesehen, die die vorhin erörterten Kritiken zu erkennen glauben, sondern vielmehr und allein darin, daß das Austauschmodell typischerweise auf das Muster des *Zwei-Parteien-Austauschs* ausgerichtet ist. Zwar ist in dieser theoretischen Perspektive immer schon der Gedanke enthalten, daß die soziale Situation außer den beiden Austauschparteien noch andere Akteure umfaßt, die dadurch, daß sie als aktuelle oder auch nur potentielle Anbieter oder Nachfrager entsprechender (oder anderer) Leistungen in Frage kommen, die Austauschrelation zwischen den betrachteten Parteien mitbestimmen. Im Vordergrund bleibt jedoch der Ge-

---

[54] In prägnanter Weise ist dies bereits durch R. v. JHERING (1884) ausgedrückt worden, der zu der Frage, durch welche sozialen Mechanismen die „Ausnutzung der fremden Not" (ebenda, S. 133) in Grenzen gehalten werden könne, feststellt: „Der Egoismus des Verkäufers, der einen zu hohen Preis zu erzwingen versucht, wird durch den eines andern, der lieber zu einem mäßigen Preis als gar nicht verkauft ... paralysiert – *die Konkurrenz ist die soziale Selbstregulierung des Egoismus*" *(ebenda, S. 135).* – Neben dieser ‚sozialen Selbstregulierung' betont Jhering noch einen zweiten Mechanismus, der im sozialen Verkehr der ‚Ausnutzung fremder Not' entgegenwirke: „Der egoistischen Ausnutzung der Gegenwart stellt sich die Rücksicht auf die Zukunft entgegen ... – *der Blick in die Zukunft ist die individuelle Selbstregulierung des Egoismus*" (JHERING 1884, S. 136). – Auf die Bedeutung dieses zweiten Mechanismus wird noch ausführlich zurückzukommen sein (vgl. unten, S. 130 ff.).

sichtspunkt wechselseitiger Beeinflussung zwischen den direkten Interaktions- oder Tauschpartnern[55]. Indem das Austauschmodell aber eine Forschungsperspektive nahelegt, die soziale Strukturen als Netzwerke bilateraler (aktueller und potentieller) Austauschbeziehungen betrachtet, betont es das typische Aufbauprinzip von Marktstrukturen und lenkt zwangsläufig die Aufmerksamkeit von jenen Merkmalen ab, durch die sich korporative Strukturen charakteristischerweise von Marktstrukturen unterscheiden.

Ein Indiz für die Schwierigkeiten, auf die der Versuch stößt, die Zwei-Parteien-Perspektive des Austauschmodells auf die Analyse korporativer Strukturen anzuwenden, sind etwa die Uminterpretationen oder Interpretationsausweitungen, die das Austauschkonzept – ausdrücklich oder auch stillschweigend – dann erfährt, wenn es im Zusammenhang mit den Problemen korporativen Handelns verwandt wird. Abweichend von der Ausgangsvorstellung eines direkten, wechselseitigen Austauschs wird in diesem Zusammenhang nämlich von ‚komplexeren Austauschbeziehungen‘, ‚indirektem Austausch‘ u. ä. gesprochen. So meint etwa P. M. Blau, in Organisationen komme es zu „langen Ketten sozialer Transaktionen, ... bei denen es typischerweise nicht um reziproken Austausch geht" (BLAU 1964, S. 260), dort würden „direkte Austauschtransaktionen zwischen Individuen" ersetzt durch „komplexere Austauschmuster" (ebenda, S. 261), es würden „indirekte Austauschprozesse an die Stelle von direkten" (ebenda, S. 329) treten. – Und in ähnlicher Weise spricht auch G. C. Homans[56] davon, daß man es bei *kooperativem* oder *organisiertem* Handeln nicht mehr mit einem direkten, sondern mit einem ‚indirekten Austausch‘ zu tun habe (HOMANS 1972a, S. 75; ders. 1974, S. 99 f.). Im Unterschied zu „multiplen Austauschbeziehungen", die „sich als eine Reihe von Paaren analysieren" lassen, komme es hier – so meint HOMANS (1972a, S. 75) – zu „Komplikationen, die über die von Paarbeziehungen hinausgehen". In Organisationen seien die Austauschbeziehungen ‚komplexer‘ (HOMANS 1974, S. 356 ff.) seien die „Ketten von Handlung und Belohnung länger und in komplizierterer Art und Weise verknüpft" (ebenda, S. 357).

---

[55] Dazu VANBERG 1975, S. 74.

[56] G. C. HOMANS hat sich bei der Ausarbeitung seines austausch- und verhaltenstheoretischen Ansatzes ausdrücklich auf die Analyse ‚*elementaren sozialen Verhaltens*‘ beschränkt, zu dessen Charakterisierung er feststellt: „Es besteht im Austausch von Handlungen zwischen wenigstens zwei Personen, wobei die Handlung des einen die Handlung des anderen belohnt oder bestraft; der Austausch vollzieht sich direkt zwischen den beiden und nicht über irgendeine Vermittlungsinstanz" (HOMANS 1974, S. 356; vgl. auch ebenda, S. 2 ff.).

Die im Austauschmodell angelegte Einschränkung der theoretischen Perspektive auf das Muster des Zwei-Parteien-Austauschs und auf die dezentralen Anpassungsmechanismen in Marktstrukturen ist verschiedentlich kritisch konstatiert worden. So stellt etwa P. EKEH (1974, S. 49) über die Rolle, die das Austauschkonzept in den Sozialwissenschaften gespielt habe, fest: „Das Muster, nach dem man sich solchen sozialen Austausch in der Hauptsache vorstellte, war das der gegenseitigen Wechselwirkung, so wie sie für soziale Austauschtransaktionen zwischen zwei Parteien charakteristisch ist"[57]. Und über die traditionelle Ausrichtung der Austauschtheorie bemerkt etwa J. LIVELY (1976, S. 1 f.): „Das zentrale Gedankengebäude der Theorie war die Vorstellung des Marktes..., die Vorstellung einer spontanen, sich selbst regulierenden Ordnung, die sich aus dem wechselseitigen Austausch von Leistungen zwischen eigeninteressierten Individuen heraus entwickelt". — Bezogen auf die ökonomische Theorietradition hat J. M. Buchanan dies in ähnlicher Weise formuliert. Diese Tradition habe sich — bemerkt Buchanan — in der Hauptsache befaßt mit der „Anlyse des Zwei-Parteien-Austauschs, der sich im Rahmen und unter den Beschränkungen eines Netzwerks von untereinander verbundenen potentiellen und wirklichen Austausch-Paaren vollzieht" (BUCHANAN 1975, S. 19). Im Sinne der ‚ökonomischen Standard-Theorie' werde ein soziales Phänomen typischerweise erklärt als das Resultat „aus einem Prozeß des Austauschs, ... der wechselseitigen Anpassung zwischen verschiedenen Personen" (BUCHANAN 1978, S. 5). Nun werde allerdings, darauf weist Buchanan hin, mit der Vorstellung des ‚zwei-Parteien Austauschs' ein „entscheidendes Kennzeichen der spontanen Ordnung ... von Märkten" (BUCHANAN 1975, S. 36) betont, wohingegen man es im Falle des korporativen Handelns einer Gruppe typischerweise nicht mit einem Austauschnetzwerk zu tun habe, das „in separate zwei-Parteien Transaktionen zu zergliedern" (ebenda, S. 33) sei[58].

In Anbetracht der zentralen Rolle, die das Austauschmodell in der individualistischen sozialtheoretischen Tradition gespielt hat, wird man den angesprochenen Grenzen dieses Modells eine allgemeinere Bedeutung für

---

[57] Typisch dafür etwa die Definition bei J. F. STOLTE und R. M. EMERSON (1977, S. 119): „Unter einer Austauschbeziehung wird eine Interaktionsbeziehung zwischen zwei Parteien ... verstanden, die auf wechselseitiger Verstärkung beruht".

[58] H. G. NUTZINGER (1978, S. 69) erwähnt gleichfalls die „einseitige Konzentration der traditionellen ökonomischen Theorie auf Austausch-Beziehungen", und meint, für eine theoretische Analyse der spezifischen Probleme von Unternehmen (als Organisationen) sei es notwendig, „den charakteristischen Unterschied zwischen Markt-Austausch und interner Organisation hervorzuheben, und nicht die Ähnlichkeiten überzubetonen" (ebenda, S. 70).

die Entwicklung individualistischer Sozialtheorie beimessen müssen[59]. Der Umstand, daß das Austauschmodell sich für die theoretische Analyse korporativer Strukturen weniger eignet, ist sicherlich ein Haupthindernis für die Entwicklung einer *individualistischen Theorie korprativer Akteure* gewesen[60]. Das Fehlen eines geeigneten - und mit den individualistischen Prämissen konsistenten — theoretischen Instruments dürfte die Neigung gefördert haben, die Problematik korporativen Handelns in einer vorwiegend *defensiven* Weise zu behandeln. Die Aufmerksamkeit wurde im wesentlichen auf die Kritik kollektivistischer Hypostasierungen und weit weniger darauf konzentriert, den sich hier tatsächlich stellenden Erklärungsproblemen nachzugehen und die Frage nach den spezifischen Charakteristika korporativer Akteure im Sinne des eigenen Ansatzes in konsistenter Weise zu klären. Unverkennbar ist eine gewisse Tendenz, mit dem Argument, auch derartige kollektive Handlungseinheiten seien schließlich nur Konfigurationen individueller Handlungen, die Frage nach den besonderen Erklärungsproblemen, die sich bei diesen kollektiven Handlungseinheiten im Unterschied zu sonstigen ‚Konfigurationen individueller Handlungen' stellen, in den Hintergrund zu drängen.

Als Beispiel für die hier konstatierte Tendenz in der individualistischen Sozialtheorie können etwa Max Webers bekannte Äußerungen zum Problem der Kollektivbegriffe in der Soziologie angeführt werden. Zwar verwende, so meint WEBER (1964 I, S. 10), die Soziologie aus Gründen der terminologischen Zweckmäßigkeit ähnliche Kollektivbegriffe wie die ‚Juristen- oder die Alltagssprache', doch gebe es „für sie keine ‚handelnde' Kollektivpersönlichkeit" (ebenda). Für die „verstehende Deutung des

---

[59] In der mangelnden Eignung des Austauschmodells für die Analyse korporativer Strukturen dürfte auch ein Grund für den auffälligen und häufig konstatierten Tatbestand zu suchen sein, daß es innerhalb der Ökonomie durchaus gängig war (und z. T. noch ist), bei Aussagen über korporative Akteure — Haushalt, Unternehmen, Staat u. a. — auf kollektivistische *Denkmuster* zurückzugreifen, die in einem ausgesprochenen Kontrast zur ansonsten strikt indvidualistischen Orientierung der ökonomischen Theorietradition stehen. — H. ALBERT (1967, S. 502 Anm.) spricht im Hinblick auf diesen Tatbestand vom „Pseudo-Individualismus des ökonomischen Denkens".

[60] Bezogen auf die Ökonomie stellt J. WISEMAN (1978, S. 80) eine solche Diagnose, wenn er in der ‚herkömmlichen Konzentration der ökonomischen Analyse auf die Austausch-Beziehung' den Grund für die Vernachlässigung der Problematik korporativen Handelns sieht und dazu bemerkt: „Ich denke, es ist redlich festzustellen, daß wir immer noch kein zufriedenstellendes *umfassendes* Modell des Gruppenverhaltens haben, das Firmen, Bürokratien, Interessenverbände, Familien, Staatsunternehmen, Regierungen und Gewerkschaften einschließt" (ebenda).

Handelns durch die Soziologie" sind — laut Weber (ebenda) — „soziale Gebilde (‚Staat', ‚Genossenschaft', ‚Aktiengesellschaft', ‚Stiftung')... lediglich Abläufe und Zusammenhänge spezifischen Handelns *einzelner* Menschen, da diese allein für uns verständliche Träger von sinnhaft orientiertem Handeln sind ... Wenn sie von ‚Staat' oder von ‚Nation' oder von ‚Aktiengesellschaft' oder von ‚Familie' oder von ‚Armeekorps' oder von ähnlichen ‚Gebilden' spricht, so meint sie damit *lediglich* einen bestimmt gearteten Ablauf tatsächlichen, oder als möglich konstruierten sozialen Handelns Einzelner"[61]. — Wenn auch an der individualistischen Orientierung der Argumentation Webers keinerlei Abstriche zu machen sind, so würde man sich doch über die Betonung der individualistischen Programmatik hinaus eine positive Antwort auf die Frage wünschen, welche tatsächlichen sozialtheoretischen Erklärungsprobleme sich hinter einem (juristischen oder Alltags-) Sprachgebrauch verbergen, der soziale Kollektivgebilde als *handelnde Einheiten* anspricht[62].

Die vorwiegend defensive Behandlung der Problematik korporativer Akteure hat sicherlich kaum dazu beigetragen, die — gerade in der Soziologie verbreitete — Skepsis gegenüber einer individualistischen Sozialtheorie abzubauen. Mußte sie doch den Eindruck fördern, eine Berücksichtigung dieser Problematik sei im Rahmen einer individualistischen Sozialtheorie grundsätzlich nicht möglich, und man müsse, wenn man Gruppen als *Handlungseinheiten* betrachten wolle, ‚den methodologi-

---

[61] Vgl. auch M. WEBER 1968, S. 439 f.: „Begriffe wie ‚Staat', ‚Genossenschaft', ‚Feudalismus' und ähnliche bezeichnen für die Soziologie allgemein gesagt, Kategorien für bestimmte Arten menschlichen Zusammenhandelns, und es ist also ihre Aufgabe, sie auf ‚verständliches' Handeln der beteiligten Einzelmenschen, zu reduzieren. Dies ist bei anderen Betrachtungsweisen keineswegs notwendig der Fall. Vor allem ist darin die soziologische von der juristischen Betrachtungsweise geschieden. Die Jurisprudenz behandelt z.B. unter Umständen den ‚Staat' ebenso als ‚Rechtspersönlichkeit' wie einen Einzelmenschen ... Für die soziologische Betrachtung steht ... hinter dem Worte ‚Staat' — wenn sie es überhaupt verwendet — *nur* ein Ablauf von menschlichem Handeln besonderer Art". — Übrigens schließen die von Weber als Beispiele genannten Kollektivbegriffe nicht nur auf *korporative Akteure* bezogene Begriffe (‚Staat', ‚Genossenschaft') ein, sondern auch Kollektivbegriffe gänzlich anderen Charakters. Die mit beiden Arten von Kollektivbegriffen verbundenen Probleme sollten aber — auch wenn dies in entsprechenden Diskussionen häufig nicht geschieht — strikt unterschieden werden.

[62] Für die Zielrichtung der zitierten Argumentation Webers ist charakteristisch, daß Weber in diesem Zusammenhang (WEBER 1964 I, S. 11) kritisch auf die „Methode der sogenannten ‚organischen' Schule (klassischer Typus: *Schäffles* geistvolles Buch: Bau und Leben des sozialen Körpers)" bezug nimmt.

schen Induvidualismus aufgeben'⁶³. – Daß dieser Eindruck bei manchen Kritiken des individualistischen Ansatzes eine größere Rolle spielen dürfte als es in den explizit geäußerten Argumenten zum Ausdruck kommt, darauf läßt etwa die Kritik schließen, die A. ETZIONI (1975) gegenüber dem – wie er ihn nennt – ‚*atomistischen Ansatz*‘ vorbringt. Zur Begründung seiner Behauptung, „daß makroskopische Analyse eine eigene Theorie" (ebenda, S. 66), eine besondere ‚Makrotheorie‘, erfordere, wiederholt zwar auch Etzioni (ebenda, insbesondere S. 76) im wesentlichen die – seit Durkheim gängigen und häufig genug widerlegten – Standardargumente der Individualismus-Kritik⁶⁴. Doch der darüber hinausgehende und für Etzioni offenkundig zentrale Einwand gegen den ‚atomistischen Ansatz‘ zielt darauf ab, daß die Problematik kollektiver Handlungseinheiten innerhalb dieses Ansatzes keine Berücksichtigung finde, daß dieser Ansatz „keine Makrohandlung oder Makroakteure" (ebenda, S. 87) kenne, keine „Makroeinheit, die mit der Fähigkeit zum Handeln ausgestattet ist" (ebenda, S. 95 f.)⁶⁵.

Als Beitrag zu einer – in der individualistisch-austauschtheoretischen Tradition in der Tat ‚vernachlässigten‘ – Theorie korporativer Strukturen dürfte das *Modell der Ressourcenzusammenlegung* geeignet sein, manchen Kritiken und Vorbehalten Rechnung zu tragen, die nicht ganz zu

---

⁶³ Die Schlußfolgerung, man müsse, wolle man „die Gruppe als Akteur betrachten..., den methodologischen Individualismus aufgeben", ziehen D. R. SCHMITT und G. MARWELL (1977, S. 176), nachdem sie zur Orientierung der verhaltenstheoretischen Soziologie von G. C. Homans kritisch vermerkt haben: „Homans... erinnert uns wiederholt daran, daß wir das Verhalten von Menschen – und nichts weiter – sehen, wenn wir beobachten, was vor sich geht... Doch es sind oft Gruppen, nicht Individuen, die handeln. Der Henker mag das Richtbeil niederfallen lassen, aber er ist lediglich der Arm der Gruppe" (ebenda).

⁶⁴ Zur Darstellung und Kritik dieser ‚Standardargumente der Individualismus-Kritik‘ vgl. VANBERG 1975, insbesondere S. 239 ff.

⁶⁵ Vgl. A. ETZIONI 1975, S. 97: „Nationale Organisationen wie Gewerkschaften und Armeen sind offensichtlich imstande, einheitlich zu handeln". – Den Vorwurf unzureichender Behandlung der Problematik ‚kollektiver Handlungseinheiten‘ richtet Etzioni auch gegen die beiden übrigen der von ihm unterschiedenen ‚drei vorherrschenden Sprachen gesamtgesellschaftlicher Analyse‘ (ebenda, S. 87 ff.): gegen den ‚kollektivistischen Systemansatz‘ und den ‚voluntaristischen Ansatz‘. Der ‚kollektivistische Systemansatz‘ thematisiere zwar, so Etzioni (ebenda, S. 91), das Problem der ‚Makroakteure‘, er habe jedoch „keinen systematischen Platz für die Fähigkeit des gesamtgesellschaftlichen Aktors, sich selbst zu verändern oder seine internen Beziehungen... neu zu strukturieren". Den ‚voluntaristischen Ansatz‘ kritisiert Etzioni (ebenda, S. 93), weil er ‚astrukturell‘ sei, weil er so tue, „als wenn Gesellschaften oder Korporationen gigantische Individuen wären", und dadurch die Frage übergehe, „welche Maßnahmen einheitliches Handeln hervorbringen, was die ‚Atome‘ aneinanderbindet". Dieser Ansatz werde, so Etzioni (ebenda) „der Tatsache nicht gerecht, daß gesellschaftliche Einheiten aus vielen Subeinheiten und Akteuren zusammengesetzt sind". – Seine eigene Konzeption versteht Etzioni als eine – die kritisierten Mängel vermeidende – „Konvergenz von Kollektivismus und Voluntarismus" (ebenda, S. 95).

Unrecht gegenüber dem individualistischen Ansatz angemeldet worden sind. Dieses Modell macht deutlich, wie den spezifischen Besonderheiten korporativer Akteure durchaus im Rahmen eines individualistischen Erklärungsansatzes Rechnung getragen werden kann; es zeigt auf, daß das Prinzip einer strikt individualistischen Erklärung und die Vorstellung von Kollektivgebilden als *Handlungseinheiten* einander keineswegs ausschließen.

4. Austauschmodell und Modell der Ressourcenzusammenlegung: Die Gemeinsamkeit ihrer theoretischen Grundlagen

Nachdem im vorhergehenden das ‚Austauschmodell' und das ‚Modell der Ressourcenzusammenlegung' einander gegenüber gestellt worden sind, ist es nunmehr angebracht, ihr Verhältnis zueinander genauer zu klären. Mit der Gegenüberstellung der beiden Modelle[66] und mit der parallelen Unterscheidung von Marktstrukturen und korporativen Strukturen ist natürlich — dies kann nicht nachdrücklich genug betont werden — keineswegs die Vorstellung verbunden, man habe es hier mit zwei völlig *heterogenen, bereichsspezifischen Theorien* zu tun. Zugrunde liegt vielmehr die Vorstellung, daß man im Rahmen *derselben, einheitlichen individualistischen Sozialtheorie* zwei, auf einem *niedrigeren Allgemeinheitsniveau* angesiedelte, unterschiedliche *Erklärungsmodelle* voneinander abgrenzen sollte. Mit der Formulierung ‚im Rahmen derselben, einheitlichen individualistischen Sozialtheorie' ist dabei gemeint, daß die beiden Erklärungsmodelle von *derselben Theorie menschlichen Handelns* ausgehen, und daß die *allgemeinsten* Hypothesen — und damit auch die umfassendste ‚theoretische Klammer' — einer individualistischen Sozialtheorie in deren Handlungstheorie enthalten sind. Und die Formulierung ‚auf einem niedrigeren Allgemeinheitsniveau' soll darauf hinweisen, daß in beiden Erklärungsmodellen je spezifische, nicht generell gültige Randbedingungen unterstellt werden, und daß insofern beide Erklärungsmodelle ei-

---

[66] Es sei erwähnt, daß J. S. Coleman seine — in der vorliegenden Arbeit als ‚Modell der Ressourcenzusammenlegung' bezeichneten — theoretischen Vorstellungen nicht so ausdrücklich gegenüber dem Austauschmodell abgrenzt, wie dies hier geschieht. Coleman verweist zwar auch auf die ‚Zwei-Parteien-Perspektive' des Austauschmodells (COLEMAN 1973 b, S. 31 und S. 35) und erwähnt auch die Schwierigkeiten früherer Versuche, die Probleme kollektiven Handelns und kollektiver Entscheidung im Rahmen des ‚ökonomischen Modells rationalen Handelns' zu analysieren (COLEMAN 1969, S. 415). Die Schlußfolgerung jedoch, daß sich aus der Vorstellung der Ressourcenzusammenlegung ein anderes Erklärungsmodell gewinnen läßt als es das traditionelle Austauschmodell darstellt, wird von Coleman nicht explizit gezogen.

nen – im Vergleich zur Ausgangstheorie: der allgemeinen Theorie menschlichen Handelns – in spezifischer Weise *eingeschränkten* Geltungsbereich haben. Zu beiden Aspekten, zu den grundlegenden Gemeinsamkeiten und zu den spezifischen Unterschieden der beiden Erklärungsmodelle, sollen im folgenden einige Erläuterungen gegeben werden.

Aus der bisherigen Darstellung dürfte ausreichend deutlich geworden sein, daß es beim Modell der Ressourcenzusammenlegung nicht anders als beim Austauschmodell um eine *individualistische* Erklärung sozialer Strukturen geht, daß es hier wie dort darum geht, zu erklären, „wie individuelle menschliche Wahlakte soziale Organisationen hervorbringen und erhalten können" (HOMANS 1974, S. 13). Und was diese ‚menschlichen Wahlakte' anbelangt, so werden beim Modell der Ressourcenzusammenlegung *dieselben Verhaltensannahmen* zugrunde gelegt wie beim Austauschmodell, es gelten also all jene Annahmen über das ‚Entscheidungskalkül' des einzelnen, die oben (S. 47 ff.) für das Austauschmodell erläutert wurden. Hier wie dort wird angenommen, daß „Handlungen Funktionen ihres Ertrages sind" (HOMANS 1972a, S. 60; ders. 1974, S. 12), daß Handlungen also im Hinblick auf den Ertrag ausgeführt werden, der von ihnen erwartet wird: Als Mitglied eines korporativen Akteurs ist der einzelne ebenso auf seine eigenen Interessen bedacht, wie beim Austausch am Markt (COLEMAN 1972, S. 219).

Das dem Austauschmodell zugrunde liegende *individualistische Erklärungskalkül* wird durch das Modell der Ressourcenzusammenlegung also keineswegs aufgegeben. Dieses individualistische Erklärungskalkül wird vielmehr auf die spezifischen Bedingungen korporativen Handelns ausgeweitet[67] und damit in systematischer Weise auf einen Problembereich übertragen, der im Rahmen der herkömmlichen *austauschtheoretischen* Umsetzung individualistischer Sozialtheorie vernachlässigt worden ist[68].

---

[67] Für das Modell der Ressourcenzusammenlegung gilt genau das, was J. WISEMAN (1979, S. 367) als Anforderung an das ‚Modell des Gruppenverhaltens' formuliert, das nach seiner Einschätzung (vgl. oben, S. 64, Anm. 60) eine notwendige Ergänzung zur traditionellen austauschtheoretischen Orientierung der Ökonomie darstellt: „Dabei wollen wir nicht auf den unzweifelhaften Wert des individualistischen Ansatzes verzichten ... : es geht darum, die Analyse auszuweiten, nicht darum, sie zu ersetzen".

[68] Genau dies ist im übrigen auch die Zielsetzung des ‚Public Choice-Ansatzes' in der Ökonomie (vgl. oben, S. 46). Die ‚Public Choice-Theorie' stelle – so bemerkt etwa J. M. BUCHANAN (1972, S. 11) – „einen Versuch dar, die Analyse sozialer Interaktionssysteme zu vervollständigen". Während die traditionelle ökonomische Theorie eine „hoch entwickelte Theorie der Markt-Interaktion" (ebenda) sei, jenseits der Grenzen des ‚Markt-Verhaltens' jedoch die Analyse ‚offengelassen' habe, versuche die ‚Public Choice-Theorie' eine Brücke herzustellen zur Analyse des Verhaltens im ‚Nicht-Markt-Kontext' (ebenda, S. 12 und S. 18). Sie sei, so Buchanan (ebenda, S. 23), „ein Schritt in Richtung einer in sich konsistenten Sozialwissenschaft."

Auf die Charakteristika der allgemeinen Handlungs- oder Verhaltenstheorie, die die gemeinsame theoretische Grundlage des Austauschmodells und des Modells der Ressourcenzusammenlegung bildet, soll hier nicht weiter eingegangen werden. Im Hinblick auf die besondere Rolle, die dem *ökonomischen* Modell rationalen Handelns bisweilen als theoretischer Grundlage individualistischer Sozialwissenschaft eingeräumt wird (z. B. W. H. MECKLING 1976; R. B. MC KENZIE und G. TULLOCK 1978, S. 8 und S. 28), sei allerdings betont, daß das ökonomische Verhaltensmodell in diesem Zusammenhang lediglich als *eine Variante* einer allgemeinen handlungstheoretischen Konzeption in Betracht kommt, die in ähnlicher Weise − und in mancher Beziehung wesentlich differenzierter − in einer Reihe psychologischer Erklärungsansätze enthalten ist[69].

Auf entsprechende − in der gemeinsamen Orientierung am „Grundgedanken einer hedonistischen Verhaltenstheorie des Common Sense" (ATKINSON 1975, S. 470) wurzelnde − Ähnlichkeiten verschiedener handlungs- und motivationstheoretischer Ansätze hat beispielsweise J. W. ATKINSON (1975) hingewiesen, der in diesem Zusammenhang von einer allgemeinen ‚Erwartung × Wert − Theorie' spricht[70]. Zu einem ähnlichen Befund kommt auch K. Kaufmann bei seinem Vergleich allgemeiner Verhaltens- und Lerntheorien[71], als dessen Ertrag er eine ‚kognitiv-hedonistische Theorie menschlichen Verhaltens' (KAUFMANN-MALL 1978) formuliert, die wiederum − als Integrationsversuch konzipiert − eine Version des allgemeinen ‚Erwartung × Wert-Konzepts' beinhaltet. Von mehreren Handlungsalternativen, so lautet auch hier die Hauptthese, wird ein Akteur diejenige ausführen, für die das Produkt aus a) dem *Wert*, den er den (möglichen) Konsequenzen dieser Handlung beimißt, und b) der (subjek-

---

[69] Vgl. dazu etwa B. S. FREY und W. STROEBE 1980. − Der ‚ökonomische Ansatz' kann zwar durchaus mit Recht als ‚Paradigma' einer allgemeinen individualistischen Sozialtheorie betrachtet werden. Dies jedoch nicht deshalb, weil das *Verhaltensmodell* der Ökonomie so vorbildlich wäre (in dieser Beziehung sei lediglich auf die entsprechende Kritik H. Alberts verwiesen − vgl. z. B. ALBERT 1978, S. 63; ders. 1973, S. 151), sondern weil die Ökonomie − im Unterschied zu den übrigen Sozialwissenschaften − in besonders stringenter und konsequenter Weise allgemeine Annahmen über *individuelles* Verhalten zur Grundlage ihrer Erklärungen *sozialer* Phänomene gemacht hat.

[70] Zur Parallelität zwischen ‚ökonomischer Nutzentheorie' und anderen Versionen einer ‚Erwartung × Wert − Theorie' siehe auch die Hinweise bei K. D. OPP 1978, S. 131 ff.; ders. 1979, S. 7 ff.

[71] Vgl. dazu die Hinweise bei K. KAUFMANN und P. SCHMIDT 1976, S. 318 ff. − Kaufmann hat in seinen Vergleich einbezogen: Entscheidungstheorien (Edwards), Motivationstheorien der Lewinschen Tradition (Tolman, Atkinson u. a.), kognitive Lerntheorien (Tolman, Rotter), nicht-kognitive Lerntheorien (Hull, Spence, Thorndike, Skinner) und Lerntheorien, die auf den Einfluß beobachteter Erfahrung abstellen (Bandura).

tiven) Wahrscheinlichkeit, mit der er den (tatsächlichen) Eintritt dieser Konsequenzen erwartet, am größten ist[72].

Das zentrale Problem einer am ‚Erwartung × Wert — Konzept' orientierten Handlungserklärung liegt natürlich, dies sei hier noch angemerkt, darin, intersubjektiv überprüfbare und vom zu erklärenden Verhalten *unabhängige* Referenzen für die zentralen Variablen der Theorie zu finden: Für die *Werte*, die die Akteure bestimmten Handlungskonsequenzen beimessen, und für die *Erwartungen*, die sie bezüglich des tatsächlichen Eintritts dieser Handlungskonsequenzen hegen[73]. Sowohl die *Werte* wie auch die *Erwartungen*, also die ‚Theorien' des Akteurs über die Welt, sind *subjektive* Größen; sie sind nicht *direkt* beobachtbar, man kann lediglich *indirekt* von irgendwelchen beobachtbaren *Indikatoren* her auf sie zurückschließen. Um überprüfbar zu sein, muß eine ‚Erwartung × Wert — Theorie' also theoretische Annahmen einschließen, die einen entsprechenden Zusammenhang zwischen den subjektiven Variablen ‚Wert' und ‚Erwartungen' und beobachtbaren — vom Explicandum unabhängigen — Variablen herstellen. Ein grundlegender Mangel mancher Versionen einer ‚Erwartung × Wert Theorie' — und dies gilt nicht zuletzt für die ökonomische Nutzentheorie — liegt allerdings gerade darin, daß derartige Annahmen, die eine ‚empirische Anbindung' der zentralen subjektiven Erklärungsvariablen erlauben würden, fehlen[74]. Im Unterschied zu den üblichen Theorien rationalen Handelns ist etwa die *behavioristische Lerntheorie*, auf die sich G. C. Homans bei seiner austausch- und verhaltens-

---

[72] Genauer heißt es bei KAUFMANN-MALL (1978, S. 13): „Verhalten (V_i) tritt dann auf, wenn das zugehörige Produkt aus Erwartungen (E) der Konsequenzen (K) dieses Verhaltens und den Valenzen (V_a) dieser Konsequenzen im Vergleich mit Alternativen maximal ist". ‚Erwartung der Konsequenzen' wird dabei von KAUFMANN (ebenda, S. 18) im Sinne der subjektiven Wahrscheinlichkeit definiert, mit der bestimmte Konsequenzen als Folge der betreffenden Handlung erwartet werden. Und ‚Valenz der Konsequenzen' wird definiert als „Grad der Angenehmheit oder Unangenehmheit" (ebenda), den diese Konsequenzen für die Person haben.

[73] Zur obigen Erläuterung des Modells der Ressourcenzusammenlegung (S. 10 ff.) und des Austauschmodells (S. 47 ff.) kann hier eine Spezifikation nachgetragen werden: Was dort als ‚Erträge' oder ‚Vorteile' von Handlungsalternativen bezeichnet worden ist, stellt im Sinne der ‚Erwartung × Wert — Theorie' das *Produkt* dar, das sich aus den Komponenten ‚Wert der Handlungskonsequenzen' und ‚subjektiver Wahrscheinlichkeit des Eintritts dieser Konsequenzen' zusammensetzt. — Als zusätzliche Komplikation ist natürlich zu berücksichtigen, daß eine Handlung normalerweise nicht nur eine, sondern mehrere Konsequenzen hat, die vom Akteur unterschiedlich bewertet (vgl. dazu die Bemerkungen zum Kostenbegriff, oben, S. 49 f.) und mit unterschiedlichen Wahrscheinlichkeiten erwartet werden können.

[74] Die ‚Rationalitäts-Theoretiker', so stellen etwa N. FROHLICH und J. A. OPPENHEIMER (1978, S. 12) ganz selbstverständlich fest, „versuchen nicht, zu erklären, wo die Individuen ihre Werte her haben, sie gehen von gewissen allgemeinen Wertmustern aus". — H. ALBERT

theoretischen Konzeption stützt, gerade um die Lösung dieses Problems der ‚empirischen Anbindung' bemüht[75]. Von daher dürfte es sicherlich fruchtbarer sein, die – im gemeinsamen utilitaristischen Denkansatz wurzelnden – Parallelen zwischen ‚Erwartung × Wert – Theorien' einerseits und behavioristischen Lerntheorien andererseits als Ansatzpunkte für eine *theoretische Verknüpfung* beider Konzeptionen zu betrachten, statt – wie dies bisweilen geschieht[76] – die vermeintlichen Gegensätzlichkeiten beider Theorierichtungen zu betonen[77].

Liegt die *Gemeinsamkeit* des Modells der Ressourcenzusammenlegung und des Austauschmodells in ihrer individualistischen Orientierung und in der allgemeinen Verhaltenstheorie, von der sie gleichermaßen ausgehen, so müssen die Unterschiede zwischen beiden Erklärungsmodellen in den jeweiligen spezifischen Randbedingungen zu suchen sein, die sie bei der sozialtheoretischen Umsetzung derselben Verhaltensannahmen typischerweise als gegeben unterstellen. Daß das Austauschmodell nicht mit *der* individualistischen Sozialtheorie schlechthin gleichgesetzt werden darf, sondern lediglich eine bestimmte sozialtheoretische Umsetzung einer allgemeinen Verhaltenstheorie darstellt, bei der *spezifische* – wenn auch für weite Bereiche des sozialen Verkehrs durchaus typische - *Kontextbedingungen* unterstellt werden, dies ist gerade in der Auseinandersetzung um die austausch- und verhaltenstheoretische Konzeption G. C.

(1977, S. 203) spricht die hier gemeinte Problematik an, wenn er mit bezug auf das ökonomische Verhaltensmodell bemerkt: Das „Problem der Änderung der Nutzenfunktionen – etwa unter dem Einfluß von Erfahrungen – läßt sich im Rahmen der bisherigen Theorie nicht lösen. Wenn man Probleme dieser Art angehen will, benötigt man wohl Verhaltenstheorien" (vgl. auch H. ALBERT 1978, S. 63 f.). G. S. Becker sucht dieses Problem auf rigorose Weise zu lösen, indem er die Annahme einer intra- und interpersonalen Konstanz der ‚grundlegenden Nutzenfunktion' einführt und Änderungen der Handlungsrestriktionen als alleinige Erklärungsgröße zuläßt. Vgl. dazu G. S. BECKER 1976, S. 133, S. 144 ff.

[75] Vgl. dazu die Bemerkungen, die G. C. Homans zu den Beziehungen zwischen dem (ökonomischen) ‚Rationalmodell' und einem psychologisch-verhaltenstheoretischen Ansatz macht (HOMANS 1961, S. 13, 69, 79 ff.; 1972, S. 44 f., 51 f.; 1972a, S. 116, 131 ff.; 1974, S. 43 ff., 67 ff.). – Das Problem der Formulierung von ‚Anschlußhypothesen', die die nicht-beobachtbaren intervenierenden Variablen ‚Wert' und ‚Erwartungen' mit beobachtbaren Variablen verknüpfen sollen, wird ausführlicher bei K. KAUFMANN-MALL (1978) behandelt.

[76] So etwa R. B. MCKENZIE und G. TULLOCK (1978, S. 28 f.). – Auch J. COLEMAN (1973b, S. 1 ff.) betont die Gegensätzlichkeit von ‚purposive action'-Theorien und ‚stimulus-response'-Theorien und kritisiert in diesem Sinne die verhaltenstheoretische Orientierung bei G. C. Homans. Dazu VANBERG 1979, S. 96 f.

[77] Der Gedanke der Verknüpfung von ‚rational-choice approaches' und ‚behavioral psychology' wird gleichfalls betont bei S. WALDMAN 1972, S. 6 ff. – Für eine ausführlichere Gegenüberstellung der Konzeption rationalen Handelns und einer psychologisch-verhaltenstheoretischen Konzeption vgl. etwa VANBERG 1975, S. 120 ff.

Homans' wiederholt betont worden[78]. Die spezifischen Bedingungen, die im Austauschmodell vorausgesetzt werden, sind eben die — in den obigen Bemerkungen zur ‚Zwei-Parteien-Perspektive' angesprochenen — Bedingungen wechselseitiger Verhaltenssteuerung[79] und, daraus abgeleitet, die Bedingungen des Marktes, d. h. eines dezentralen sozialen Beziehungsnetzwerks, in dem sich individuell, je für sich agierende und reagierende (ihre Ressourcen je für sich disponierende) Akteure aneinander anpassen.

Das Modell der Ressourcenzusammenlegung hebt demgegenüber eine typisch andersartige Bedingungskonstellation hervor: Hier werden die Bedingungen eines sozialen Arrangements betont, in dem Akteure nicht separat und in wechselseitiger Anpassung aneinander über Ressourcen disponieren, in dem vielmehr die Disposition über bestimmte Ressourcen zentralisiert, einer *einheitlichen Verfügung* unterstellt ist[80]. Hier wird auf soziale Netzwerke abgestellt, deren Strukturprinzip nicht in den Koordinationsmechanismen dezentraler wechselseitiger Anpassung liegt, sondern in den zentralen Koordinationsmechanismen korporativen Handelns. Und indem das Modell der Ressourcenzusammenlegung den Blick auf die oben (S. 15ff.) erläuterten spezifischen Probleme korporativen Handelns lenkt, läßt es die entscheidenden Unterschiede zwischen den beiden Typen sozialer Netzwerke (vgl. Abb. 5, S. 49, und Abb. 3, S. 17) deutlich werden:

1) Während in Netzwerken bilateraler Austauschbeziehungen *separate* (wenn auch aufeinander bezogene) Entscheidungen der beteiligten

---

[78] Dazu VANBERG 1975, S. 75 ff. – G. C. Homans hat freilich bereits im ersten Entwurf seiner austausch- und verhaltenstheoretischen Konzeption (HOMANS 1958) deutlich gemacht, daß sich die Prinzipien des Austauschmodells aus allgemeinen verhaltenstheoretischen Annahmen ableiten lassen und insofern von geringerer Allgemeinheit als diese sind. Vgl. dazu auch die Bemerkungen in HOMANS 1974, S. 56.

[79] In der Austauschtheorie würde, so bemerkt etwa R. M. EMERSON (1969, S. 383) die Allgemeinheit verhaltenstheoretischer Prinzipien eingeschränkt „durch die Einführung neuer, auf sozialstrukturelle Merkmale bezogene Begriffe": „Das hauptsächliche zusätzliche Merkmal, das durch den Begriff einer Austauschrelation eingeführt wird, ist wechselseitige Verstärkung (reciprocal reinforcement)" (ebenda, S. 388). – Ähnlich betonen J. H. KUNKEL und R. H. NAGASAWA (1973, S. 531), „daß die Austauschtheorie nur eine Anwendung verhaltenstheoretischer Prinzipien" sei. Und W. T. JOHNSON (1977, S. 59 f.) weist darauf hin, daß das Austauschmodell von den verschiedenen sozialen Bedingungskonstellationen, unter denen Verhalten verstärkt werde, lediglich eine heraushebe, nämlich die *gegenseitiger Verstärkung* (mutual reinforcement).

[80] Im Unterschied zum „zwei-Parteien Vertragsmuster (two-party contractual setting)" des Marktes sei, so stellt BUCHANAN (1975, S. 36) fest, für korporatives Handeln das Problem der „gleichzeitigen Übereinkunft (simultaneous agreement) vieler Parteien" (ebenda) charakteristisch, also etwas, „was man als ‚Gesellschaftsvertrag' klassifizieren könnte" (ebenda, S. 32).

Akteure *dezentral*, auf dem Wege gegenseitiger Anpassung, koordiniert werden, findet im Falle korporativen Handelns eine (wie auch immer geartete) *zentrale* Koordination statt: Die zusammengelegten, der individuellen Verfügung der einzelnen Investoren entzogenen Ressourcen unterliegen einer einheitlichen, zentralen oder korporativen Entscheidung. Im grundsätzlichen Unterschied zu Marktstrukturen enthalten dementsprechend korporative Strukturen irgendwelche Regelungen und Verfahren kollektiver oder korporativer Entscheidungsfindung und eine (wie auch immer geartete) zentrale Koordinationsinstanz.

2) Während in (dezentralen) Netzwerken bilateraler Austauschbeziehungen Leistungen und Gegenleistungen – als die beiden komplementären Aspekte derselben Austauschtransaktionen – unmittelbar aneinander gekoppelt sind, während also für die einzelnen Akteure eigene Beiträge und erwartbare Erträge direkt voneinander abhängig sind, ist im Falle korporativen Handelns eine solche unmittelbare Verknüpfung nicht gegeben. Eine unmittelbare Verknüpfung besteht hier zwischen den individuellen Beiträgen insgesamt und dem gemeinsamen Korporationsertrag, während Beitrag und Ertrag des einzelnen lediglich mittelbar, über besondere Verteilungsregelungen zusammenhängen. Die Verbindung zwischen individuellem Beitrag und individuellem Ertrag wird durch soziale Arrangements hergestellt, die die Umsetzung des durch die Kombination der Einzelbeiträge hervorgebrachten Korporationsertrages in individuelle Erträge regeln[81].

In den Problemen der korporativen Entscheidung und der Verteilung des Korporationsertrages sieht anscheinend auch G.C. Homans die spezifischen Unterscheidungsmerkmale korporativer Strukturen gegenüber jenen (dezentralen) Netzwerken bilateraler Austauschbeziehungen, die das Austauschmodell primär in's Blickfeld rückt. Hebt er doch bei seiner Erörterung der *Kooperation* eben diese beiden Probleme hervor: Das Problem, die Aktivitäten, die „zur Erreichung des gemeinsamen Zieles beitra-

---

[81] J. M. BUCHANAN und G. TULLOCK (1962, S. 36 f.) sprechen davon, daß im Markt eine „direkte Verknüpfung (one-to-one correspondence) zwischen individuellem Handeln und den Ergebnissen dieses Handelns" gegeben sei, während bei ‚kollektivem Handeln' „niemals eine so genaue Beziehung zwischen individueller Handlung und Ergebnis" (ebenda, S. 38) gegeben sein könne. In diesem Falle könne für den einzelnen Beteiligten „weder sein eigener Anteil an den Erträgen noch sein eigener Anteil an den Kosten so leicht geschätzt werden, wie bei vergleichbaren Markt-Entscheidungen" (ebenda).

gen,... zu koordinieren" (HOMANS 1972a, S. 79)[82], und das Problem der ‚Verteilungsgerechtigkeit', der „Gerechtigkeit in der Verteilung von Belohnungen unter den Mitgliedern einer Gruppe" (ebenda, S. 91)[83]. Und auch J. WISEMAN (1979, S. 371 ff.) sieht offenbar im Problem der korporativen Entscheidung und im Verteilungsproblem die spezifischen Fragen, denen ein – die herkömmliche Austauschperspektive ergänzendes – ‚Modell des Gruppenverhaltens' Rechnung zu tragen hat. Im Unterschied zur Austauschtransaktion am Markt beinhalte, so Wisemann (ebenda, S. 371), die Teilnahme in einer Gruppe „einen Akt der Kooperation", der die Frage aufwerfe, wie die Beteiligten „ihre Angelegenheiten koordinieren" – „die Frage: Wie trifft eine Gruppe Entscheidungen?" (ebenda) –, und der die Notwendigkeit einschließe, daß die Beteiligten „untereinander irgendeine Übereinkunft über die Verteilung der Erträge" (ebenda) treffen[84].

Die hier vorgenommene Unterscheidung von *Marktstrukturen und korporativen Strukturen*, von Netzwerken bilateraler Austauschbeziehungen und sozialen Netzwerken, die durch Ressourcenzusammenlegung begründet werden, ist in der sozialtheoretischen Diskussion keineswegs unbekannt. Es ist ein interessanter Tatbestand, daß Autoren aus unterschiedlichen sozialwissenschaftlichen Bereichen und mit durchaus unterschiedlicher theoretischer Orientierung zu ganz analogen Abgrenzungen von Grundmustern sozialer Strukturen gekommen sind. Wenn im folgenden Kapitel auf einige charakteristische Beispiele für solche Ab-

---

[82] Wenn kooperierende Akteure, so bemerkt HOMANS (1972a, S. 95), „Aktivitäten im Hinblick auf ein Gesamtergebnis beisteuern..., dann muß irgendeiner die verschiedenen Aktivitäten koordinieren". – Als Spezifikum von Organisationen hebt auch P. M. BLAU (1964, S. 216) hervor, daß an die Stelle des „Wettbewerbs um und des Austauschs von Leistungen zwischen Individuen" die ‚Koordination kollektiver Bemühung' trete. In Organisationen, so BLAU (ebenda, S. 199) „gibt es einen besonderen Mechanismus, um die Koordination der Beiträge verschiedener Mitglieder im Hinblick auf die Verfolgung bestimmter Ziele zuwegezubringen. Eine derartige Koordination von Leistungen, insbesondere wenn sie in großem Maßstab geschieht, erfordert irgendeine zentralisierte Leitung".

[83] Je nachdem wie das „Ergebnis dieses gemeinsamen Handelns" aussieht, kann sich, darauf weist HOMANS (1972a, S. 98) hin, das Verteilungsproblem unterschiedlich stellen: Es „tritt manchmal der Fall ein, daß die Belohnungen für das Erreichen des Gruppenziels nicht geteilt werden können; jedes Mitglied muß dann zusehen, wie es aus diesen seine Befriedigung ziehen kann. Aber manchmal können die Belohnungen unter den Mitgliedern auch aufgeteilt werden."

[84] In seinen Erläuterungen zum ‚Modell des Gruppenverhaltens' verweist WISEMAN (1979, S. 372f.) auch auf die Möglichkeit der unterschiedlichen organisatorischen Regelung der beiden Probleme und der unterschiedlichen ‚Anbindung' verschiedener Gruppenmitglieder, also auf die Fragen, die oben (S. 18 ff.) im Zusammenhang mit der Unterscheidung ‚monokratisch-hierarchischer' und ‚genossenschaftlich-demokratischer' Organisation korporativen Handelns ausführlich erörtert worden sind.

grenzungen sozialstruktureller Grundmuster etwas ausführlicher eingegangen wird, so soll damit deutlich gemacht werden, daß die hier vorgeschlagene Gegenüberstellung zweier Erklärungsmodelle (Austauschmodell und Modell der Ressourcenzusammenlegung) eine systematische theoretische Einordnung der Unterscheidungskriterien erlaubt, die bei derartigen Abgrenzungen charakteristischerweise hervorgehoben werden. Es soll gezeigt werden, daß die hier entwickelte theoretische Konzeption sich zur Systematisierung von Argumenten und zur Klärung von Problemen eignet, die verschiedenen Diskussionszusammenhängen entstammen.

3. Kapitel

Marktstrukturen und korporative Strukturen: Zum Stellenwert eines Abgrenzungsproblems in Sozialwissenschaft und Rechtswissenschaft

Der im vorhergehenden vorgenommenen Gegenüberstellung des *Modells der Ressourcenzusammenlegung* und des *Austauschmodells* liegt die Annahme zugrunde, daß sich in der sozialen Realität zwei typische Muster von *Beziehungsnetzwerken* unterscheiden lassen, deren jeweilige Charakteristika sich in den spezifischen Randbedingungen widerspiegeln, die in den beiden Modellen bei der Anwendung derselben allgemeinen Verhaltenstheorie als gegeben unterstellt werden. Mit seiner Ausrichtung auf die strukturbildenden und strukturverändernden Mechanismen wechselseitiger Anpassung hebt das Austauschmodell ein charakteristisches Merkmal von *Märkten* hervor, von dezentralen Netzwerken bilateraler Austauschbeziehungen. Mit seiner Ausrichtung auf die Probleme einheitlicher Disposition über einen Ressourcenpool betont das Modell der Ressourcenzusammenlegung demgegenüber ein grundlegendes Merkmal von *korporativen Akteuren* (Organisationen, Verbänden), von zentral koordinierten Netzwerken korporativer Mitgliedschaftsbeziehungen. Eine solche Gegenüberstellung zweier Typen sozialer Netzwerke entspringt nun keineswegs allein den dieser Arbeit zugrunde liegenden theoretischen Intentionen, sie spielt vielmehr auch ansonsten in der sozialtheoretischen Literatur eine gewichtige Rolle. Das vorliegende Kapitel wird einen Überblick über eine Reihe recht ähnlicher Unterscheidungen geben, die bei Vertretern verschiedener Sozialwissenschaften zu finden sind. Außerdem wird auf eine analoge Abgrenzungsproblematik in der Rechtswissenschaft eingegangen werden.

1. Markt und Organisation — Austausch und Ressourcenpooling

Auf die allgemeine sozialtheoretische Bedeutung der Unterscheidung von Marktstrukturen und korporativen Strukturen hat etwa Hans Albert in seinem Aufsatz „Markt und Organisation" (ALBERT 1967, S. 392 – 417) hingewiesen. ‚Soziale Beziehungsnetze' könne man, so stellt Albert dort fest, „hinsichtlich ihrer Struktur in zwei Klassen zerlegen, nämlich in solche, die den Charakter einer *Organisation*, und solche, die den Charakter eines *Marktes* haben" (ebenda, S. 392). Unter einer Organisation ist dabei ein soziales Gebilde zu verstehen, „für das eine zentrale Führung existiert, unter einem Markt dagegen ein Gebilde, bei dem das nicht der Fall ist" (ebenda, S. 393)[1]. Grundlegendes Unterscheidungskriterium ist also die „Existenz oder Nichtexistenz einer Kontrolle durch gemeinsame Führung" (ebenda, S. 393)[2]. Im Unterschied zum Prinzip zentraler Kontrolle und Koordination in Organisationen beruht die Verhaltenskoordination und -kontrolle in Märkten auf der Wirkung eines dezentralen Steuerungsmechanismus, auf der Wirkung ‚positiver und negativer Sanktionen', die „gewissermaßen ‚spontan' ... aus den gegenseitigen Reaktionen der Teilnehmer solcher Systeme" (ebenda) hervorgehen[3]. Als Vorteil der allgemeinen Unterteilung sozialer Gebilde in Märkte und Organisationen wer-

---

[1] Vgl. auch H. ALBERT 1978a, S. 160. – Die Argumentation H. Alberts aufgreifend stellt auch H. SAUERMANN (1975, S. 563 ff.) fest, soziale Gebilde seien danach zu „unterscheiden, ob sie strukturell den Charakter von Märkten oder von Organisationen haben" (ebenda, S. 563), und zwar je nachdem ob es eine „zentrale Autorität", eine „Kontrolle ... durch eine gemeinsame Führung" (ebenda) gebe oder nicht. – Unter bezug auf meine (VANBERG 1978) Verwendung dieser Unterscheidung hat W. ENGELS (1979, S. 48) die Entgegensetzung von ‚Markt und Organisation' kritisiert, da er auch den Markt als Organisation (als „extrem dezentralisierte Organisation") betrachtet wissen will. Engels stellt stattdessen *Markt* („ein nicht-hierarchisches Handelssystem") und *Bürokratie* („ein hierarchisches Macht- und Herrschaftssystem") einander gegenüber. Offenbar geht es hier um ein im wesentlichen rein terminologisches Problem, und damit um eine Frage der Zweckmäßigkeit. Ob es in der Tat zweckmäßiger ist, vom *Markt* als von einer *Organisation* zu sprechen, wird man im Hinblick auf den gängigen Sprachgebrauch wohl bezweifeln müssen.
[2] H. Albert bezieht sich bei seiner Unterscheidung auf H. L. Zetterbergs Abgrenzung von „Organisationen und Märkten" (ZETTERBERG 1962, S. 61 ff.), in der das genannte Kriterium ebenfalls zugrunde gelegt wird: „Bei sozialen Beziehungen ohne jegliche zentrale Leitung haben wir es nicht mehr mit einer Organisation zu tun. Soziale Beziehungen, die keiner Kontrolle durch eine gemeinsame Leitung unterliegen, bilden einen ‚Markt'" (ebenda, S. 62).
[3] Die zentrale theoretische Idee der klassischen Nationalökonomie als einer ‚Soziologie des *Marktes*' war, wie Albert betont (siehe dazu auch oben, S. 44), eben diese Idee eines „ohne zentrale Regulierung" (ALBERT 1967, S. 399) funktionierenden ‚*Anreiz- und Steuerungssystems*', das „so arbeitet, daß die verhaltenswirksamen Sanktionen ... aus den Interaktionen der an ihm teilnehmenden sozialen Einheiten" (ebenda) hervorgehen.

tet Albert, daß sie geeignet sei, „in soziologischer Perspektive die Familienähnlichkeit von Problemen sichtbar zu machen, die . . . in verschiedenen Disziplinen analysiert zu werden pflegen" (ebenda, S. 394), also die Ähnlichkeit von Erklärungsproblemen, wie sie einerseits für – „in vielen Bereichen des sozialen Lebens, nicht nur im wirtschaftlichen Bereich" (ebenda) zu findende – *Marktgebilde* und andererseits für *Organisationen* charakteristisch sind, für Gebilde wie „Unternehmungen, Behörden, Krankenhäuser, Gefängnisse, Parteien, Verbände, Armeen" (ebenda) etc. Beide Arten von Sozialgebilden, Märkte und Organisationen, können natürlich – wie ALBERT (ebenda, S. 293) betont – in vielfältiger Weise ineinander verschachtelt sein, es kann „innerhalb von Marktnetzen Organisationen aller Art geben . . . und andererseits innerhalb von Organisationen marktmäßig organisierte Gebilde" (ALBERT 1978a, S. 160)[4].

Es ist recht bezeichnend, daß der Unterschied zwischen Marktstrukturen und korporativen Strukturen gerade innerhalb der Sozialanthropologie Beachtung gefunden hat, in der das Austauschkonzept traditionellerweise als sozialtheoretisches Interpretationsmuster eine besondere Rolle gespielt hat[5]. So meint etwa M. D. SAHLINS (1965, S. 141), daß man die in ethnographischen Studien beschriebenen ökonomischen Transaktionen „in zwei Typen einteilen" könne, und zwar erstens, die „wechselseitigen Prozesse zwischen zwei Parteien, die als ‚Reziprozität' wohlvertraut" (ebenda) seien, und, zweitens, „zentralisierte Prozesse", bei denen es ein ‚Zusammenlegen' und ein ‚Wiederverteilen' unter den Mitgliedern einer Gruppe gebe. Das zweite Muster bezeichnet Sahlins als „Pooling" (ebenda)[6]. Wenn ‚Reziprozität' und ‚Pooling' auch durchaus im selben sozialen

---

[4] Vgl. auch ZETTERBERG 1962, S. 63: „Märkte und Organisationen sind in komplexer Weise miteinander verflochten. Im Rahmen jeder großen dezentralisierten Organisation findet man Markt-Inseln. . . . . Während die Unterscheidung zwischen Organisation und Markt in der Theorie eindeutig ist, ist ihre Abgrenzung in der Praxis oft schwierig".

[5] Zur Rolle des Austauschgedankens in der Sozialanthropologie vgl. VANBERG 1975, S. 55 ff.

[6] Stahlins lehnt sich bei seiner Unterscheidung an K. POLANYI (1959) an, der drei ‚Grundformen ökonomischer Integration' voneinander abgrenzt: „Reziprozität, Redistribution und Austausch" (ebenda, S. 169). ‚Reziprozität' und ‚Austausch' – spezifischer: ‚Markt-Austausch' – erscheinen bei Polanyi gleicherweise als Muster *gegenseitiger* Leistungserbringung, die sich im wesentlichen durch den Grad der ‚Unpersönlichkeit' (Markt-Austausch als gänzlich ‚unpersönliche' Transaktion) unterscheiden. Zu Recht bemerkt J. RÖPKE (1970, S. 18) zu Polanyis Abgrenzung von ‚Reziprozität' und ‚Austausch', es sei „wenn wir den . . . Tauschaspekt im Auge haben, nicht gerechtfertigt . . ., hier von verschiedenen Typen zu sprechen". – Als ‚Redistribution' bezeichnet POLANYI (1959, S. 169) „Bewegungen auf ein Allokationszentrum hin und aus diesem wieder heraus"; das Prinzip sei, so Polanyi, „immer dasselbe – Sammlung in ein, und Verteilung aus einem Zentrum" (ebenda, S. 172). – Polanyis ‚Redistribution' entspricht also dem ‚Pooling' bei Sahlins.

Kontext auftreten könnten, habe man es bei ihnen doch – so Sahlins – mit verschiedenen Formen sozialer Beziehungen zu tun. Was sachlich als ‚Pooling' erscheine, sei sozial eine ‚interne Beziehung' („a *within* relation"), „das kollektive Handeln einer Gruppe" (ebenda). ‚Reziprozität' sei demgegenüber eine ‚Zwischen-Beziehung' („a *between* relation"), „Aktion und Reaktion von zwei Parteien" (ebenda). Sei für ‚Reziprozität' das Gegenüber von zwei Seiten kennzeichnend, so gebe es beim ‚Pooling' charakteristischerweise „ein soziales Zentrum ... und außerdem eine soziale Grenzlinie, innerhalb deren Personen (oder Teilgruppen) in kooperativen Beziehungen stehen" (ebenda, S. 141 f.)[7].

Unter ausdrücklichem Hinweis auf die grundlegende Bedeutung, die dem Reziprozitätsgedanken innerhalb der Anthropologie zukommt[8], hat F. BARTH (1966) die Verschiedenheit zweier *Grundmuster sozialer Interaktion* hervorgehoben, die er als *Transaktion* (transaction) einerseits und *Inkorporation* (incorporation) andererseits bezeichnet. Unter dem Begriff der *Transaktion* faßt Barth „solche Interaktionsabläufe, die systematisch durch Reziprozität bestimmt sind" (ebenda, S. 4). Nach Barths Argumentation ist jedoch nicht jegliche Interaktion ‚durch Reziprozität bestimmt'. Es lasse sich, so stellt er fest, „eine Beziehung der Inkorporation als analytischer Gegensatz zu einer Transaktionsbeziehung definieren" (ebenda). Unter den Begriff der *Inkorporation* sind dabei nach Barth „eine Reihe von Interaktionsprozessen" zu fassen, die in Gang gesetzt werden, „wenn Personen Rechte gemeinsam innehaben" (ebenda, S. 24). Was die von ihnen geteilten Rechte anbelangt, so haben, wie Barth (ebenda, S. 23 f.) betont, die zwischen den ‚Anteilseignern' bestehenden Beziehungen nicht den Charakter von Transaktions- oder Austauschbeziehungen. Im Hinblick auf die Sicherung und Mehrung ihres gemeinsamen Besitzes bilden die Teilhaber eine *Interessengemeinschaft*. Solche Gemeinschaften (‚partnerships') können, so Barth (ebenda, S. 4), „als Einheiten[9] Transaktionen gegenüber anderen Personen oder Gruppen eingehen; intern sind ihre In-

---

[7] In analoger Weise stellt SAHLINS (1974, S. 170) in anderem Zusammenhang ‚Reziprozität' einerseits und ‚Vereinigungs-' oder ‚Inkorporationsvertrag' („agreement of incorporation") andererseits gegenüber. Durch letzteren werde, so erläutert Sahlins, aus zuvor separaten, individuellen Personen eine Einheit geschaffen, die „die Macht, die von jedem einzelnen abgezogen worden ist, zum Wohle aller" (ebenda) ausüben solle. Reziprozität würde demgegenüber „die Gesellschaft nicht in einem korporativen Sinne organisieren" (ebenda).
[8] F. BARTH 1966, S. 4: „Der allgemeine Gedanke der Reziprozität ist in der Anthropologie natürlich alt und geläufig; er scheint in der Tat für unsere Sicht sozialer Beziehungen grundlegend zu sein".
[9] BARTH (1966) spricht von ‚korporativen Einheiten' (ebenda, S. 26, 29) und ‚korporativen Gebilden' (ebenda, S. 25).

teraktionen jedoch nicht systematisch durch Reziprozität bestimmt".
Ebenso wie für Transaktionen — also für Reziprozitäts- oder Austauschbeziehungen — gilt freilich auch für Inkorporationsbeziehungen, daß der einzelne bei ihnen seine eigenen Interessen im Auge hat[10], daß seine Beteiligung aufgrund eines (expliziten oder impliziten) Abwägens von Vor- und Nachteilen erfolgt: „Ressourcen und Arbeit, die in solch ein gemeinsames Unternehmen investiert werden", seien — so stellt BARTH (ebenda, S. 24) fest — „dadurch anderen gemeinsamen Unternehmen, an denen eine Person sich gleichfalls beteiligen könnte", ebenso entzogen wie möglichen privaten, separaten Nutzungen. Ungeachtet ihres sonstigen Unterschieds gegenüber Transaktionen gelte denn auch für Inkorporations-Beziehungen, daß „Vorteile und Nachteile der Mitgliedschaft abgewogen werden, und daß ein Angebot für eine Inkorporation nicht angenommen oder die Mitgliedschaft in einer korporativen Gruppe nicht gesucht wird, wenn die Nachteile der Mitgliedschaft für die betreffende Person größer sind als ihre Vorteile"[11].

Als Gegenüberstellung zweier Grundmuster sozialen ‚Austauschs' findet sich die hier interessierende Unterscheidung von Marktstrukturen und korporativen Strukturen in P. EKEHS (1974) Untersuchung der Rolle des Austauschkonzepts in der Soziologie wieder[12]. Ekeh spricht dort (ebenda, S. 49—56, 208—210) vom Muster eines ‚beschränkten Austauschs' (‚restricted exchange') einerseits und eines ‚verallgemeinerten Austauschs' (‚generalized exchange') andererseits, die er auch als ‚zwei-Parteien Austausch' bzw. als ‚viel-Parteien Austausch' einander gegenüberstellt, wobei er betont, daß die Unterschiede „der beiden Typen so-

---

[10] Das Grundmuster einer Transaktion — in ‚ihrer elementarsten Form' — charakterisiert BARTH (1966, S. 13) in folgender Weise: „‚A' bietet Leistung ‚x' und ‚B' bietet als ‚Gegenleistung ‚y', also A $^x\rightleftarrows_y$ B. Außerdem ... versuchen beide Parteien gleichermaßen sicherzustellen, daß der erhaltene Wert größer ist als der entgangene Wert. Entsprechend gilt als Ausgangsbedingung: für A, $x \leq y$, für B, $x \geq y$". — Vgl. dazu oben S. 48 ff.

[11] Das allgemeine sozialtheoretische Modell, das Barth seinem Erklärungsansatz zugrunde legt, und das er demnach auf Transaktions- ebenso wie auf Inkorporations-Beziehungen angewendet sehen will, ist das — laut BARTH (1966, S. 1) — „einfachste und allgemeinste uns zur Verfügung stehende Modell": Die Vorstellung „einer Menge von Personen, die unter dem Einfluß gewisser Beschränkungen und Anreize ihre *Wahl (choice)* treffen". — Das zentrale Problem sozialtheoretischer Erklärung liegt nach Barth darin, aufzuzeigen, „welche Beschränkungen und Anreize Wahlhandlungen kanalisieren" (ebenda).

[12] P. EKEH (1974) unterscheidet in seiner Untersuchung zwei austauschtheoretische Traditionen: eine französische ‚kollektivistische' Tradition (repräsentiert durch C. Lévi-Strauss) und eine angelsächsische ‚individualistische' Tradition (repräsentatiert durch G. C. Homans).

zialen Austauschs qualitativ, nicht quantitativ" (ebenda, S. 50) seien[13]. Der Begriff des ‚restricted exchange' soll „auf das zwei-Parteien Muster beschränkte Reziprozitätsbeziehungen" (ebenda, S. 50), „Beziehungen paarweisen sozialen Austauschs" (ebenda, S. 51) bezeichnen, er umfaßt alle sozialen Systeme, die sich in „Paare von Austausch-Einheiten" zergliedern lassen, so daß es „für jedes einzelne Paar X — Y eine reziproke Beziehung gibt" (ebenda). Der Begriff des ‚generalized exchange' soll demgegenüber Beziehungssysteme bezeichnen, in denen „alle Austauschparteien in einer Gesamttransaktion (integrated transaction)" (ebenda, S. 52) miteinander verbunden sind, „in denen die Reziprozitätsbeziehungen indirekt, nicht wechselseitig sind" (ebenda)[14]. Beim ‚generalized exchange'[15] legen — so Ekeh (ebenda, S. 53) — „alle Mitglieder ihre sozialen und ökonomischen Ressourcen zusammen (pool their social and economic resources)", sie „geben an die Gruppe als eine Einheit und erhalten dann als Teil der Gruppe zurück" (ebenda). Die Gruppe bildet in diesem Falle eine Einheit, die „als solche gewisse Rechte und Pflichten" (ebenda, S. 54) hat[16].

Eine — dem Gegensatz von Marktstrukturen und korporativen Strukturen analoge — Unterscheidung zweier Typen von Austauschbeziehungen findet man auch bei R. M. EMERSON (1969). Wenn man soziale Strukturen in einer austauschtheoretischen Perspektive betrachte, so liege es — stellt Emerson (ebenda, S. 395) fest — nahe, „eine grundlegende Unterscheidung zwischen Gruppen und Netzwerken als Strukturmustern" zu treffen, eine Unterscheidung, die ihre Entsprechung in „zwei Typen von Austauschbeziehungen" finde: dem der ‚*einfachen* Austauschbeziehung' („*simple* exchange relation") einerseits und dem der ‚*produktiven* Aus-

---

[13] Die beiden genannten ‚Typen sozialen Austauschs', die Ekeh in Anlehnung an C. Lévi-Strauss unterscheidet, werden von ihm wiederum in Untertypen unterteilt, doch soll auf diese weiteren Untergliederungen hier nicht eingegangen werden.
[14] Die austauschtheoretische Konzeption G. C. HOMANS' kritisiert EKEH (1974, S. 124 ff.), weil sie in ihrer ausschließlichen Orientierung am Muster des ‚Zwei-Parteien-Austauschs' die Besonderheiten des von ihm als ‚generalized exchange' bezeichneten Beziehungsmusters übersehe. Bei Homans würden, so Ekeh (ebenda, S. 126), „*alle viel-Personen Interaktionen auf eine Vielzahl paarweiser Beziehungen*" zurückgeführt.
[15] Mit der Definition des ‚generalized exchange' werde, dies räumt EKEH (1974, S. 54) ein, der Begriff der Reziprozität, so wie er in der soziologischen Theorie gängig sei, sehr ausgeweitet, da dieser gängige „Reziprozitätsbegriff auf zwei-Parteien Interaktionen" ausgerichtet sei.
[16] Diese Charakterisierung der ‚Gruppe als Einheit' bezieht Ekeh, dies sei der Genauigkeit wegen vermerkt, auf einen Untertyp des ‚generalized exchange', den er als ‚net generalized exchange' bezeichnet.

tauschbeziehung' („productive exchange relation") andererseits[17]. *Austausch-Netzwerke* sind nach Emerson (ebenda, S. 396) solche Strukturen, in denen Akteure durch *einfachen Austausch* untereinander verbunden sind[18]. *Gruppen* sind demgegenüber Strukturen, in denen Personen durch *produktiven Austausch* verbunden sind, wobei diese Gruppen selbst wiederum „als Einzelakteure betrachtet werden können" (ebenda)[19]. Den Unterschied zwischen beiden Strukturmustern spezifiziert Emerson als Unterschied in den jeweiligen spezifischen Handlungsbedingungen, bzw. — in verhaltenstheoretischer Terminologie — als Unterschied in den Bedingungen der Verhaltensverstärkung: „In dem einen Fall ist das Verhalten jeder Person für die andere verstärkend (*einfacher* Austausch). Im anderen Fall ist die Verstärkung vom Verhalten beider (oder aller) Parteien zusammen abhängig (*produktiver* Austausch)" (ebenda, S. 404). Diese Unterscheidung biete, so meint Emerson, eine ‚analytische Grundlage', um „Netzwerke gegenüber Gruppen und Organisationen als grundlegend verschiedenen Mustern sozialer Struktur" (ebenda) abzugrenzen.

Im Unterschied zur hier vertretenen Auffassung sieht Emerson allerdings in der Verschiedenheit der beiden Strukturtypen keinen Anlaß, den Geltungsanspruch des Austauschmodells zu relativieren. Wenn er in beiden Fällen von *Austausch* spricht — von einfachem bzw. produktivem Austausch — so ist dies kennzeichnend für seine Vorstellung, nicht nur

---

[17] Emerson lehnt sich bei seiner Unterscheidung an eine entsprechende Argumentation A. KUHNS (1963, S. 268 ff., 413 ff.) an, der *Austausch* und *Produktion* als alternative Mittel des Erwerbs von ‚Gütern' (‚Gütern' in einem ganz allgemeinen Sinne) unterscheidet und *Transaktion* bzw. *Organisation* als die entsprechenden *sozialen Strukturmuster* einander gegenüberstellt. *Transaktion* ist nach Kuhn „jeder Austausch von Gütern zwischen zwei Parteien mit den begleitenden Verhandlungen" (ebenda, S. 317); „*Organisation* ist jede Verbindung von Personen zur gemeinsamen Produktion" (ebenda, S. 269). Unter diesen allgemeinen Organisationsbegriff fallen, wie Kuhn (ebenda, S. 413) feststellt, „so eng umgrenzte, kurze und beiläufige Beziehungen wie ein Tennisspiel ... und so umfassende, andauernde und formelle wie eine nationale Regierung oder eine internationale Kirche". Alle interpersonalen Beziehungen könne man, so Kuhn (ebenda, S. 414), im Lichte der Unterscheidung von *Transaktion* und *Organisation* betrachten, wenn sich die beiden Begriffe auch in den Grenzbereichen überlagern würden. So könne etwa für ein Tennisspiel die „Definition als Austausch oder als Organisation" gleichermaßen passend sein. — Erwähnt sei noch, daß Kuhn (ebenda) über „die Beiträge (inputs), die jeder einzelne Beteiligte an die Organisation leistet", und über die „Erträge (outputs), die er von ihr erhält", feststellt, es müsse unter den Beteiligten eine „explizite oder implizite Übereinkunft" über ihre jeweiligen Leistungen an die und Erträge aus der Organisation geben.

[18] EMERSON 1969, S. 396: „Ein Austausch-Netzwerk kann als eine Menge von zwei oder mehr verbundenen Austauschbeziehungen definiert werden".

[19] Man hat hier, wie EMERSON (1969, S. 395) feststellt, „einen ‚kollektiven Akteur' (eine Gruppe oder eine Organisation)" vor sich, der wiederum als eine Partei in Austauschbeziehungen mit anderen Parteien stehen kann. — Vgl. dazu auch den Abschnitt ‚Gruppen als kollektive Akteure' in R. M. EMERSON 1972, S. 85 f.

Austauschnetzwerke sondern auch *Gruppen* und *Organisationen* seien als Strukturen von *zwei-Parteien Austauschbeziehungen* zu analysieren[20]. Die einfachste Austauschstruktur innerhalb einer Gruppe von N Mitgliedern lasse sich, so Emersons (ebenda, S. 399) Argument, analysieren „als eine Reihe von N Austauschbeziehungen ‚Mitglied-Gruppe' . . . , bei denen die ‚Gruppe' G als eine Koalition von N-1 Mitgliedern in Beziehung steht zum Mitglied M_i"[21] — Dieser Versuch einer austauschtheoretischen Interpretation korporativer Strukturen sei hier lediglich erwähnt, auf seine Problematik wird an späterer Stelle (S. 157 ff.) zurückzukommen sein.

Obschon P. M. BLAU im Hinblick auf korporative Strukturen gleichfalls von ‚Austausch' — wenn auch von *indirektem* Austausch' — spricht (vgl. oben S. 62), betont auch er nachdrücklich den Unterschied der Strukturmuster ‚Markt' und ‚Organisation'. *Organisationen* repräsentieren, wie BLAU (1972, S. 298) feststellt, eines von „zwei grundlegenden Prinzipien, die das soziale Leben bestimmen", zweier unterschiedlicher Prinzipien der Entstehung sozialer Strukturen. „Soziale Strukturen können" — so Blau (ebenda) — „als Gesamtergebnis der mannigfachen Handlungen von Individuen entstehen, die jeweils für sich ihre eigenen Ziele verfolgen, und sie können die vereinten Bemühungen von Individuen widerspiegeln, die auf gemeinsam akzeptierte Ziele ausgerichtet sind". Im einen Fall entstehen soziale Strukturen „implizit ... als das Ergebnis eines Austausch- und Wettbewerbsprozesses" (BLAU 1964, S. 199), im anderen Falle werden sie „ausdrücklich zum Zwecke der Verfolgung spezifischer Ziele eingerichtet" (ebenda)[22]. Ausdruck des ersten Prinzips sind nach BLAU (1972, S. 298) etwa ein Wirtschaftssystem oder eine Schichtungsstruktur, die sich herausbilden, „obwohl niemand die Bestrebungen der Individuen ausdrücklich organisiert hat". Demgegenüber sind etwa die

---

[20] Beide Strukturmuster seien, so stellt EMERSON (1969, S. 404) fest, „in einem einzigen theoretischen Rahmen verankert". Diese gemeinsame theoretische Grundlage sieht Emerson aber offensichtlich im *Austauschmodell* und nicht in einer allgemeinen *Verhaltenstheorie*. — Zu Emersons Betonung des Austauschkonzepts merkt T. W. JOHNSON (1977, S. 59 f.) kritisch an, der Unterschied zwischen den Strukturmustern liege in den Bedingungen der Verhaltensverstärkung, nicht in der Art der ‚Austauschbeziehungen'. Der Begriff des Austauschs stelle lediglich auf *ein* Verstärkungsmuster ab, auf das der ‚wechselseitigen Verstärkung'.

[21] Nach EMERSON (1969, S. 399) sind es „die N Austauschbeziehungen ‚Gruppe — Mitglied', die die Gruppe bilden". — Zu Emersons ‚Austausch-Interpretation der Intra-Gruppen Struktur' vgl. auch EMERSON 1972, S. 86.

[22] BLAU und SCOTT (1962, S. 2) sprechen von „zwei verschiedenen Organisationsprinzipien" und nennen als charakteristisches Beispiel den „Unterschied zwischen der Art und Weise, in der ein Wirtschaftsunternehmen organisiert ist, und der Art und Weise, in der ein relativ freier Markt organisiert ist".

Regierung einer Gesellschaft oder eine Fußballmannschaft nach Blau (ebenda) Beispiele für soziale Gebilde, die auf dem zweiten Prinzip beruhen. In solchen Gebilden tritt, wie BLAU (1964, S. 216) feststellt, die „Organisation kollektiver Bemühung an die Stelle des freien Wettbewerbs um und des Austauschs von Leistungen unter Individuen", in ihnen gibt es „besondere Mechanismen zur Koordination der Beiträge verschiedener Mitglieder" (ebenda, S. 199), gibt es „irgendeine zentrale Leitung" (ebenda). Grundsätzlich stehe es – so Blau – „den Mitgliedern von Organisationen nicht frei, ihre Leistungen auszutauschen" (ebenda, S. 216), was allerdings nicht ausschließe, daß auch innerhalb von Organisationen „mancher direkte Austausch stattfindet" (ebenda). Solche „informellen direkten Austauschtransaktionen" (ebenda, S. 260) bestehen nach Blau neben den „formellen indirekten" in den ‚Zwischenräumen' („interstitial areas") von Organisationen fort, „etwa in der informellen Kooperation unter Kollegen" (ebenda, S. 329).

Auf den Umstand, „daß Tauschbeziehungen auch in formalisierten Systemen zweckgerichteter Kooperation fortexistieren, daß sie jedoch nicht das Strukturgesetz des Systems bilden" verweist auch N. LUHMANN (1964, S. 341) bei seiner Gegenüberstellung von ‚kooperativen Systemen' und ‚Tauschsystemen' (ebenda, S. 288), von ‚Markt' und ‚Organisation' (ebenda, S. 340)[23]. „So sehr organisierte Systeme über ihre Grenzen hinweg Tauschbeziehungen pflegen" würden, so sehr seien sie – meint Luhmann (ebenda, S. 338) – „im Inneren tauschfeindlich". Organisationsintern seien „keine isolierbaren Wechselbeziehungen zwischen einzelnen Mitgliedern" (ebenda), keine „Tauschverhältnisse" (ebenda) vorgesehen, Leitprinzip sei vielmehr, „daß alle Mitglieder denselben Zweck verfolgen ... und mit den Sachmitteln ausgerüstet werden, die notwendig sind, um ihn zu erreichen" (ebenda)[24]. Durch dieses Leitprinzip würden freilich, so bemerkt Luhmann (ebenda, S. 339), in Wirklichkeit „Tauschverhältnisse... nicht völlig beseitigt und auch nicht funktionslos", vielmehr gebe es innerhalb der formalen Organisationsstruktur einen mehr oder minder wei-

---

[23] Auch T. PARSONS (1964, S. 72) stellt ‚Kooperation' und ‚Austausch', ein „System kooperativer Aktivität" und ein „System von Austauschbeziehungen" einander gegenüber, und definiert Organisation als Gegenstück zu einem Austauschsystem: „Ein System von kooperativen Beziehungen kann als *Organisation* bezeichnet werden" (ebenda).
[24] N. LUHMANN 1964, S. 338: „Wie der leistungsverteilende, so ist auch der motivierende Charakter des Tausches in der formalen Struktur nicht unterzubringen. Für notwendige Motivation wird ... generell gesorgt dadurch, daß die Mitgliedschaft als solche attraktiv gemacht wird. Es ist nicht Sache des einzelnen Mitglieds, andere in partikularen Beziehungen von Person zu Person zur Mitwirkung zu motivieren und ihnen durch Tauschangebote die benötigten Gegenleistungen abzuhandeln".

ten Bereich informeller, durch Austausch bestimmter Beziehungen, wobei auch Luhmann – wie seine Beispiele zeigen – hier vornehmlich den Bereich der ‚informellen Kooperation unter Kollegen' im Auge hat. Solche informellen „Tauschbeziehungen und Tauscherwägungen" (ebenda) bleiben nach Luhmann jedoch notwendigerweise dem ‚Strukturgesetz' der Organisation fremd: „Eine Organisation kann nicht zum Markt gemacht werden" (ebenda, S. 340).

Was die Gegenüberstellung des Tauschsystems ‚Markt' und des korporativen Systems ‚Organisation'[25] in der sozialtheoretischen Literatur anbelangt, so kann die Reihe der hier angeführten Beispiele ohne Zweifel um weitere ergänzt werden[26]. In der Tat hat, worauf etwa L. v. Mises hinweist, der Unterschied zwischen diesen beiden Strukturmustern in der soziologischen Theorie seit jeher mehr oder minder starke Beachtung gefunden[27], wobei sich – sieht man einmal von den unterschiedlichen terminologischen Einkleidungen ab – ‚in der Sache' recht weitgehende Übereinstimmungen auch zwischen solchen Autoren feststellen lassen, die in ihrer sonstigen theoretischen Orientierung wenig gemeinsam haben. Einer der ‚soziologischen Klassiker', in deren theoretischer Konzeption die Unterscheidung von Marktstrukturen und korporativen Strukturen einen besonderen Platz einnimmt, ist ohne Zweifel H. Spencer, dessen bekannte Gegenüberstellung von ‚*kriegerischer*' und ‚*industrieller*' Kooperation eben diese Unterscheidung sozialer Strukturmuster thematisiert. Die entsprechende Argumentation Spencers soll hier etwas ausführlicher wieder-

---

[25] „Der Unterschied zwischen einer sozialen Organisation und ... einem Marktsystem" – so heißt es etwa auch bei J. RÖPKE (1977, S. 179) – liege darin, „daß im Markt die arbeitsteilige Interaktion der Teilsysteme durch Tauschvorgänge erfolgt, während sie in Organisationen kooperativ geregelt ist".

[26] So spricht etwa M. WEBER (1968, S. 451) den Gegensatz der beiden Strukturmuster an, wenn er über den *Tausch* feststellt: „Ihm fehlen, außer der vereinbarten Ordnung, alle jene Merkmale, welche dem Zweckverein eignen. ... Und auch das Auftreten von Tauschakten als Massenerscheinungen, auch als in sich kausal zusammenhängender Massenerscheinungen (‚Markt'), stellt natürlich keineswegs ein Zweckvereinsgebilde dar, sondern ist gerade umgekehrt von diesem grundsätzlich geschieden". – Vgl. auch M. WEBER 1964 I, S. 29 f., S. 489.

[27] L. v. MISES (1940), bei dem die Unterscheidung von ‚Markt' und ‚Organisation' als Gegenüberstellung von ‚Tauschgesellschaft' und ‚herrschaftlichem Verband' zu finden ist (dazu unten S. 88 f.), bemerkt dazu: „Der Gegensatz, der zwischen diesen beiden denkbaren und möglichen Gestaltungen gesellschaftlicher Kooperation besteht, ist von allen soziologischen Theorien seit dem 18. Jahrhundert erfaßt worden. ... Die Wertung, die die Soziologen den beiden Gesellschaftsformen zuteilen, ist verschieden gewesen. Doch in der Feststellung des Gegensatzes, der zwischen den beiden Organisationsformen besteht, stimmen sie gerade so überein wie in der Erkenntnis, daß eine dritte Möglichkeit gesellschaftlicher Ordnung menschlicher Kooperation nicht denkbar ist" (ebenda, S. 184).

gegeben werden, weil sie vornehmlich auf den Gegensatz von *unintendierter Entwicklung* und *geplanter Strukturierung* sozialer Arrangements abstellt, der für die Abgrenzung von individualistisch-evolutionistischer und individualistisch-vertragstheoretischer Erklärung eine besondere Rolle spielt.

„Das soziale Leben in seiner Gesamtheit" werde, so stellt SPENCER (1891, S. 614) fest, „durch Zusammenwirken (Kooperation) geführt", wobei allerdings „zwei Hauptarten von Zusammenwirken ..., die bewußte und die unbewußte" (ebenda, S. 615)[28] voneinander abzugrenzen seien, deren Unterschiede – wie er bemerkt – „zu den allerwichtigsten gehören, mit denen es die Soziologie überhaupt zu tun hat" (1887, S. 150). Für das ‚bewußte' Zusammenwirken – Spencer spricht hier vom ‚streitbaren' bzw. ‚kriegerischen' Typ[29] – sei eine „zentralisierte Kontrolle das erste und wichtigste Merkmal" (ebenda, S. 129), während für das ‚unbewußte' Zusammenwirken – nach SPENCER der ‚industrielle' Typ – der „Grundsatz des freien Austausches" (ebenda, S. 143) bestimmend sei[30].

---

[28] Der Begriff der ‚*Kooperation*' werde, wie SPENCER (1891, S. 614 f.) bemerkt, sowohl als allgemeine Bezeichnung für jegliches ‚gesellschaftliche Zusammenwirken' wie auch in einem „engeren Sinne", „zur Bezeichnung einer speziellen Form des sozialen Lebens", verwandt, als Name für ‚*bewußte*' Zusammenarbeit. – Eine solche unterschiedliche Verwendung des Kooperationsbegriffs ist etwa auch in den oben wiedergegebenen Äußerungen von Luhmann bzw. Parsons und v. Mises zu erkennen. Als Kooperation wird einmal *jegliche* Art sozial geregelten Verkehrs bezeichnet (Mises), andererseits aber auch speziell *organisiertes* Zusammenwirken. – In noch spezifischerer Bedeutung wird als Kooperation schließlich – wie bereits von SPENCER (1891, S. 628) vermerkt – eine bestimmte Organisationsform korporativen Handelns bezeichnet: *genossenschaftlich-demokratisches* korporatives Handeln. Vgl. dazu etwa E. Boettcher 1974.

[29] Das *bewußte*, „in der Vereinigung vieler Kräfte" (1889, S. 294) bestehende Zusammenwirken wird von Spencer als ‚kriegerischer Typus' bezeichnet, weil – wie er bemerkt – die „Abwehr der Feinde" (neben der gemeinsamen Jagd) ursprünglich die hauptsächliche „Veranlassung zum gemeinsamen Handeln" (ebenda) gewesen sei, weil bewußtes Zusammenwirken „auf den frühesten Entwicklungsstufen des sozialen Lebens eng ... mit bewußtem Zusammenwirken für kriegerische Zwecke" (1891, S. 616) verbunden gewesen sei. Ein naheliegender Entwicklungsschritt ist nach Spencer der „Übergang aus einer bewußten Verbindung zu kriegerischen Zwecken in eine bewußte Verbindung zu industriellen Zwecken" (ebenda, S. 619). Und ‚in unsern Zeiten', so konstatiert er, finde man „mehrere Arten des bewußten Zusammenwirkens, der ‚Kooperation' zu industriellen Zwecken" (ebenda, S. 615), angefangen von dem – als „*Zusammengelegtes Kapital*" charakterisierten – „Zusammenwirken der Anteilscheininhaber bei Aktiengesellschaften" oder der „in den Tätigkeitsäußerungen der Trade-Unions" (ebenda) zu findenden Kooperation bis hin zu den „vielerlei freundschaftlichen Gesellschaften" (ebenda, S. 618) oder den verschiedenen ‚Institutionen zur Ausgleichung von Gefahren', Vereinigungen, bei denen „ein gemeinsames Handeln, wenn schon kein gemeinsames Arbeiten" (ebenda, S. 619) bestehe.

[30] Etwas irreführend wirkt sich in Spencers Unterscheidung der beiden ‚Typen des Zusammenwirkens' bisweilen aus, daß zwei verschiedene Abgrenzungskriterien miteinander verwoben sind: Neben dem genannten Kriterium, das auf die Unterschiedlichkeit des

Der ‚unbewußte' (‚industrielle') und der ‚bewußte' (‚kriegerische') Typ des Zusammenwirkens repräsentieren nach SPENCER (1889, S. 294) zwei ‚Formen sozialer Organisation', die „zwar meistens nebeneinander vor-(kommen) und . . . sich mehr oder weniger vollständig" vermengen, die „sich aber nach Ursprung und Beschaffenheit" (ebenda) unterscheiden. Beim ersten Typ handle es sich um „ein spontanes Zusammenwirken, das ohne bestimmte Absicht bei der Verfolgung privater Zwecke zu stande kommt" (ebenda), das „nicht aus absichtlicher Vereinbarung hervorgeht" (ebenda, S. 295)[31]; beim zweiten Typ handle es sich demgegenüber um „ein mit bewußter Absicht erzieltes Zusammenwirken" (ebenda, S. 294), das „aus der bewußten Verfolgung öffentlicher Zwecke hervorgeht, gemäß welcher der Wille der Einzelnen eingeschränkt wird" (ebenda, S. 297)[32]. Am deutlichsten zeige sich, wie Spencer meint, der Gegensatz der beiden ‚Formen sozialer Organisation' darin, daß „zwar beide die soziale Wohlfahrt fördern, aber auf gerade entgegengesetzte Weise" (ebenda): „Die eine entspringt unmittelbar aus der Verfolgung individueller Zwecke und trägt nur indirekt zur sozialen Wohlfahrt bei" (ebenda, S. 315), während die andere „unmittelbar aus der Verfolgung sozialer Zwecke hervorgeht und nur indirekt zur individuellen Wohlfahrt beiträgt" (ebenda)[33].

Mit der Idee der unintendierten, sozial vorteilhaften Konsequenzen, die aus dem Zusammenwirken an ihren individuellen Interessen orientierter Akteure hervorgehen, findet sich bei SPENCER der Zentralgedanke jener individualistisch-evolutionistischen Konzeption wieder, die oben (S. 45 ff.) als der grundlegende sozialtheoretische Beitrag der Schotti-

---

Strukturprinzips (‚zentrale Kontrolle' vs. ‚Austausch') abstellt, zieht Spencer auch die ‚Freiwilligkeit' des Zusammenwirkens als Unterscheidungskriterium heran: Der „kriegerische Typus" sei, so SPENCER (1887, S. 150), „nach dem Grundsatz des zwangsweisen Zusammenwirkens aufgebaut", während „der industrielle Typus . . . nach dem Grundsatz des freiwilligen Zusammenwirkens" aufgebaut ist.

[31] Die auf diese ‚Form sozialer Organisation' zutreffende „Vorstellung von unpersönlichen Verursachungen" (SPENCER 1889, S. 706) sei – so Spencer – einem Denken notwendigerweise fremd, das „bei der Erklärung von sozialen Erscheinungen nur persönliche Verursachung als wirksam" (ebenda) anerkennt. Einem solchen Denken sei die „natürliche Entstehung sozialer Gebilde und Funktionen" (ebenda) ebenso unfaßbar wie die „Vorstellung von einem sich selbst regulierenden sozialen Prozeß" (ebenda, S. 707).

[32] Diese ‚Einschränkung des Willens der Einzelnen' geschehe, wie SPENCER (1889, S. 297) bemerkt, „zunächst durch den vereinten Willen der ganzen Gruppe und später in bestimmtester Weise durch den Willen eines regelnden Agens, das die Gruppe aus sich herausentwickelt hat".

[33] Dazu auch SPENCER 1889, S. 297.

schen Moralphilosophie erwähnt worden ist[34]. In neuerer Zeit ist diese Konzeption individualistisch-evolutionistischer Sozialtheorie in besonders prägnanter Weise von F. A. v. Hayek ausformuliert worden, wobei Hayek der Abgrenzung zweier – den hier unterschiedenen Strukturtypen ‚Markt' und ‚Organisation' analogen – ‚Arten der Ordnung' einen ganz zentralen Stellenwert einräumt. Die entsprechenden Argumente Hayeks sollen im folgenden Abschnitt näher untersucht werden.

2. Zwei Arten der Ordnung: Marktstrukturen und korporative Strukturen bei F. A. von Hayek

Unter dem Aspekt der Auseinandersetzung mit der Idee gesamtgesellschaftlicher Planung ist der Gegensatz von ‚Markt' und ‚Organisation' ein zentrales Thema jener ‚neuen Tradition liberalen ökonomischen Denkens', die sich seit den zwanziger Jahren herausgebildet hat und wesentlich durch Autoren wie Ludwig von Mises, Lionel Robbins, Frank H. Knight und F. A. von Hayek geprägt worden ist[35]. Zwar wird in dieser Denktradition der Gegensatz von Marktstrukturen und korporativen Strukturen vorwiegend im Hinblick auf die Frage *gesamtgesellschaftlicher* Ordnungsalternativen thematisiert, doch sind viele der dort vorgebrachten Argumente auch für die hier interessierende allgemeine Gegenüberstellung der beiden Strukturmuster von Belang.

Bei L. v. MISES etwa werden die beiden Strukturmuster als „Tauschgesellschaft und herrschaftlicher Verband" (1940, S. 182), als „Organisationsform der Tauschgesellschaft" und als „herrschaftliche Organisation gesellschaftlicher Arbeit" (ebenda) einander gegenübergestellt[36]. Den Unterschied „zwischen diesen beiden denkbaren und möglichen Gestaltun-

---

[34] Man erkennt unschwer, A. Smith's Konzeption der ‚unsichtbaren Hand' wieder, wenn es bei SPENCER (1891, S. 615) über das ‚unbewußte Zusammenwirken' der „in Geschäften und Berufen aller Arten beschäftigten Menschen, welche sämtlich einzeln private Zwecke verfolgen", heißt: Ihre Handlungen werden „nicht durch eine Autorität vorgeschrieben und sie werden von jedem Einzelnen mit dem Hinblick auf seine eigne Wohlfahrt, und nicht mit einem Blick auf die Wohlfahrt Aller ausgeführt".

[35] Einen kurzen Überblick über die verschiedenen ‚Schulen' und Repräsentanten dieser ‚neuen liberalen Tradition' gibt F. A. HAYEK in ders. 1967, S. 195–200.

[36] Zur Terminologie merkt L. v. MISES (1940, S. 182 Anm.) an: „Der Ausdruck ‚herrschaftlich' soll darauf hinweisen, daß für die Kooperation der Einzelnen das System angewendet wird, nach dem die Herrschaft im staatlichen Verband geübt wird. Man könnte statt ‚herrschaftlich' auch ‚sozialistisch' sagen".

gen gesellschaftlicher Kooperation" (ebenda, S. 184) sieht MISES darin, daß ein ‚herrschaftlicher Verband' – wie etwa ‚Staat' oder ‚Familienhaushalt' (1940, S. 184; 1949, S. 198) – durch das Prinzip der ‚Unterordnung unter einen Leiter' zusammengehalten wird[37], während die ‚Tauschgesellschaft' auf „interpersonalen Austausch-Kontrakten" (1949, S. 196) beruht[38].

MICHAEL POLANYI (1951) unterscheidet die beiden sozialen Strukturmuster als ‚zwei Arten der Ordnung', und zwar als ‚spontane Ordnung' einerseits und als ‚korporative Ordnung' andererseits[39]. Kennzeichen der ‚korporativen Ordnung' ist die zentrale Leitung vereinter Aktivitäten innerhalb eines korporativen Gebildes (ebenda, S. 112 f.); Grundlage der ‚spontanen' oder ‚polyzentrischen Ordnung'[40] ist demgegenüber die dezentrale ‚wechselseitige Anpassung' einzelner Akteure (ebenda, S. 115 ff.). Das „eindrucksvollste Beispiel spontaner Ordnung in der Gesellschaft", „der Prototyp einer durch eine ‚unsichtbare Hand' geschaffenen Ordnung" (ebenda, S. 160) ist nach Polanyi der Bereich des wirtschaftlichen Lebens, der ‚Markt' im engeren Sinne, dessen Ordnung „aus den unabhängigen Handlungen von Individuen hervorgeht" (ebenda)[41]. Die beiden Arten der Ordnung sind, wie POLANYI (ebenda, S. 115) bemerkt, miteinander unvereinbar, können allerdings in der Weise kombiniert sein, daß die eine sich jeweils „in eine Lücke einpaßt, die die andere offen gelassen hat" (ebenda, S. 156)[42].

---

[37] Über diesen ‚Leiter' stellt MISES (1940, S. 183 f.) fest: „Ob er ein Tyrann ist ... oder ein fürsorglicher Vater ...; ob er ein Einzelner ist oder ein geordneter Verband von Einzelnen, eine Körperschaft, ist für die Struktur der gesellschaftlichen Ordnung belanglos".

[38] Analog unterscheidet MISES an anderer Stelle (1932, S. 265) „Organismus und Organisation" als unterschiedliche soziale Strukturprinzipien, wobei er allerdings in irreführender Weise bemerkt, die ‚Organisation' sei „ein herrschaftlicher Verband, der Organismus ein genossenschaftlicher" (ebenda, S. 266). – Was Mises mit dem Organismusbegriff kennzeichnen will, ist die *unintendierte Entwicklung* sozialer Strukturen, „das Selbstgewordene", was nicht „von außen organisiert wurde" (ebenda). Die Einsicht in das Prinzip unintendierter Evolution und die „Überwindung der Organisationsvorstellung" ist, wie Mises (ebenda) feststellt, „für das Gebiet der Sozialwissenschaft ... im wesentlichen vom 18. Jahrhundert vollbracht worden; den Hauptteil hatten daran die klassische Nationalökonomie und ihre unmittelbaren Vorläufer. Die Biologie ist ihr nachgefolgt".

[39] Vgl. insbesondere die Kapitel „Spontaneous order compared with corporate order" und „Two kinds of order" in M. POLANYI 1951, S. 114 ff. und S. 154 ff.

[40] Zum Begriff der ‚polyzentrischen Ordnung' vgl. den Abschnitt ‚Polycentricity' in M. POLANYI 1951, S. 170 ff.

[41] Das Hauptresultat der ökonomischen Theorie liegt nach POLANYI (1951, S. 178) in dem Nachweis, „daß eine Menge von Individuen ... zu einer Selbst-Koordination kommen kann, als sei sie durch eine ‚unsichtbare Hand' gesteuert".

[42] Die Schaffung eines korporativen Gebildes schließe, so bemerkt POLANYI (1951, S. 115), „nicht jegliche wechselseitige Anpassung zwischen seinen Mitgliedern aus", aller-

Es gibt sicherlich wenige Autoren, die dem Verhältnis von Marktstrukturen und korporativen Strukturen soviel Aufmerksamkeit gewidmet haben wie F. A. von Hayek, in dessen sozialtheoretischen Beiträgen das Problem der ‚zwei Arten der Ordnung' einen zentralen Platz einnimmt[43]. Da die Argumentation Hayeks die Grundideen der individualistisch-evolutionistischen Tradition in besonders prägnanter Weise zum Ausdruck bringt, wird ihre Erörterung Gelegenheit bieten, die Gründe für die geringe Beachtung, die die Analyse korporativer Strukturen innerhalb dieser Theorietradition gefunden hat, näher zu beleuchten.

Als „Kernproblem der Sozialtherorie" bezeichnet HAYEK (1969, S. 32) die *Erklärung ‚sozialer Ordnung'*, die Erklärung jener Regelmäßigkeiten im komplexen sozialen Zusammenspiel individueller Handlungen, die den Beteiligten die Bildung relativ verläßlicher Erwartungen über die Reaktionen ihrer sozialen Umwelt, und damit überhaupt erst ein ‚planvolles' eigenes Handeln erlauben[44]. Nach HAYEK sind es unsere „anthropomorphen Denkgewohnheiten" (1973, S. 36), die uns allzu leicht dazu verleiten, Ordnung als beabsichtigtes Ergebnis ordnender Tätigkeit zu interpretieren, hinter jeder Art von Ordnung das Wirken einer ordnungsstiftenden Instanz zu vermuten. Zwar sei, so stellt HAYEK fest, diese „einfache Vorstellung von einer Ordnung ... auf viele Gebiete der Gesellschaft anwendbar" (1969, S. 34), sie sei aber „nicht die einzige Art von Ordnung, auf der das Wirken der Gesellschaft beruht" (ebenda). Vielmehr gebe es „in der Gesellschaft Ordnungen anderer Art ..., die nicht vom Menschen entworfen sind, sondern aus der Tätigkeit der Individuen ohne ihre Absicht resultieren" (ebenda).

Von grundlegender sozialtheoretischer Bedeutung ist nach Hayek die entsprechende Unterscheidung von ‚zwei Arten von Ordnung', einer *‚geschaffenen'* und einer *‚gewachsenen'*, einer Ordnung, „die durch Lenkung

---

dings könne diese nicht zum bestimmenden Prinzip werden: „Wenn es Personen, die auf der untersten Stufe (oder auf irgendeiner anderen Ebene) einer Autoritätspyramide operieren, freigestellt wäre, ihre Handlungen primär durch direkte wechselseitige Kontakte bestimmen zu lassen, so würde die Autorität über ihnen aufgehoben. In diesem Sinne trifft es zu, daß die beiden Arten der Ordnung einander ausschließen" (ebenda).

[43] Grundlegend ist in diesem Zusammenhang der erstmals 1963 erschienene Aufsatz „Arten der Ordnung" (wiederabgedruckt in HAYEK 1969, S. 32–46); vgl. dazu HAYEK 1969, S. 163 Anm.

[44] ‚Ordnung' definiert HAYEK (1963, S. 95) als Eigenschaft eines Prozesses, „in dem die Individuen in der Lage sind, ihre Pläne erfolgreich zu verfolgen, weil sie über die Handlungen ihrer Mitmenschen Erwartungen bilden können, die eine gute Chance haben, erfüllt zu werden". – Vgl. auch HAYEK 1969, S. 164 f.; 1970, S. 11; 1973, S. 36.

eines Zentralorgans zustande kommt" (1969, S. 151), und einer Ordnung, die durch die „gegenseitige Anpassung der Elemente" (ebenda) hervorgebracht wird[45]. Im Kontrast zum Begriff der *Organisation*, der — wie HAYEK bemerkt (1969, S. 144 Anm.; 1973, S. 54) — seiner gängigen Bedeutung nach auf Ordnungsformen abzielt, die das ‚Ergebnis bewußter Anordnung' sind, benutzt HAYEK den Ausdruck ‚*spontane Ordnung*' als Bezeichnung für die ‚gewachsene', die „sich selbst bildende oder endogene Ordnung" (1973, S. 37)[46].

Daß es im sozialen Bereich eine solche ‚spontane Ordnung' gibt, daß „eine wirkungsvolle Koordination der menschlichen Tätigkeiten ohne bewußte Organisation" (1971, S. 192), allein durch den „Mechanismus der gegenseitigen Anpassung" (ebenda) bewirkt wird, dies ist, wie HAYEK betont, die entscheidende sozialtheoretische Entdeckung der Schottischen Moralphilosophie, eine Entdeckung, die zur Grundlage der ökonomischen Theorie als einer „Theorie der Marktordnung" (1969, S. 150) werden sollte[47]. — Wenn HAYEK vermerkt, die Entdeckung solcher ‚spontaner Ordnung' habe erst gezeigt, „daß es einen besonderen Erklärungsgegenstand für theoretische Sozialwissenschaften überhaupt gibt" (1969,

---

[45] Der Stellenwert, den Hayek dieser Unterscheidung einräumt, läßt sich etwa daraus entnehmen, daß er im ersten Band seiner Abhandlung über „Law, Legislation and Liberty" feststellt: „Der zentrale Begriff, um den die Diskussion dieses Buches kreisen wird, ist der Begriff der Ordnung, und insbesondere die Unterscheidung zweier Arten von Ordnung, die vorläufig als ‚geschaffene' und als ‚gewachsene' Ordnung bezeichnet werden sollen" (1973, S. 35). — Die beiden Arten von Ordnung werden von Hayek mit einer ganzen Reihe verschiedener Begriffe charakterisiert, die zum Teil unterschiedliche Aspekte hervorheben sollen (vgl. z.B. ebenda, S. 37). — So spricht er u. a. (in Anlehnung an M. Polanyi) vom Gegensatz zwischen ‚*monozentrischer-*' und ‚*polyzentrischer* Ordnung' (1969, S. 151), oder (in Übernahme einer Unterscheidung von M. Oakeshott) vom Gegensatz zwischen ‚*nomokratischer-*' und ‚*teleokratischer* Ordnung' (ebenda, S. 111, 163 Anm., S. 223 f.).

[46] Siehe dazu auch HAYEK 1979, S. XII. — Der Gegensatz zwischen den ‚beiden Typen von Ordnung' sei, darauf weist HAYEK (1973, S. 52) hin, häufig auch mit den Begriffen ‚Organismus' und ‚Organisation' belegt worden (vgl. dazu oben S. 89, Anm. 38). Die Verwendung der ‚Organismus-Analogie' zur Charakterisierung ‚spontaner Ordnung' sei allerdings, so meint HAYEK (ebenda, S. 52 f.), eher irreführend. — Zur Verwendung des Organismus-Begriffs zur Bezeichnung spontaner Ordnung vgl. auch HAYEK 1969, S. 35, 40; 1959, S. 113 f.; 1979, S. 158 f.

[47] HAYEK 1969, S. 163: „Es war die entscheidende Entdeckung der großen sozialwissenschaftlichen Denker des 18. Jahrhunderts, daß sie die Existenz solcher spontan sich bildender Ordnungen erkannten und als ‚das Ergebnis menschlichen Handelns, aber nicht menschlicher Absicht' beschrieben". — Die ‚große Leistung der ökonomischen Theorie' liegt laut Hayek darin, „daß sie erklärt hat, wie eine solche gegenseitige Anpassung der spontanen Tätigkeiten der Einzelnen durch den Markt zustande kommt" (1971, S. 192), und „daß sie, zweihundert Jahre vor der Kybernetik, den Charakter solcher selbstregulierender Systeme erkannte" (1970, S. 13). — Vgl. dazu auch HAYEK 1969, S. 156, 164, 179; 1973, S. 36 f.

S. 164)⁴⁸, so dürfte darin im übrigen ein Hauptgrund für die spezifische Einengung der theoretischen Perspektive innerhalb der an die Schottische Moralphilosophie anknüpfenden Tradition (dazu oben S. 44 f.) zum Ausdruck kommen. Wird doch damit unterstellt, lediglich bei der ‚spontanen Ordnung' habe man es mit den „eigentlichen Problemen einer theoretischen Sozialwissenschaft" (1969, S. 165 Anm.) zu tun, wohingegen die ‚geschaffene Ordnung' oder ‚Organisation' kein Problem aufwerfe, das besonderer theoretischer Klärung bedürfe⁴⁹. Beachtung findet das Phänomen ‚Organisation' im wesentlichen als ‚Kontrastmuster', von dem die ‚spontane Ordnung' abgehoben wird; als eigener Gegenstand theoretischer Erklärungsbemühungen kommt es nur peripher in Betracht. Charakteristisch ist etwa, wenn HAYEK (1969, S. 34) die Ordnungsform der ‚*Organisation*' mit der Bemerkung kommentiert: „Das Ausmaß, in dem die Macht vieler Menschen durch solche bewußte Koordination ihrer Bemühungen vergrößert werden kann, ist wohlbekannt, und viele Errungenschaften der Menschheit beruhen auf diesem Verfahren. Es ergibt eine Ordnung, die wir alle verstehen, weil wir wissen, wie sie hergestellt wird". – Eine solche Einschätzung hat sicherlich dazu beigetragen, daß die Problematik korporativer Strukturen innerhalb der individualistisch-evolutionistischen Tradition kaum Beachtung gefunden hat.

Bei seiner Gegenüberstellung der beiden Arten sozialer Ordnung hebt Hayek vornehmlich zwei miteinander zusammenhängende Aspekte hervor: Zum einen den Gegensatz zwischen der „zweckunabhängigen spontanen Ordnung" und der „zweckgerichteten Organisation" (1969, S. 118), und zum anderen den Unterschied zwischen „der auf abstrakten Verhaltensregeln beruhenden spontanen Ordnung" und der „auf konkreten Befehlen beruhenden Organisation" (ebenda, S. 187). Insbesondere der zweite Aspekt soll im folgenden etwas näher untersucht werden.

„Der erste wichtige Unterschied zwischen einer spontanen Ordnung... und einer Organisation" besteht nach HAYEK (1969, S. 208) darin, daß die

---

⁴⁸ Dazu auch HAYEK 1969, S. 34, 110, 150, 164, 207.
⁴⁹ HAYEK 1959, S. 49 f.: „Wenn die sozialen Erscheinungen keine andere Ordnung zeigen würden, als insofern sie bewußt entworfen wurden, wäre allerdings kein Raum für theoretische Wissenschaften der Gesellschaft ... Nur insoweit als Resultat der individuellen Handlungen eine Art Ordnung entsteht, doch ohne daß sie von irgend einem Individuum geplant ist, erhebt sich ein Problem, das theoretische Erklärung fordert". – Vgl. auch HAYEK 1973, S. 37: „Es ist nicht übertrieben zu behaupten, daß die Sozialtheorie ihren Ausgangspunkt in – und einen Gegenstand lediglich aufgrund – der Entdeckung hat, daß es geordnete Strukturen gibt, die das Produkt der Handlungen vieler Menschen aber nicht das Ergebnis menschlicher Absicht sind".

spontane Ordnung, da sie „nicht bewußt vom Menschen geschaffen wurde, keinen Zweck hat" (ebenda), während jede Organisation „ein bestimmtes Ziel" (ebenda, S. 209) voraussetzt[50]. Das Zusammenwirken in einer spontanen Ordnung oder Marktordnung beruhe „nicht auf irgendwelchen gemeinsamen Zielsetzungen, sondern auf Reziprozität" (1969, S. 111), es erlaube den Beteiligten „die Verfolgung ihrer verschiedenen individuellen Ziele" (ebenda, S. 169)[51]. Das Zusammenwirken in einer Organisation — so ist daraus zu folgern — erfordert nach Hayek demgegenüber die Festlegung auf einen ‚bestimmten Zweck', die ‚Einigung über gemeinsame Ziele'[52].

Was den zweiten Aspekt, die „Unterscheidung zwischen einer auf abstrakten Regeln beruhenden *spontanen Ordnung* ... und einer auf Befehlen basierenden *Organisation*" (1969, S. 110), anbelangt, so bedarf hier insbesondere der Begriff ‚abstrakte Regel' der Spezifikation. Denn wenn

---

[50] Zur Gegenüberstellung von ‚*zweckunabhängiger* spontaner Ordnung' und ‚*zweckgerichteter* Organisation' vgl. auch HAYEK 1969, S. 112, 163 Anm., 191, 193 Anm.; 1973, S. 39. — Es sei hier erwähnt, daß etwa H. RITSCHL (1976), ungeachtet seiner ansonsten wesentlich anderen theoretischen Orientierung, das gleiche Unterscheidungskriterium zugrunde legt, wenn er die ‚Gemeinwirtschaft des Staates' (ebenso wie die ‚Einzelwirtschaften', ebenda, S. 226) als „ein von einheitlichem Willen geleitetes Zweckgebilde" (ebenda, S. 222) bezeichnet, und demgegenüber die ‚Marktwirtschaft' als „ein Wirkungsgefüge" (ebenda, S. 223) charakterisiert, das „in einer Heterogonie zahlreicher individueller Zweckhandlungen" (ebenda) entsteht.

[51] Vgl. in diesem Zusammenhang auch HAYEKS (1969, S. 111 f., 121, 224 ff., 254 f.; 1976, S. 107 f.) Bemerkungen zur Problematik der unterschiedlichen Bedeutung, in der der Begriff ‚Wirtschaft' verwandt wird, nämlich einerseits als Bezeichnung „für die bewußte Anordnung oder Organisation von Ressourcen im Dienste einer einheitlichen Zielhierarchie wie in einem Haushalt, einer Unternehmung oder irgendeiner anderen Organisation" (1969, S. 224), und andererseits als Bezeichnung für die ‚Volkswirtschaft' (oder ‚Weltwirtschaft'), also für das „geordnete Gefüge, das der Markt hervorbringt" (ebenda, S. 225), und das keiner „einheitlichen Hierarchie von Zwecken dient oder dienen kann" (ebenda, S. 168). — Zu dieser doppelten Bedeutung des Begriffs ‚Wirtschaft' und den damit zusammenhängenden Problemen vgl. auch H. ALBERT 1967, S. 397 f.

[52] Vgl. dazu auch etwa HAYEK 1971, S. 47 („Organisation bedeutet eine Festlegung auf ein bestimmtes Ziel"); ders. 1969, S. 211 („... um eine Organisation zu bilden, müßten sie sich über eine gemeinsame Hierarchie von Zielen einigen bzw. ihr unterworfen werden"); sowie die Hinweise zur Problematik ‚gemeinsamen Handelns' in HAYEK 1952, S. 86 f. („Gemeinsames Handeln ist also auf die Gebiete beschränkt, auf denen die Menschen sich über gemeinsame Ziele einig sind", ebenda, S. 86). — Hayeks Erläuterungen zu dieser Kennzeichnung korporativen Handelns bleiben recht unspezifisch und erscheinen bisweilen inkonsistent, so etwa, wenn er — im Kontrast zu den oben wiedergegebenen Äußerungen — feststellt, daß innerhalb „eines großen Unternehmens ... viele Menschen freiwillig und für ihre eigenen Zwecke zusammenarbeiten" (1971, S. 163). — Zu den Interpretationsproblemen, die sich ergeben, wenn das Vorliegen eines ‚gemeinsamen Zwecks' oder ‚-Ziels' als Abgrenzungskriterium für korporatives Handeln angegeben wird, siehe unten, S. 107 ff.

HAYEK von der ‚spontanen Ordnung' sagt, sie beruhe auf „Regeln, die das Verhalten der Elemente beherrschen" (1969, S. 37), auf „Regelmäßigkeiten im Verhalten der Elemente" (ebenda, S. 209)[53], so werden die Begriffe ‚Regel' und ‚Regelmäßigkeit' in einer doppelten Bedeutung verwandt. Gemeint sind zum einen Regelmäßigkeiten i. S. von *Verhaltensgesetzmäßigkeiten*, also ‚Regeln', die als allgemeine (empirische) Hypothesen über menschliches Verhalten zu formulieren wären[54]. Und gemeint sind zum anderen Regeln i. S. von *Verhaltensnormen*, also *normative* Regeln (der Moral oder des Rechts), die festlegen, was zu tun ‚erlaubt' und ‚nicht erlaubt' ist (1969, S. 39 f.; 1973, S. 45).

Nun sind die als *Verhaltensgesetzmäßigkeiten* zu bezeichnenden ‚Regeln' natürlich unabhängig davon, ob man es mit einer spontanen Ordnung oder einer Organisation zu tun hat (Es sind dieselben Individuen, die in Marktstrukturen oder in korporativen Strukturen agieren, und sie ändern nicht ihre ‚Natur', wenn sie von dem einen Kontext in den anderen überwechseln). Entsprechend ist, was Hayek auch betont, für die Differenzierung von spontaner Ordnung und Organisation die Art der *normativen Regeln* von Bedeutung[55]. Und das spezifische Kennzeichen der normativen Regeln, auf denen eine spontane Ordnung beruht, liegt nach HAYEK in ihrem ‚abstrakten Charakter' (1969, S. 176), darin, daß diese Regeln „für eine unbekannte Anzahl künftiger Fälle gelten" (ebenda, S. 177), daß sie „im wesentlichen negativ sind, d.h. nur Verbote aussprechen und damit einen Bereich abstecken, innerhalb dessen der handelnde Mensch nach seinem Wissen und im Dienste seiner Zwecke entscheidet" (ebenda, S. 178)[56]. Die Beschränkungen, die derartige allgemeine Regeln

---

[53] HAYEK 1973, S. 43: Die „Bildung spontaner Ordnung ergibt sich daraus, daß ihre Elemente bei ihren Reaktionen auf ihre unmittelbare Umwelt gewissen Regeln folgen". – Vgl. auch HAYEK 1969, S. 38.

[54] So bezeichnet Hayek als ‚Regel' auch jene „Regelmäßigkeit im Verhalten der Individuen", die sich etwa darin ausdrückt, daß sie „normalerweise für eine gegebene Leistung ein größeres Einkommen vorziehen" (1969, S. 39). – Vgl. auch ebenda, S. 37 f., sowie ders. 1973, S. 43 und S. 45.

[55] HAYEK 1969, S. 40: „Uns interessiert hier nur eine bestimmte Art von Regeln, die zur Natur der Ordnung beitragen, und die ... das Hauptwerkzeug darstellen, durch das wir den allgemeinen Charakter der Ordnung beeinflussen können, die sich bilden wird, nämlich die Regeln des Rechts. Diese Regeln unterscheiden sich von den übrigen, denen die Menschen folgen, hauptsächlich dadurch, daß das Individuum von seinen Mitmenschen gehalten wird, sie zu befolgen".

[56] Vgl. auch HAYEK 1971, S. 183: „Die Regeln stellen nur den Rahmen dar, innerhalb dessen der Einzelne sich bewegen muß, die Entscheidungen aber ihm zustehen". – Daß die normativen Regeln, die die spontane Ordnung oder Marktordnung bestimmen ‚negativer Art' sind, hat auch H. Spencer bei seiner Unterscheidung von ‚kriegerischem' und ‚industriellem'

den Handlungen aller auferlegen, bestimmen die Art und Weise, in der die einzelnen Beteiligten ihr Verhalten aufeinander abstimmen (ebenda, S. 40), wobei die ordnungsstiftende Leistung der allgemeinen normativen Regeln — wie HAYEK (1973, S. 155) bemerkt — insbesondere davon abhängt, inwieweit sie mit den ‚natürlichen' Regeln menschlichen Verhaltens, i. e. den *Verhaltensgesetzmäßigkeiten*, im Einklang oder zu diesen im Widerspruch stehen[57].

Die *Regeln*, auf denen eine spontane Ordnung beruht, grenzt Hayek von den ‚*Befehlen*', auf denen eine Organisation basiert, dadurch ab, daß er die letztgenannten als ‚konkret', und demgegenüber jene als „allgemein und abstrakt" (1971, S. 180) kennzeichnet[58]. Diese Unterscheidung erscheint recht eindeutig, sie erweist sich aber dennoch bei näherer Prüfung als interpretationsbedürftig. Zunächst, die „Allgemeinheit oder Abstraktheit" von Regeln, so räumt HAYEK (ebenda, S. 181) selbst ein, „variiert dem Grade nach kontinuierlich": Je spezifischer Regeln formuliert werden, je stärker sie — durch ‚negative' Ausgrenzungen (Verbote) — den Handlungsspielraum der einzelnen einschränken, umso mehr nähern sie sich in ihrem Charakter ‚Befehlen' an; u. u., je unspezifischer Anordnungen in Organisationen formuliert werden, je größer der Entscheidungs- oder Ermessensspielraum ist, der den betreffenden Akteuren eingeräumt

---

Zusammenwirken (vgl. oben, S. 86 ff.) hervorgehoben. Die Herrschaft in einem „kriegerischen Gemeinwesen" ist, so stellt Spencer fest, „ebensosehr negativ als positiv regulierend ...; sie zieht nicht nur gewisse Schranken, sondern schreibt auch bestimmte Wege vor" (1889, S. 708; vgl. auch ebenda, S. 675).

[57] Hayek bezieht sich in diesem Zusammenhang auf eine Formulierung von A. Smith, in der dieser zwischen den ‚Prinzipien', denen die Akteure in der Gesellschaft ‚von sich aus' folgen („principles of motion of its own"), und den ‚Prinzipien', die der Gesetzgeber ihnen auferlegt, unterscheidet und dazu bemerkt: „Wenn diese beiden Prinzipien im Einklang stehen und in dieselbe Richtung wirken, dann wird das Zusammenspiel der menschlichen Gesellschaft leicht und harmonisch ablaufen ... Wenn sie aber gegeneinander wirken und sich im Widerspruch befinden, wird dieses Spiel nur kläglich vorankommen, und die Gesellschaft wird sich fortwährend im höchsten Grad in Unordnung befinden" (SMITH 1976, S. 381; Part. VI, Sect. II, Chap. 2).

[58] Die Feststellung, daß die spontane Ordnung auf allgemeinen Regeln beruht, wird von Hayek mit der Annahme gleichgesetzt, eine spontane Ordnung sei „ein endogenes, von innen her wachsendes oder, wie die Kybernetiker sagen, sich ‚selbstregulierendes' oder sich ‚selbstorganisierendes' System" (1969, S. 209; vgl. auch HAYEK 1973, S. 36, 39). — Dieser Charakterisierung wird man sicherlich zustimmen können, sie erhält allerdings eine etwas irreführende Wendung, wenn im Umkehrschluß über die ‚geschaffene Ordnung' oder ‚Organisation' festgestellt wird, sie sei „durch eine außerhalb der Ordnung stehende Wirkungskraft bestimmt und ... in demselben Sinne exogen oder auferlegt" (ebenda, S. 209). Denn natürlich gibt es Organisationen, die von den Beteiligten selbst (und i.d.S. ‚endogen') und nicht durch eine „outside agency" (HAYEK 1973, S. 39) geschaffen werden.

wird, umso mehr nehmen diese ‚Anordnungen' den Charakter von allgemeinen Regeln an. Dies besagt nicht, daß die Unterscheidung von ‚Regeln' und ‚Befehlen' oder ‚Anordnungen' funktionslos wäre[59]. Doch verliert Hayeks Unterscheidung dadurch etwas von ihrer vermeintlichen Eindeutigkeit, zumal Hayek ausdrücklich vermerkt, auch eine Organisation müsse „in gewissem Maße auf Regeln beruhen" und könne „nicht allein durch spezielle Befehle geleitet werden" (1969, S. 212)[60]. Allerdings betont Hayek auch, daß die Regeln, die zur „Lenkung einer Organisation dienen" von anderer Art sind, als jene, „die eine spontane Ordnung bestimmen" (1973, S. 43; 1969, S. 41). Damit wird aber für die Abgrenzung der beiden Arten von Ordnung die Unterscheidung zweier Arten von Regeln, der „Organisationsregeln" und der „allgemeinen Verhaltensregeln" (1969, S. 213), zentral. Ihr Unterschied liegt nach Hayek darin, daß die Regeln, die das Handeln innerhalb einer Organisation lenken, „Regeln für die Ausführung zugewiesener Aufgaben" (1973, S. 49) sind, und daß sie „für die verschiedenen Mitglieder der Organisation verschieden sein werden, entsprechend den verschiedenen Rollen, die ihnen zugewiesen worden sind" (ebenda)[61], während die Regeln, die eine spontane Ordnung bestimmen, „zweckunabhängig und gleich sein müssen, wenn schon nicht

---

[59] Sicherlich ist es, wie HAYEK (1971, S. 181) betont, „ratsam, Gesetze und Befehle auseinanderzuhalten, auch wenn wir zugeben müssen, daß Gesetze graduell in Befehle übergehen, sowie ihr Inhalt konkreter wird".

[60] HAYEK 1973, S. 48 f: „Bis zu einem gewissen Grade muß jede Organisation auch auf Regeln beruhen und nicht nur auf spezifischen Anordnungen, und zwar aus demselben Grund, aus dem eine spontane Ordnung notwendigerweise ausschließlich auf Regeln beruht: Dadurch nämlich, daß die Handlungen der Individuen durch Regeln statt durch spezifische Anordnungen geleitet werden, ist es möglich, Wissen zu nutzen, das niemand als Ganzes besitzt". – Für eine Organisation stellt sich in diesem Sinne, wie Hayek bemerkt, dasselbe grundlegende „Problem, das jede komplexe Ordnung aufwirft: nämlich, daß die Individuen, die in der Organisation zusammenarbeiten, von Wissen Gebrauch machen, das der Organisator nicht besitzen kann" (1969, S. 41).

[61] Vgl. auch HAYEK 1969, S. 41 f., 119. – Daß die ‚Regeln', die das Verhalten in Organisationen steuern, auf bestimmte ‚Positionen' bezogene ‚Rollenvorschriften' sind, stellt auch Zetterberg bei seiner Unterscheidung von ‚Markt' und ‚Organisation' (vgl. oben, S. 77, Anm. 2) heraus, wenn er ‚Organisation' definiert „als eine Reihe von sozialen Beziehungen, deren Rollenvorschriften von einer gemeinsamen Führung erlassen werden" (ZETTERBERG 1962, S. 61). – Es wäre vielleicht lohnend, einmal näher zu untersuchen, inwieweit die gängige Verwendung des *Rollenbegriffs* in der Soziologie eine gewisse ‚einseitige Sichtweise' insofern impliziert, als sie dazu verleitet, soziale Strukturen generell nach dem Muster *korporativer* Strukturen (bzw. Gesellschaft als ‚Organisation') zu interpretieren. Dies wäre eine ‚komplementäre Einseitigkeit' zu jener ausschließlichen Orientierung am Muster von Austauschnetzwerken oder Marktstrukturen, wie sie in der vorliegenden Arbeit der *austauschtheoretischen* Perspektive der individualistisch-evolutionistischen Tradition angelastet wird.

für alle Mitglieder, so zumindest für ganze Klassen von — nicht individuell, namentlich benannten — Mitgliedern" (ebenda, S. 50)[62].

Die Frage nach der Bedeutung, die der Verhaltenssteuerung durch *Regeln* (und nicht nur durch *Anordnungen*) innerhalb von Organisationen zukommt, ist unmittelbar verknüpft mit einer anderen Frage, die in Hayeks Argumentation einen zentralen Platz einnimmt: der Frage danach, in welcher Weise (und mit welchen Konsequenzen) die beiden Arten der Ordnung miteinander *kombiniert* werden können. In jeder — einen gewissen Minimalumfang überschreitenden — Gruppe beruhe, so stellt Hayek fest, „Zusammenarbeit stets sowohl auf spontaner Ordnung wie auf bewußter Organisation" (1973, S. 46). So finde man in einer ‚freien Gesellschaft', d.h. einer Gesellschaft, deren Gesamtcharakter der einer *spontanen Ordnung* ist[63], stets eine Vielzahl von *Organisationen* — Familien, Unternehmen, Verbände oder öffentliche Institutionen einschließlich der Regierung —, wohingegen „die Koordination der Tätigkeiten all dieser verschiedenen Organisationen wie auch der verschiedenen Individuen" (ebenda) durch jene Kräfte zuwege gebracht werde, die eine spontane Ordnung ausmachen. Daß die beiden Arten von Ordnung normalerweise in jeder einigermaßen komplexen Gesellschaft koexistieren, bedeutet nach HAYEK jedoch nicht, daß sie beliebig kombiniert werden können[64]. Es sei zwar ‚sinnvoll', so betont er (1969, S. 43; 1973, S. 51), in einer *Organisation* (in der das ‚Gerüst' durch Befehle festgelegt werde) „die Einzelheiten der Tätigkeiten der Mitglieder bloß durch Regeln zu steuern", oder innerhalb einer *spontanen Ordnung* „Organisationen als Elemente" zu nutzen. Keinen Sinn mache es jedoch, den ‚Gesamtcharakter' einer spontanen Ordnung etwa dadurch ‚verbessern' zu wollen, daß man durch ‚direkte Befehle' in sie eingreift. Beruhe eine solche spontane

---

[62] Mit seiner Gegenüberstellung von ‚allgemeinen Verhaltensregeln' und ‚Organisationsregeln' betont Hayek einen Aspekt der Unterscheidung von Marktstrukturen und korporativen Strukturen, auf den im folgenden (S. 105 ff.) noch ausführlicher eingegangen wird.

[63] Als ein ‚*freies* System' charakterisiert Hayek ein solches, „das sich der spontanen Ordnungskräfte nicht nur (wie es jedes System muß) bedient, um die Lücken zu füllen, die in den Ziele und Struktur bestimmenden Befehlen offengelassen werden, sondern das sich für die Bildung der Gesamtordnung auf die spontanen Kräfte verläßt" (1969, S. 43).

[64] HAYEK 1969, S. 43: „Jede einigermaßen komplexe Gesellschaft muß von beiden besprochenen Ordnungsprinzipien Gebrauch machen. Doch wenn sie auch kombiniert werden müssen, indem sie auf verschiedene Aufgaben und auf die entsprechenden Sektoren der Gesellschaft angewendet werden, können sie nicht in jeder beliebigen Weise gemischt werden. ... Es ist die Art und Weise, in der die beiden Prinzipien kombiniert werden, die das Wesen der verschiedenen sozialen und wirtschaftlichen Systeme bestimmt". — Vgl. auch ebenda, S. 110; 1973, S. 84.

Ordnung doch gerade darauf, daß die Individuen ihr Handeln von ihrer Kenntnis konkreter Umstände leiten lassen, die eine ‚zentrale Befehlsinstanz' unmöglich in ihrer Gesamtheit kennen kann[65].

Das konstitutive Prinzip einer spontanen Ordnung und das Bestreben, ein *konkretes Ordnungsergebnis* herbeiführen zu wollen, sind – dies ist ein grundlegendes Argument der Konzeption Hayeks – notwendigerweise miteinander unvereinbar: Da die allgemeinen Verhaltensregeln, auf denen eine spontane Ordnung basiert, den einzelnen lediglich gewisse Beschränkungen auferlegen, innerhalb deren es ihnen überlassen bleibt, ihr Handeln nach ihrer eigenen Situationseinschätzung und -bewertung einzurichten, kann das aus dem Zusammenspiel ihrer individuellen Handlungen resultierende konkrete ‚Ordnungsergebnis' nicht im vorhinein festgelegt werden. Die Beschränkung auf *allgemeine Regeln* als Mittel der Verhaltenssteuerung bedeutet *einerseits*, daß eine spontane Ordnung mehr Wissen nutzt und daher ‚komplexer' sein kann als jede, auf zentraler Koordination beruhende Organisation[66]. Sie bedeutet *andererseits* aber

---

[65] Es sei, bemerkt HAYEK (1973, S. 51), nicht nur unmöglich, „die spontane Ordnung durch Organisation zu ersetzen und gleichzeitig das zerstreute Wissen all ihrer Migleder so weit wie nur möglich zu nutzen, sondern auch, diese Ordnung dadurch zu verbessern oder zu korrigieren, daß wir durch direkte Befehle in sie eingreifen". – Der Kern des Arguments gegen ‚Eingriffe' in die spontane Marktordnung liege, so stellt Hayek (ebenda) fest, dementsprechend darin, „daß wir zwar versuchen können, eine spontane Ordnung durch eine Abänderung der Regeln zu verbessern, auf denen sie beruht, und daß wir in ihre Ergebnisse die Bemühungen verschiedener Organisationen eingehen lassen können, daß wir aber die Ergebnisse nicht durch spezielle Befehle verbessern können, die ihren Mitgliedern die Möglichkeit nehmen, ihr Wissen für ihre Zwecke zu nutzen".
Es sei beiläufig erwähnt, daß K. Mannheim – ungeachtet seiner wesentlich anderen Ausgangsperspektive – zu einer Diagnose des Problems planender Eingriffe in eine ‚spontane Ordnung' kommt, die ebenso wie die Diagnose Hayeks die Auswirkung auf die ‚Anpassungsfähigkeit' der individuellen Elemente betont: „Ungeplante, durch natürliche Selektion regulierte Felder einerseits, zielbewußt erfundene und bedachtsam eingefügte Gebilde andererseits können so lange reibungslos nebeneinander bestehen, als die Felder des Ungeplanten überwiegen. ... Wo die voraussehende Vorsorge von der Gestaltung ... der Einzelinstitution (einer Fabrik, einer Schule, einer politischen Partei ...) dazu übergeht, auch das gesellschaftliche Zusammenwirken dieser Elemente zu planen, da kann sie nicht willkürlich irgendwo auf dem Wege halt machen. Und zwar aus zwei Gründen: erstens, weil jede Planung die Mobilität und Anpassungsfähigkeit des individuellen Elementes vernichtet, zweitens, weil die Ausweichmöglichkeit und die Chance für individuelle Umstellung und Anpassung in dem noch nicht geplanten Zwischenraum immer kleiner wird" (K. MANNHEIM 1935, S. 102).

[66] Vgl. dazu HAYEK 1969, S. 11, 42, 167, 249 ff.; 1973, S. 38, 41, 50 f.

auch den Verzicht auf die Möglichkeit, „den konkreten Inhalt der Ordnung zu bestimmen" (1969, S. 169)[67].

Es sind die oben erörterten Überlegungen, die bei Hayek im Vordergrund stehen, wenn er den Prozeß der Herausbildung einer spontanen Ordnung als einen *evolutionären* Prozeß charakterisiert und von den „Zwillingsideen der Evolution und der spontanen Bildung einer Ordnung" (1969, S. 128) spricht. Für die allgemeine Beurteilung der individualistisch-evolutionistischen Theorietradition ist es recht aufschlußreich, etwas näher auf den Stellenwert einzugehen den der *Evolutionsgedanke* in der Argumentation Hayeks einnimmt. Dies soll im folgenden – die Untersuchung der Hayekschen Konzeption abschließend – geschehen[68].

Wenn Hayek die spontane oder ‚gewachsene' Ordnung als das unintendierte Ergebnis eines *evolutionären* Prozesses charakterisiert, so gehen in diese Kennzeichnung zwei, voneinander zu unterscheidende – in Hayeks Argumentation aber nicht immer ausreichend deutlich getrennte – Vorstellungen ein:

Erstens: Die (oben näher erläuterte) Vorstellung, daß in einem – lediglich durch allgemeine Regeln gesteuerten – Prozeß aus den vielfältigen separaten Handlungen der einzelnen Akteure ein *unintendiertes Gesamtresultat* (‚Ordnungsergebnis') hervorgeht.

Zweitens: Die Vorstellung, daß sich die *allgemeinen Regeln*, die die Grundlage spontaner Ordnung bilden, *selbst* in einem Prozeß allmählicher Entwicklung als unintendiertes Produkt des Zusammenspiels individueller Bestrebungen herausbilden und verändern.

Diese beiden Vorstellungen werfen unterschiedliche theoretische Probleme auf, und auch die Argumente, die Hayek zur Frage des ‚bewußten

---

[67] HAYEK 1969, S. 110 f.: „Dies ist die erste Eigentümlichkeit der spontanen Ordnung: Wir können uns zwar ihrer ordnenden Kräfte (d. h. der Regelmäßigkeiten im Verhalten ihrer Glieder) bedienen, um eine Ordnung weit komplexerer Erscheinungen zu erreichen, als es uns je durch gezielte Anordnungen möglich wäre; wenn wir dies jedoch tun, verzichten wir gleichzeitig auf einen Teil unserer Macht über die Einzelheiten dieser Ordnung. Anders ausgedrückt: Wenn wir das obengenannte Prinzip benutzen, erstreckt sich unser Einfluß nur auf den abstrakten Charakter, nicht aber auf die konkreten Einzelheiten der Ordnung". – Vgl. auch ebenda, S. 33, 35; 1973, S. 41.
[68] Vgl. zum folgenden auch VANBERG 1981.

Eingriffs in eine spontane Ordnung' anführt, müssen im Hinblick auf die beiden Vorstellungen differenziert werden[69].

Im wesentlichen auf die erstgenannte Vorstellung bezogen ist die oben wiedergegebene Argumentation, die auf die *Unvereinbarkeit* zwischen dem konstitutiven Prinzip spontaner Ordnung und dem Bestreben, bestimmte Ordnungs*ergebnisse* herbeizuführen, abstellt. Der Bezug zum Konzept der *Evolution* beruht hier darauf, daß für eine solche spontane Ordnung dasselbe gilt, was für *komplexe, evolutionäre* Strukturen generell gilt: „Da wir allenfalls die allgemeinen Regeln kennen können, denen die verschiedenen, die Struktur bildenden Elemente unterliegen, aber nicht all die individuellen Elemente und niemals all die besonderen Umstände, in denen jedes einzelne von ihnen sich befindet, wird unser Wissen auf den allgemeinen Charakter der sich selbst bildenden Ordnung beschränkt sein. Und selbst dort, wo wir — wie dies für eine menschliche Gesellschaft gilt — in der Lage sein mögen, wenigstens einige der Verhaltensregeln, denen die Elemente gehorchen, zu ändern, werden wir da-

---

[69] Daß Hayek die beiden Vorstellungen zur ‚Evolution spontaner Ordnung' und seine entsprechenden Argumente zur Frage ‚bewußter Eingriffe' nicht immer ausreichend voneinander abgrenzt, hat gewisse Unklarheiten in seiner Kritik des — von ihm so genannten — ‚*konstruktivistischen Rationalismus*' zur Folge (zu dieser Kritik vgl. etwa HAYEK 1969, S. 78 ff.; 1970, S. 6 f.; 1971, S. 65 ff.; 1973, S. 5 ff., 29 ff.). Mit diesem Namen belegt Hayek nämlich gleichermaßen zwei durchaus zu unterscheidende Auffassungen. So kritisiert er als ‚konstruktivistischen Rationalismus' einerseits die Idee einer planvollen Organisation der Gesellschaft zur Herbeiführung konkreter Ergebnisse, also etwa eine Auffassung, nach der „das wirtschaftliche Handeln aller nach einem einzigen, von einer zentralen Instanz entworfenen Plan gelenkt werden sollte" (HAYEK 1969, S. 75; vgl. auch ebenda, S. 82). Auf eine solche Auffassung zielt Hayeks Einwand ab, daß der Versuch, die „ganze Gesellschaft zu einer einzigen Organisation zu machen, die nach einem einzelnen Plan entworfen und geleitet ist" (HAYEK 1971, S. 47), zwangsläufig die ‚schöpferischen Kräfte spontaner Ordnung' zerstören muß. Den Vorwurf des ‚rationalistischen Konstruktivismus' richtet Hayek andererseits aber auch gegen die Idee einer bewußten Gestaltung der *allgemeinen Regeln*, die das ‚institutionelle Gerüst' gesellschaftlichen Verkehrs darstellen (vgl. dazu etwa HAYEK 1969, S. 133, 182, 217 f.; 1970, S. 4), wobei Hayek die gesamte vertragstheoretische Tradition in diese Kritik einbezieht (vgl. z. B. HAYEK 1969, S. 79, 233, 247; 1973, S. 21, 95). Gegen diese Version des ‚konstruktivistischen Rationalismus' richtet sich etwa Hayeks Argument, daß die ‚wünschenswerte Form' der allgemeinen Regeln „in weitem Maß durch die angesammelte Erfahrung von Jahrhunderten gefunden" (1969, S. 40) werde, wobei Hayeks Kritik hier allerdings eher der Idee einer ‚totalen Neukonstruktion des Regelsystems' gilt und nicht auf die Ablehnung jeglicher bewußter Regelgestaltung zielt. Dies ist z. B. Hayeks Bemerkung zu entnehmen, eine ‚weitere Verbesserung' der Regeln sei „mehr von einer experimentellen schrittweisen Entwicklung als von einem Neuaufbau des Ganzen zu erwarten" (ebenda; vgl. dazu auch etwa die Bemerkungen zur „Vervollkommung der abstrakten Regeln" oder zur „Verbesserung unserer Einrichtungen" in HAYEK 1969, S. 86; 1971, S. 5). – Zu Hayeks Einwänden gegen einen ‚konstruktivistischen Rationalismus' im Sinne der zweiten Version vgl. die kritischen Bemerkungen bei J. M. BUCHANAN 1977, S. 31 ff.; 1975, S. 183, 194; siehe dazu auch CH. K. ROWLEY 1978, S. 33, 42.

durch nur den allgemeinen Charakter und nicht die Einzelheiten der resultierenden Ordnung beeinflussen können" (HAYEK 1973, S. 41)[70].

Was die Vorstellung der *Evolution von Regeln* anbelangt – die Idee der „Evolution von Traditionen und Gebräuchen, die die Bildung spontaner Ordnung ermöglicht haben" (HAYEK 1969, S. 102) –, so kann hier offensichtlich nicht in analoger Weise argumentiert werden, daß eine bewußte, planvolle *Regeländerung* oder *-bildung* mit dem konstitutiven Prinzip spontaner Ordnung unvereinbar wäre. Denn – wie auch Hayek feststellt – „auch eine Ordnung, die auf geschaffenen Regeln beruht, kann in ihrem Charakter spontan sein" (1973, S. 46), wird doch auch in einem solchen Falle der „konkrete Inhalt der Ordnung von den besonderen Umständen abhängen, die nur den Individuen bekannt sind, die den Regeln unterliegen und sie auf Tatbestände anwenden, die nur sie kennen" (ebenda)[71]. Im Hinblick auf die Frage eines bewußten, planvollen Eingriffs in den Prozeß der Entwicklung von *Regeln* hebt Hayek denn auch ein – zwar verwandtes, aber – anders geartetes Argument hervor, das Argument nämlich, daß die Regeln, „die sich natürlich und allmählich im Prozeß des Wachstums der Gesellschaft herausgebildet haben, die Erfahrung von weit mehr Versuchen und Irrtümern verkörpern als irgendeine einzelne Intelligenz je erwerben könnte" (1969, S. 82), und daß es daher sehr unwahrscheinlich ist, „daß es jemandem gelingen würde, verstandesgemäß Regeln zu konstruieren, die ihrem Zweck besser dienen als jene, die sich allmählich herausgebildet haben" (1971, S. 84). Der Vorstellung bewußter Regelsetzung wird hier also das Argument entgegengesetzt, daß ‚Institutionen', die als „Ergebnis des Experimentierens vieler Generationen" (ebenda, S. 78) gewachsen sind, aufgrund der „kumulativen Einverleibung von Erfahrung" (ebenda, S. 43)[72] *Regelungsleistungen* erbringen, die den Han-

---

[70] HAYEK 1973, S. 23 f.: „Die eigentliche Theorie der Evolution bietet nicht mehr als eine Darstellung eines Prozesses, dessen Ergebnis von einer großen Zahl einzelner Tatbestände abhängen wird, die viel zu zahlreich sind, als daß wir sie in ihrer Gesamtheit kennen könnten . . . Wir sind folglich auf ‚Erklärungen des Prinzips' oder auf Voraussagen beschränkt, die sich lediglich auf das abstrakte Muster beziehen, dem der Prozeß folgen wird". – Vgl. auch Hayeks Bemerkungen zur Theorie Darwins als „Illustration einer Theorie komplexer Phänomene" (1972, S. 21 ff.).
[71] HAYEK 1973, S. 45 f.: Wenn auch „die Regeln, auf denen eine spontane Ordnung beruht, ebenfalls spontanen Ursprungs sein können, so braucht dies doch nicht immer der Fall zu sein . . . Der spontane Charakter der sich ergebenden Ordnung muß daher von dem spontanen Ursprung der Regeln, auf denen sie beruht, unterschieden werden, und es ist möglich, daß eine Ordnung, die immer noch als spontane bezeichnet werden müßte, auf Regeln beruht, die gänzlich das Ergebnis bewußter Planung sind".
[72] Zum Argument der ‚Aufspeicherung von Erfahrungen in Traditionen und Institutionen' vgl. auch z. B. HAYEK 1971, S. 36, 71 f.; 1972, S. 32.

delnden in der Regel nicht (oder doch nur zu einem geringen Teil) *bewußt* sind, und die daher auch bei bewußten Eingriffen in das Regelsystem allzuleicht unberücksichtigt bleiben[73].

Wenn Hayek den Prozeß der ‚spontanen' Entwicklung von Regeln als *evolutionären* Prozeß beschreibt, so verbindet sich bei ihm damit die recht spezifische Vorstellung eines Selektions- oder Auswahlprozesses, in dem sich jene Verhaltensweisen oder Regeln durchsetzen, „die zur Bildung einer wirksameren Ordnung der ganzen Gruppe führen" (1970, S. 11), „die die Gruppe leistungsfähiger" (1969, S. 151) machen[74]. Dieser „evolutionäre Auswahlprozeß" (ebenda, S. 149) wird nach Hayek etwa dadurch in Gang gehalten, daß Änderungen der Umwelt „eine Änderung der Ordnung..., und daher der Verhaltensregeln" (ebenda) erfordern[75]. Und diese Änderung wird sich – in einem „Prozeß der Anpassung und des Lernens" (1971, S. 51) – umso einfacher und erfolgreicher vollziehen können, je größer die „Gelegenheit für den Eintritt von Zufälligkeiten" (ebenda, S. 38), für das Entstehen von „ungeplanten Neuerungen" (ebenda, S. 42) ist, von denen – wie Hayek meint – „die unzweckmäßigen... fallen gelassen und die zweckmäßigen beibehalten werden" (ebenda, S. 46)[76]. Der Prozeß der Selektion von Regeln wird dabei von Hayek als ein Auswahlprozeß charakterisiert, der den „Wettbewerb zwischen organisierten und zwischen unorganisierten Gruppen ebenso ein-(schließt) wie den Wettbewerb zwischen Individuen", und in dem (anders als im ‚natürli-

---

[73] Die in dieser Argumentation zum Ausdruck kommende *evolutionistische* Vorstellung der Entwicklung sozialer Einrichtungen steht bei HAYEK im Vordergrund, wenn er die Schottischen Moralphilosophen als „Evolutionisten" (1971, S. 74) und ihre „Idee der Gewachsenheit von Ordnung" (1969, S. 105) als Vorläufer der späteren biologischen Evolutionstheorie bezeichnet (1969, S. 105 f. Anm.; 1971, S. 73 f.; 1973, S. 22 ff.). – Zur evolutionistischen sozialtheoretischen Konzeption der Schottischen Moralphilosophie vgl. auch Vanberg 1975, S. 22–29.

[74] HAYEK 1969, S. 102: „... die Institutionen entwickelten sich in einer bestimmten Weise, weil die Koordination der Handlungen in dem von ihnen gesicherten Bereich sich als wirksamer erwies als die durch alternative Institutionen, mit denen sie konkurriert und die sie verdrängt hatten".

[75] HAYEK 1971, S. 36: „Jede Änderung in den äußeren Umständen wird eine gewisse Änderung in ... Gewohnheiten und Bräuchen notwendig machen. ...Jede Änderung schafft so in gewissem Sinn ein ‚Problem' für die Gesellschaft, obwohl kein Einzelner es als solches empfindet; und es wird allmählich ‚gelöst' durch die Herausbildung einer neuen allgemeinen Ordnung".

[76] Da dieser evolutionäre Prozeß von Neuerungen abhängt, von „der Auffindung des noch nicht Bekannten", müssen – wie HAYEK (1971, S. 51) bemerkt – „die Ergebnisse unvoraussagbar sein". Unser Bemühen um ein Verständnis des Prozesses könne daher, so Hayek (ebenda, S. 43 f.), „kaum über den Versuch hinausgehen, an vereinfachten Modellen den Charakter der hier wirkenden Kräfte aufzuzeigen und mehr auf das allgemeine Prinzip als den speziellen Charakter der wirkenden Einflüsse hinzuweisen".

chen Selektionsprozeß') „die Auswahl durch Nachahmung der erfolgreichen Institutionen und Bräuche" (ebenda, S. 74) den entscheidenden Faktor darstellt[77].

Was die skizzierte evolutionistische Konzeption Hayeks anbelangt, so sind im vorliegenden Zusammenhang weniger die Einzelargumente als vielmehr die argumentative Grundtendenz von Interesse, ist doch der hier zum Ausdruck kommende ‚evolutionistische Optimismus' offenkundig einer der Gründe, aus denen die Frage der Erklärung *organisierten Handelns* innerhalb der individualistisch-evolutionistischen Tradition nur am Rande in die theoretische Diskussion einbezogen wurde. Hayeks Argumentation — und dies ist für die individualistisch-evolutionistische Tradition allgemein charakteristisch — lenkt die Aufmerksamkeit vornehmlich darauf, daß (und aus welchen Gründen) aus dem ‚spontanen' Zusammenwirken der ihre individuellen Ziele vorfolgenden Akteure unintendiert *‚sozial vorteilhafte'* (im Interesse aller Beteiligten liegende) *Gesamtresultate* hervorgehen können. Bei Hayek steht in diesem Zusammenhang, wie gezeigt wurde, das *Informationsproblem* im Mittelpunkt, das Argument, daß in einen spontanen Prozeß mehr Wissen eingeht, als einer bewußt planenden Instanz überhaupt verfügbar sein kann. Dies ist der gemeinsame Kern der beiden oben unterschiedenen Aspekte: Der *dezentralen Verwertung von Wissen* bei einer lediglich auf allgemeinen Regeln beruhenden Koordination, und der *Aufspeicherung von Erfahrungen* in allmählich gewachsenen Institutionen.

Nun schließt natürlich dieses Informationsargument, obschon ihm ohne Zweifel ein großes Gewicht zukommt, keineswegs aus, daß spontane Prozesse auch zu (für die betroffenen Akteure) *unerwünschten* unintendierten sozialen Gesamtresultaten führen können, ja u. U. zu Ergebnissen, die den Interessen *aller* Beteiligten zuwiderlaufen[78]. Daß es in diesem Sinne soziale Konstellationen gibt, bei denen es sehr wohl im Interesse der beteiligten Akteure liegen kann, ihr Handeln planvoll aufeinander abzustimmen, also *bewußt zu organisieren*, wird auch von Hayek keineswegs

---

[77] Die ‚Regeln des Rechts, der Moral, der Sitte usw.' seien, so bemerkt HAYEK (1970, S. 9), zum großen Teil „durch einen Selektionsprozeß entstanden, in dem die Gruppen, die eine wirksamere Ordnung bildeten, andere verdrängten (oder von den anderen imitiert wurden), oft ohne daß sie wußten, welchem Umstand sie ihre Überlegenheit verdankten". — Vgl. dazu auch HAYEK 1973, S. 99, 169.
[78] Es sei, so bemerkt auch M. POLANYI (1951, S. 157) bei seiner Kennzeichnung der ‚*spontanen Ordnung*', „keineswegs berechtigt, anzunehmen, (1) daß jedes denkbare Koordinationsproblem durch eine solche Methode gelöst werden kann, oder (2) daß jeder einzelne Fall freier wechselseitiger Anpassung zwischen Individuen zu einem wünschenswerten Ergebnis führt".

übersehen oder geleugnet. Es sei unzweifelhaft, so bemerkt er etwa, „daß für viele begrenzte Ziele Organisation die leistungsfähigste Methode wirksamer Koordination ist, da sie es uns ermöglicht, die sich ergebende Ordnung unseren Wünschen viel stärker anzupassen" (1973, S. 46). Und auch was die Entwicklung allgemeiner Regeln anbelangt, so räumt Hayek durchaus die Möglichkeit ein, daß eine Korrektur des spontanen Entwicklungsprozesses durch bewußte Regelsetzung unter Umständen unumgänglich sein kann, da — wie er bemerkt — „der Prozeß spontanen Wachstums aus allerlei Gründen in eine Sackgasse führen mag, aus der er sich aus eigener Kraft nicht oder zumindest nicht schnell genug befreien kann" (ebenda, S. 88). — Allerdings haben solche Hinweise eher den Stellenwert von Randbemerkungen[79]. Sie werden jedenfalls nicht zum Anlaß genommen, auch die besonderen Bedingungen *organisierten* oder *korporativen Handelns* und die Spezifik korporativer Strukturen zum Gegenstand detaillierterer Klärungsbemühungen zu machen.

Es ist — dies wird weiter unten (Kapitel 4) eingehender zu zeigen sein — gerade die Problematik sozialer Konstellationen, in denen das ‚spontane Zusammenspiel' individueller Bestrebungen zu einem für alle Beteiligten *unerwünschten* Ergebnis führt, die zwangsläufig die theoretische Aufmerksamkeit auf die Frage *organisierten* oder *korporativen Handelns* hinlenken muß. Und es war charakteristischerweise auch die stärkere Beachtung derartiger sozialer Konstellationen, die innerhalb der Ökonomie die Entwicklung jener neueren Theorieansätze förderte, in deren Zentrum das Bemühen steht, den ‚individualistischen ökonomischen Erklärungsansatz' in systematischer Weise auf die Probleme korporativen Handelns anzuwenden.

Bevor jedoch auf die damit angedeuteten Zusammenhänge näher eingegangen wird, soll zunächst noch die Problematik der Abgrenzung von Marktstrukturen und korporativen Strukturen etwas weiter verfolgt werden, und zwar unter Bezug auf gewisse *juristische* Abgrenzungsprobleme, die eine deutliche Parallelität zu den hier erörterten sozialtheoretischen Fragestellungen erkennen lassen. Dieser Exkurs in die juristische Diskussion wird insbesondere unter zwei Gesichtspunkten vorgenommen: Er soll einerseits deutlich machen, daß dort zu findende Argumente auch für die hier interessierende sozialtheoretische Problematik von Belang sind. Und er soll andererseits prüfen, inwieweit die hier vorgenommene Gegenüberstellung von *Austauschmodell* und *Modell der Ressourcenzusam-*

---
[79] Vgl. dazu auch die Bemerkungen in HAYEK 1969, S. 86; 1971, S. 44, 46, 84.

menlegung auch für die Klärung juristischer Abgrenzungsprobleme hilfreich sein könnte.

3. ‚Individualrecht' und ‚Sozialrecht': Die Abgrenzung von Austauschnetzwerken und korporativen Strukturen als Rechtsproblem

Da das Recht — wie COLEMAN (1979, S. 1) es formuliert — sich „der tatsächlich auftretenden Probleme sozialer Organisation annehmen" muß, da es Regelungsmodelle für die Probleme menschlichen Zusammenwirkens anzubieten hat, kann man erwarten, daß *typische Strukturprobleme sozialer Realität* in der *Struktur des Rechts* ihre Widerspiegelung finden. Entsprechend sollte auch für die hier vorgenommene Gegenüberstellung von *Austauschnetzwerken* oder *Marktstrukturen* einerseits und *korporativen Strukturen* andererseits zu erwarten sein, daß die charakteristischen Unterschiede der beiden Strukturtypen ihren Niederschlag in unterschiedlichen rechtlichen Regelungstypen finden, — etwa im Sinne einer Unterscheidung wie sie HAYEK mit seiner oben (S. 96 f.) erwähnten Gegenüberstellung von ‚allgemeinen Verhaltensregeln' und ‚Organisationsregeln' angesprochen hat.

Ein juristisches Abgrenzungsproblem, das der hier behandelten sozialtheoretischen Unterscheidung von Austauschnetzwerken und korporativen Strukturen offensichtlich analog ist, liegt der Diskussion um die Abgrenzung von *Austauschvertrag* und *Gesellschaftsvertrag* zugrunde. Ansatzpunkt dieser Diskussion ist die Gesetzesformulierung (§ 705 BGB), die als ‚Inhalt des Gesellschaftsvertrages' angibt, daß sich die Gesellschafter ‚*gegenseitig verpflichten*', die Erreichung eines gemeinsamen Zwecks zu fördern[80]. Die an diese Formulierung anknüpfende Frage, ob der Gesellschaftsvertrag ein *gegenseitiger* Vertrag ist, wird allgemein als umstritten bezeichnet (LARENZ 1968, S. 287; HUECK 1972, S. 27), wobei aus *sozialtheoretischer* Perspektive die in diesem Zusammenhang vorgebrachten

---

[80] Die Gesetzesformulierung (§ 705) lautet: „Durch den Gesellschaftsvertrag verpflichten sich die Gesellschafter gegenseitig, die Erreichung eines gemeinsamen Zweckes in der durch den Vertrag bestimmten Weise zu fördern, insbesondere die vereinbarten Beiträge zu leisten". — Neben der Formel von der ‚gegenseitigen Verpflichtung' gibt auch die Einordnung des Gesellschaftsvertrages innerhalb des besonderen Schuldrechts Anlaß zu der o.g. Diskussion.

Argumente recht aufschlußreich sind[81]. Wenn im folgenden auf einige dieser Argumente etwas näher eingegangen wird, so sei dazu angemerkt, daß hier lediglich ein *spezifischer Aspekt* hervorgehoben werden soll, und daß dabei von dem Umstand abgesehen wird, daß die zitierten Autoren sich in ihrer Grundorientierung – als eher vertragsrechtlich bzw. korporativ ausgerichtet – sehr wohl voneinander unterscheiden.

A. HUECK (1972, S. 27) etwa meint, sofern „man das Wesen des gegenseitigen Vertrages im Austausch von zwei Leistungen" erblicke, sei „der Gesellschaftsvertrag kein gegenseitiger Vertrag", und er betont: „Der Gesellschaftsvertrag ist zweifellos *kein Austauschvertrag*. Die Parteien tauschen nicht Leistungen aus, sondern verpflichten sich zur Mitwirkung bei Erreichung eines gemeinsamen Zwecks" (ebenda)[82]. Ebenso betont K. LARENZ (1968, S. 286), daß „sich der Gesellschaftsvertrag *grundlegend vom Austauschvertrag*" unterscheidet, wobei er zur Begründung feststellt: „Die Gesellschafter tauschen ihre Leistungen nicht in der Weise aus, daß jeder der Empfänger der Leistungen des anderen ist, sondern sie vereinigen ihre Leistungen, um mit Hilfe dieser Leistungsvereinigung den gemeinsamen Zweck zu erreichen"[83]. Und ausdrücklich auf den Unterschied von Austauschstrukturen und korporativen Strukturen stellt G. TEUBNER (1980, RZ. 17) ab, wenn er meint, angesichts „der prinzipiellen Trennung von Tauschsystemen... und Kooporativsystemen... dürfte deutlich sein, daß eine Gesellschaft mit Vorstellungen vertraglicher Reziprozität nicht adäquat zu erfassen ist"[84]. Entsprechend ist der Gesell-

---

[81] Die juristische Bedeutung dieser Kontroverse liegt, dies sei erwähnt, vornehmlich in den Folgerungen für die Frage, ob die Bestimmungen über ‚gegenseitige Verträge' (§§ 320 ff. BGB) auf Gesellschaftsverträge anwendbar sind.

[82] Zu den Vorschriften über ‚gegenseitige Verträge' (§§ 320 ff. BGB) merkt HUECK (1972, S. 28) an, sie seien „in erster Linie auf Austauschverträge zugeschnitten", gingen „von einem Zweiparteienverhältnis" aus.

[83] In der Fortführung des Zitats heißt es bei LARENZ (1968, S. 268 f.): „Was der einzelne aus der Gesellschaft für sich erlangt, das erlangt er nicht unmittelbar von den Mitgesellschaftern, sondern... aus dem Ertrag der gemeinsamen Tätigkeit... Ob und in welcher Höhe er für seinen eigenen Beitrag einen entsprechenden Vorteil erlangt, das hängt also stets von dem Erfolg der gemeinsamen Bemühungen ab". – Auf die in der Formulierung von Larenz bereits anklingende Parallelität zwischen der juristischen Interpretation des Gesellschaftsverhältnisses und dem sozialtheoretischen Modell der Ressourcenzusammenlegung wird im folgenden noch ausführlicher einzugehen sein.
Erwähnt sei, daß auch LARNZ (1968, S. 287) die Auffassung vertritt, die Bestimmungen über ‚gegenseitige Verträge' seien „nur auf Austauschverträge" zugeschnitten, und es sei der begrifflichen Klarheit „dienlich, den Begriff des ‚gegenseitigen Vertrages', für den die §§ 320 ff. gelten, auf Austauschverträge zu beschränken und ihn nicht auf die davon wesensverschiedene Gesellschaft auszudehnen" (ebenda, S. 287 f.).

[84] Bei seiner Unterscheidung von ‚Tauschsystemen' und ‚Kooperationssystemen' bezieht TEUBNER sich auf die oben (S. 84 f.) erwähnte Argumentation von N. Luhmann.

schaftsvertrag nach Teubner „nicht als gegenseitiger Vertrag, sondern als ‚Kooporativvertrag' . . . zu qualifizieren" (ebenda), als ein Vertrag, bei dem es „um die Begründung eines ‚organisierten sozialen Systems'" (ebenda, RZ. 1) geht, in dem die Beteiligten „Mitgliedschaftsrechte" haben[85].

Als primäres Abgrenzungskriterium, aufgrund dessen Gesellschaften als ‚Kooperativsysteme' von ‚Austauschverträgen' zu unterscheiden sind, nennt TEUBNER (ebenda, RZ. 18) die Ausrichtung der „Handlungskoordination auf einen Organisationszweck", womit eben jener ‚gemeinsame Zweck' angesprochen ist, der in der Formulierung des § 705 als konstitutives Kriterium des Gesellschaftsvertrages erscheint. Nun hat sich in der juristischen Diskussion gerade dieses Kriterium als wenig operational und als außerordentlich interpretationsbedürftig erwiesen[86], und es ist im vorliegenden Zusammenhang von Interesse, einen Blick auf einige entsprechende Spezifikationsversuche zu werfen[87]. Zeigt sich doch dabei, daß die Bemühungen um eine juristische Operationalisierung des als ‚gemeinsamer Zweck' umschriebenen Kriteriums zu Formulierungen führt, die der Vorstellung des *Modells der Ressourcenzusammenlegung* recht nahe kommen.

---

[85] TEUBNER (1980, RZ. 7 und 11): „Es geht bei der Gesellschaftsgründung . . . um die Gründung einer Organisation als selbständiger Wirkungs- und Handlungseinheit. . . . Der hier vertretene Ansatz faßt den Gesellschaftsvertrag als einen . . . *Organisationsvertrag*". — Vgl. auch HUECK (1972, S. 26): „Die Gesellschafter sind . . . Mitglieder einer sozialrechtlichen Gemeinschaft. Der Gesellschaftsvertrag ist auf Herstellung dieser Gemeinschaft gerichtet, er ist gemeinschaftsbegründender Vertrag". Ähnlich heißt es auch bei LARENZ (1968, S. 288), die Gesellschaft sei „eine *sozialrechtlich verbundene Personengemeinschaft*, die als solche eines Mindestmaßes an Organisation bedarf", wobei — wie LARENZ (ebenda, Anm.) anmerkt — das Attribut ‚sozialrechtlich' darauf hinweisen soll, daß es hier um ‚sozialrechtliche Normen' i.S. von ‚Organisationsnormen' geht. — Auch bei H. WESTERMANN (1975, RZ. 22) wird die Gesellschaft als „sozialrechtliches Gebilde" charakterisiert.

[86] W. FIKENTSCHER 1974, S. 89: „Die Definition des gemeinsamen Zwecks ist unsicher". — J. SCHULZE-OSTERLOH 1973, S. 2: „Trotz dieser zentralen Bedeutung des Tatbestandsmerkmals des gemeinsamen Zwecks kann von einer sicheren Bestimmung seines Inhalts noch keine Rede sein".

[87] Dabei soll hier freilich kein Überblick über das gesamte Spektrum der in Erwägung gezogenen — und z.T. verworfenen — Interpretationsmöglichkeiten gegeben werden. FIKENTSCHER (1974, S. 92) spricht von einem ‚recht buntscheckigen Bild', das „die Autoren des einschlägigen Schrifttums entwerfen", und zählt als ‚Elemente, die die Gemeinsamkeit des Zwecks begründen sollen', auf: „nicht bloße Gleichgerichtetheit der Zwecke, sondern Teilung von Vorteilen, gegenseitige Hilfeleistung, Interessenverflechtung über bloße Abgrenzungen hinaus, beiderseitige Verpflichtungen und gemeinsame Einrichtungen". — Allgemein als unstreitig gilt wohl, daß der ‚gemeinsame Zweck' von den (juristischer Nachprüfung ja auch wohl ohnehin schwerlich zugänglichen) individuellen *Motiven* zu unterscheiden ist, aus denen die einzelnen der Gesellschaft beitreten.

So kommt etwa W. FIKENTSCHER (1974, S. 93) in seiner Untersuchung über „Begriff und Funktion des ‚Gemeinsamen Zwecks'" zu der Interpretation, im Kern gehe es hier um den Gedanken, „daß zunächst etwas zusammengefügt werden muß, was dann Zweck der Gesellschaft heißt, und daß darüber hinaus die daraus fließenden Ergebnisse allen Gesellschaftern ... zum Vorteil gereichen sollen". Es gehe hier, so Fikentscher, um den Gedanken „des Zusammenfügens und danach Teilens oder, umgekehrt ausgedrückt, der Verfolgung eigener Vorteile über den Umweg einer Zusammenfügung" (ebenda)[88]. Ähnlich sieht auch U. HÜFFER (1977, S. 2) das entscheidende Kriterium für das Vorliegen eines gemeinsamen Zwecks darin, daß die Vertragsparteien „ihre Mittel zusammenlegen, um gerade durch den vereinten Einsatz ihre individuellen Interessen zu verwirklichen."

Bei der Darstellung des Modells der Ressourcenzusammenlegung (S. 10 ff.) wurden das ‚Problem kollektiver Entscheidung' und das ‚Problem der Verteilung des Korporationsertrages' als die beiden Grundprobleme korporativen Handelns bezeichnet, die sich zwangsläufig ergeben, wenn Ressourcen mehrerer Akteure zusammengelegt und einer gemeinsamen oder einheitlichen Disposition unterstellt werden. Es sind charakteristischerweise eben diese beiden Probleme, die auch in der gesellschaftsrechtlichen Diskussion betont werden und zentraler Gegenstand gesellschaftsrechtlicher Normierung sind. Die Verpflichtung der Gesellschafter „zu einem Zusammenwirken für einen gemeinsamen Zweck" bedeute, so stellt etwa LARENZ (1968, S. 288) fest, daß gewisse Angelegenheiten „fortan nicht nur Angelegenheiten jedes einzelnen Gesellschafters, sondern *gemeinsame Angelegenheiten* aller" seien. Wo es aber „gemeinsame Angelegenheiten einer Mehrheit von Personen" gebe, da müsse es „Regeln darüber geben, wie und von wem diese Angelegenheiten wahrgenommen werden sollen und in welcher Weise der einzelne hieran beteiligt sein soll" (ebenda). Und eben diese (sozialrechtlichen) Regeln sind, wie Larenz bemerkt, Inhalt des Gesellschaftsvertrages: Er regelt „die Organisation, die mitgliedschaftlichen Rechte auf Mitwirkung" sowie die „Teilnahme am Gewinn und am Risiko" (ebenda, S. 291). Auf den gleichen

---

[88] FIKENTSCHER 1974, S. 91: „Beim gemeinsamen Zweck wird zunächst etwas zusammengefügt, um später wieder geteilt zu werden. Die Zusammenfügung erfolgt, um die spätere Teilung im Interesse der Mitglieder zu ermöglichen. ... Nach der Zusammenfügung ... bedarf es, jedenfalls in der Motivierung der Verfolger des gemeinsamen Zwecks, einer Aufteilung des Ergebnisses. Denn ... der gemeinsame Zweck ist Mittel zur Verfolgung von Einzelzwecken". – Vgl. auch ebenda, S. 106, 108, 116.

Sachverhalt nimmt U. Hüffer (1977, S. 4) bezug, wenn er als wichtige Anhaltspunkte für das Vorliegen eines gemeinsamen Zwecks die „Beteiligung an einem etwa eintretenden Verlust" und die „Mitwirkung an der Geschäftsführung" erwähnt, und primär auf das Verteilungsproblem stellt J. Schulze-Osterloh (1973) ab, wenn er die „Beteiligung am Ergebnis" (ebenda, S. 25) als das entscheidende Kriterium für das Vorliegen eines ‚gemeinsamen Zwecks' betont[89].

Wenn einleitend bemerkt wurde, es bestehe eine Analogie zwischen dem sozialtheoretischen Problem der Unterscheidung von Austauschnetzwerken und korporativen Strukturen und dem juristischen Problem der Abgrenzung von Austauschvertrag und Gesellschaftsvertrag, so gilt dies freilich nur mit gewissen Einschränkungen. Im Sinne der obigen Darstellung des Modells der Ressourcenzusammenlegung ist das spezifische Merkmal, das korporative Strukturen von Austauschnetzwerken unterscheidet, darin zu sehen, daß mehrere Akteure irgendwelche Ressourcen in einen gemeinsamen ‚Pool' einbringen, über den dann einheitlich (zentral) disponiert wird[90]. Diese Definition korporativer Strukturen (resp. ‚korporativer Akteure') läßt die Frage offen, unter welchen Konditionen die Beteiligten ihre jeweiligen Ressourcen einbringen. Und was diese Frage anbelangt, so wurden oben (vgl. Matrix, S. 22) — ausgehend von den grundsätzlichen Alternativen bei der Regelung der beiden Grundprobleme korporativen Handelns: des Entscheidungs— und des Verteilungsproblems — vier Bedingungskonstellationen unterschieden: (a) (Mit-) Verfügungsrecht/Residualeinkommen, (b) kein (Mit-) Verfügungsrecht/Residualeinkommen, (c) (Mit-) Verfügungsrecht/Kontrakteinkommen, und (d) kein (Mit-) Verfügungsrecht/Kontrakteinkommen. Von diesen vier Bedingungskonstellationen entspricht nur eine — nämlich (a) — der Spezifik des *Gesellschaftsvertrages*. ‚Gesellschafter' im juristischen Sinne sind allein die Ressourceneinbringer, die Mitverfügungsrechte über den Ressourcenpool haben und ein Residualeinkommen — bzw. ein *ergebnisab-*

---

[89] Für die „Gemeinsamkeit des Zwecks" kommt es nach J. Schulze-Osterloh (1973, S. 21) auf die Vereinbarungen an, „welche die Beteiligten über die Verteilung des jeweils erzielten Ergebnisses getroffen haben". Es sei, so Schulze-Osterloh, „die Gemeinsamkeit des Zwecks an der Ergebnisbeteiligung zu messen" (ebenda, S. 49). Der verfolgte Zweck sei „nur für diejenigen Beteiligten ein gemeinsamer, die das jeweils erzielte Ergebnis sowohl in positiver als auch in negativer Hinsicht gleichartig trifft" (ebenda, S. 66).

[90] Genauer formuliert: Die einzelnen Beteiligten räumen der ‚Instanz', die das Verfügungsrecht über den Ressourcenpool hat (dies kann z. B. die *Gruppe* der Ressourceneinbringer sein), gewisse (mehr oder weniger zeitlich befristete und sachlich eingegrenzte) *Dispositionsbefugnisse* oder *Kontrollrechte* über die von ihnen eingebrachten Ressourcen ein.

hängiges Einkommen – beziehen[91]. Die mit der juristischen Unterscheidung von Austauschvertrag und Gesellschaftsvertrag gezogene Grenzlinie deckt sich also nicht mit der sozialstrukturellen Unterscheidung von Austauschnetzwerken und korporativen Strukturen[92]. Von einer direkten Analogie zwischen *sozialstruktureller* und *rechtlicher* Abgrenzung könnte man lediglich dann sprechen, wenn die verschiedenen Formen der ‚Anbindung' an einen korporativen Akteur – also die Bedingungskonstellationen (b), (c) und (d) ebenso wie (a) – als Rechtsbeziehungen besonderer Art von ‚reinen' (für Marktstrukturen charakteristischen) Austauschbeziehungen abgehoben würden.

---

[91] Die ‚Gesellschaft' im juristischen Sinne entspricht also dem hier als ‚*genossenschaftlich-demokratisch*' bezeichneten Grundmuster korporativen Handelns. Die Gruppe der Gesellschafter ist – als *Gruppe* – die ‚Instanz', die das Recht zur Disposition über den Ressourcenpool hat: „Die zu dem gemeinschaftlichen Vermögen gehörenden Gegenstände (d.h. Rechte) stehen den Gesellschaftern nicht als einzelnen, sondern allen zusammen in ihrer Verbundenheit zu; sie können folglich nur gemeinschaftlich darüber verfügen" (LARENZ 1968, S. 290).

[92] R. REINHARDT (1973, S. 1) stellt den „Austauschverträgen des Schuldrechts" (i.e. „den Verträgen über die Einräumung von Nutzungen, ... über Dienstleistungen und ... über die Eigentumsübertragung") die (gesellschaftsrechtlichen) Verträge gegenüber, bei denen „mehrere Individuen ihre ... *Kräfte vereinigen und zu gemeinsamer Aktion zusammenfassen*" (ebenda, S. 2), und spricht von diesem ‚vereinigenden' Prinzip als „dem ‚*genossenschaftlichen*' Prinzip" (ebenda). Gegenübergestellt werden also nicht Austauschnetzwerke und korporative Strukturen, sondern Austauschnetzwerke und ‚genossenschaftlich-demokratische korporative Strukturen'. – Eine solche Gegenüberstellung findet sich auch bereits in R. v. JHERINGS (1884) Unterscheidung zwischen ‚*Assoziationsrecht*' und ‚*Recht des Tauschverkehrs*'. Der zwischenmenschliche Verkehr umfaßt nach Jhering „zwei Gruppen von Geschäften, von denen nur die eine den Austausch von Leistungen, die andere dagegen die Vereinigung mehrerer zu einem gemeinschaftlichen Zweck zum Motiv hat" (ebenda, S. 124). *Austausch* und *Assoziation* seien, so JHERING (ebenda, S. 125), die „beiden Grundformen des Verkehrslebens", eine „dritte Grundform" gebe es nicht und könne es nicht geben. Als Kennzeichen der ‚Assoziation' – sie umfaßt „alle Gemeinschaften, Genossenschaften, Vereine von den niedersten bis zu den höchsten, zu Staat und Kirche (ebenda, S. 215) – erscheint auch bei JHERING (ebenda, S. 208 ff.) der Gedanke des ‚Zusammenlegens von Mitteln und nachherigen Teilens'. Interessanterweise spricht Jhering dabei auch das hier erörterte Problem der unterschiedlichen *Konditionen* bei der ‚Zusammenlegung von Mitteln' an, allerdings ohne daraus besondere Folgerungen für sein Schema ‚Tauschverkehr vs. Assoziation' abzuleiten. Die „Vereinigung der erforderlichen Mittel durch Zuhilfenahme eines Anderen" sei, so stellt JHERING (ebenda, S. 211) fest, „nicht bloß in Form der Sozietät möglich, sondern auch in der des Tauschvertrages". Alles und jedes, was zu einem Unternehmen erforderlich sei, könne man sich, so meint Jhering, „eben so gut in der einen wie in der anderen Form verschaffen" (ebenda), wobei er zu der Frage, welche „juristischen Folgen sich an die Wahl der einen und anderen Form knüpfen" (ebenda) bemerkt: „Einfluß der zur Beihilfe herangezogenen Person auf die Geschäftsführung in dem einen, Einflußlosigkeit derselben in dem andern Fall, Gemeinschaft des Gewinns und Schadens in jenem, Beschränkung auf die ein für alle Mal stipulierte Vergütung in diesem – das ist jedem Juristen so bekannt, daß ich darüber kein Wort weiter verliere" (ebenda, S. 211 f.).

Nun findet man zwar eine solche Abgrenzung in der Rechtssystematik nicht. Aber es gibt in der juristischen Diskussion eine Reihe von Hinweisen, die als Indiz dafür gewertet werden können, daß sich die (im Sinne des Modells der Ressourcenzusammenlegung unterstellte) Unterschiedlichkeit von ‚reinen' Austauschbeziehungen und *korporativen Beziehungen* – auch über den spezifisch gesellschaftsrechtlichen Bereich hinaus – als *Rechtsproblem* bemerkbar macht. So vermerkt etwa J. Schulze-Osterloh, die Unterteilung in „zwei Gruppen von Rechtsverhältnissen", nämlich in *‚Austauschgeschäfte'* und *‚Gesellschaften'* habe „durch die Rechtsentwicklung viel an Schärfe verloren" (1973, S. 1). Habe sich doch herausgestellt, „daß es eine Fülle von Rechtsverhältnissen gibt, die sowohl Elemente eines Austauschvertrages als auch Elemente einer Gesellschaft enthalten", und von denen man insofern als „gesellschaftsähnlichen Rechtsverhältnissen" spreche, um auszudrücken, daß sie „zwischen Austauschgeschäften und Gesellschaften stehen" (ebenda)[93]. Schulze-Osterloh geht in diesem Zusammenhang insbesondere auf das Problem der sog. ‚partiarischen Rechtsverhältnisse' ein (vgl. ebenda, S. 2 f. und S. 30), womit ‚Dauerschuldverhältnisse' (z. B. Pacht, Darlehen) gemeint sind, bei denen der ‚Ressourceneinbringer' am Ertrag des ‚gemeinsamen Unternehmens' beteiligt ist, aber keinen Einfluß auf die Disposition über die eingebrachten Ressourcen hat[94]. Ein solches ‚partiarisches Rechtsverhältnis' würde also der oben als Fall (b) (kein Mitverfügungsrecht/Residualeinkommen) erwähnten Bedingungskonstellation für die Einbringung von Ressourcen entsprechen. Der Bedingungskonstellation (c), also ‚Mitverfügungsrecht/Kontrakteinkommen', würde ein ‚gesellschaftsähnliches Rechtsverhältnis' entsprechen, bei dem etwa ein Darlehensgeber sich „Mitsprache- und Kontrollrechte einräumen" (LARENZ 1968, S. 286) läßt.

Bedeutsamer als die Frage der ‚gesellschaftsähnlichen Rechtsverhältnisse', die den Mischkonditionen (b) und (c) entsprechen, ist das Problem der rechtlichen Qualifizierung der Verträge, die der Bedingungskonstellation (d) (‚kein Mitverfügungsrecht/Kontrakteinkommen') zuzuordnen

---

[93] SCHULE-OSTERLOH 1973, S. 30: „Vielmehr sind das reine Austauschgeschäft und die Gesellschaft jeweils Endpunkte einer Reihe dazwischenliegender Rechtsverhältnisse, die in unterschiedlicher Zusammensetzung sowohl Elemente des Austausches als auch der gemeinsamen Zweckverfolgung ... enthalten".

[94] LARENZ 1968, S. 285 f.: Bei den „sog. *partiarischen Verträgen* ... handelt es sich um entgeltliche Verträge (z.B. Pacht, Dienstvertrag oder Darlehen), bei denen das Entgelt des einen in einer Beteiligung an dem mit Hilfe seiner Leistung von dem anderen erzielten Ertrag oder Gewinn besteht ... Während es für die Gesellschaft typisch ist, daß die Gesellschafter als Gleichberechtigte ... tätig werden, wird beim partiarischen Vertrag der eine Teil unter eigener Verantwortung ... tätig".

sind, wobei hier — unter sozialtheoretischen Aspekten — vor allem jene Verträge von Interesse sind, die die Anbindung der ‚Angestellten oder Agenten der Korporation' (vgl. oben S. 22) regeln, also die Einbringung der Ressource ‚menschliche Arbeitskraft'[95]. Im juristischen Sinne handelt es sich dabei um das Problem des ‚Dienstvertrages', oder spezifischer um das Problem des — das ‚Dienstverhältnis unselbständig Tätiger' regelnden — ‚Arbeitsvertrages'. Wie LARENZ (1968, S. 200) feststellt, versteht das Gesetz „den Dienstvertrag... als einen *gegenseitigen Vertrag*, wobei die geleisteten Dienste und die dafür gewährte Vergütung im Austauschverhältnis stehen". Gegenüber einer solchen ‚Austausch-Interpretation' werde allerdings, so bemerkt Larenz, für „den Arbeitsvertrag... mit guten Gründen eine etwas andere Auffassung vertreten" (ebenda), und zwar mit dem Hinweis darauf, daß „sich hier der Arbeitnehmer nicht nur zu einzelnen Dienstleistungen" verpflichte, sondern dazu, dem Arbeitgeber „seine Arbeitskraft für eine gewisse Zeit zur Verfügung zu stellen und sich seinem Betriebe oder häuslichen Bereich einzuordnen" (ebenda)[96]. Das von daher im Arbeitsverhältnis enthaltene ‚personenrechtliche' Element *modifiziere* aber, wie Larenz meint, „die schuldrechtliche Grundstruktur, insbesondere den strengen Austauschcharakter der Leistungen" (ebenda, S. 201). Wegen der „Intensität der Bindungen und wegen seiner ‚existentiellen' Bedeutung für den Arbeitnehmer" (ebenda, S. 201, Anm.) sei das Arbeitsverhältnis als ein Dauerschuldverhältnis anzusehen, das „den Charakter eines ‚personenrechtlichen Gemeinschaftsverhältnisses'" (ebenda) habe. In ähnlichem Sinne stellt HUECK (1972, S. 26) — im Zusammenhang mit der Charakterisierung des Gesellschaftsvertrages als eines ‚gemeinschaftsbegründenden Vertrages' — fest, auch den Arbeitsvertrag könne man „als personenrechtlichen Vertrag und das aus ihm entspringende Arbeitsverhältnis als personenrechtliches Gemeinschaftsverhältnis" bezeichnen. Wenn man, dies schließt HUECK (ebenda, S. 27) als

---

[95] Inwieweit es sinnvoll und zweckmäßig sein mag, auch im Hinblick auf die entsprechende Einbringung andersartiger Ressourcen — im juristischen Sinne geht es dabei um ‚Dauerschuldverhältnisse' (Miete, Pacht, Darlehen...) — *korporationsbezogene* Verträge gegenüber ‚einfachen' Austauschverträgen abzugrenzen, soll hier nicht weiter erörtert werden.

[96] LARENZ 1968, S. 197: „Kennzeichnend für das Arbeitsverhältnis ist danach insbesondere, daß der Arbeitnehmer hinsichtlich der Art der Ausführung und, innerhalb gewisser Grenzen, auch der Art der von ihm zu verrichtenden Tätigkeit selbst, dem *Weisungsrecht* (‚Direktionsrecht') des Arbeitsgebers unterliegt". — Vgl. auch W. FIKENTSCHER 1973, S. 461: Durch den *Arbeitsvertrag* wird jemand „zu Dienstleistungen... *in sozial abhängiger Stellung* verpflichtet. Die soziale Abhängigkeit gründet sich in der Regel auf eine *Eingliederung* in einen fremden *Betrieb* oder *Haushalt*".

Überlegung an, bei den „Gemeinschaftsverträgen" — statt der schuldrechtlichen Akzentuierung des BGB — den „Schwerpunkt mehr auf die Begründung der Gemeinschaft" legen würde, so könnte dies „systematisch zu einer Trennung des Gemeinschaftsrechts (Gesellschaftsrecht und Arbeitsvertragsrecht) vom Recht der gewöhnlichen Schuldverträge, insbesondere der Austauschverträge führen"[97]. Dies sei allerdings, so fügt Hueck hinzu, „nicht der Standpunkt des geltenden Rechts" (ebenda).

Unter dem Stichwort ‚Unternehmensrecht' ist das Problem des Verhältnisses von Gesellschafts- und Arbeitsvertragsrecht ausführlicher diskutiert worden, und zwar im Hinblick auf die Frage, wie die Wirtschaftseinheit ‚Unternehmen' auch als *rechtliche Einheit* zu fassen sei, der ‚Unternehmer, Kapitaleigner und Arbeitnehmer als Mitträger' zugerechnet werden[98]. Ausgangspunkt dieser Diskussion ist der Umstand, daß im Sinne der traditionellen gesellschafts- und arbeitsvertragsrechtlichen Systematik allein die Stellung der Anteilseigner als ‚verbandsinterne', ‚mitgliedschaftliche' Stellung im Unternehmen behandelt wird, während die Anbindung der Arbeitnehmer rechtlich als ‚verbandsexterne' Beziehung interpretiert wird. Das überkommene Handels- und Gesellschaftsrecht begreife, so drückt dies L. VOLLMER (1976, S. 10) aus, „das Unternehmen nicht als kooperativen Leistungsverband von Anteilseignern und Arbeitnehmern, sondern als den organisierten, mit Sach- und Personalmitteln ausgestatteten Tätigkeitsbereich seiner Inhaber, in dem die Arbeitnehmer ihren Kooperationsbeitrag . . . auf der Grundlage arbeitsvertraglicher Austauschbeziehungen, d.h. rechtlich gesehen als Außenstehende, leisten". Dieser herkömmlichen rechtlichen Konstruktion wird in der ‚Unternehmensrechts'-Diskussion die ‚organisations-soziologische' Sicht des Unternehmens als eines ‚wirtschaftlich-sozialen Zweckverbandes' gegenübergestellt, „der auch Arbeitnehmer als ‚Mitglieder' umfaßt" (ebenda, S. 9)[99]. Dabei wird an diese organisations-soziologische Unternehmensinterpretation die rechtspolitische Forderung angeknüpft, „es müsse im Rahmen eines modernen Unternehmensrechts eine ‚Kooperationsord-

---

[97] Vgl. auch W. FIKENTSCHER 1973, S. 463: „Der deutlich personenrechtliche Bezug des Dienst- und namentlich des Arbeitsvertrages, gab Anlaß zu Theorien, die den Dienstvertrag zusammen mit dem Familien-, Gesellschafts- und Vereinsrecht zu einem Personenverbandsrecht verknüpfen wollten. Die Erkenntnis der personenrechtlichen Elemente des Dienst- und Gesellschaftsvertrages über die rein schuldrechtlichen Güteraustauschbeziehungen hinaus war ein unleugbarer Fortschritt der Zivilrechtsdogmatik".
[98] P. NOBEL 1978, S. 597 f. — Bei P. NOBEL (ebenda, S. 596 ff.) finden sich auch Erläuterungen zur Geschichte der ‚Unternehmensrechts'-Diskussion mit entsprechenden Literaturhinweisen.
[99] Zentral für diese Argumentation: THOMAS RAISER 1969.

nung' geschaffen werden, in der auch die Arbeitnehmer eine ‚verbands'-bzw. ‚mitgliedschafts'-rechtliche Stellung erhalten" (ebenda).

Es ist offensichtlich, daß diese Idee eines ‚Unternehmensrechts' auf eine Rechtssystematik hinausläuft, die eine deutliche Parallelität zur hier vorgeschlagenen *sozialtheoretischen* Abgrenzung korporativer Strukturen aufweisen würde[100]. Allerdings ist dabei anzumerken, daß in der rechtspolitischen Forderung nach einer mitgliedschaftlichen Einbeziehung der Arbeitnehmer in ein umfassendes Unternehmensrecht zwei Aspekte verknüpft erscheinen, die aus der Sicht der hier zugrunde gelegten sozialtheoretischen Modellvorstellung durchaus zu trennen wären. Im Sinne des Modells der Ressourcenzusammenlegung sind all die Akteure als Korporations*mitglieder* zu betrachten, die Ressourcen in einen korporativen Akteur einbringen, wobei die *Konditionen*, unter denen die Ressourcen eingebracht werden, sich in der erläuterten Weise (vgl. oben, S. 109) unterscheiden können. Gemäß dieser Vorstellung ist die Frage der *mitgliedschaftlichen Zurechnung* unabhängig von der Frage zu beantworten, welche spezifischen *Konditionen* für die Mitgliedschaft gelten. Eben diese beiden Aspekte werden aber nicht getrennt, wenn der Gedanke einer rechtlichen Anerkennung „der realen sozialen Verbandszugehörigkeit der Arbeitnehmer im Unternehmen" (VOLLMER 1976, S. 11) unmittelbar verknüpft wird mit der Idee einer mitgliedschaftsrechtlichen Stellung, die eine „Mitträgerschaft, Mitverantwortung und Mitbeteiligung als gleichgeordnete Partner oder Teilhaber" (ebenda, S. 12) beinhaltet. Wird doch die Frage der rechtlichen Anerkennung einer sozialorganisatorischen Mitgliedschaftsstellung in einer solchen Argumentation gleichgesetzt mit der Frage der Zurechnung spezifischer Mitgliedschafts*konditionen*, indem als alleinige Alternative zu „rein schuldrechtlichen arbeitsvertraglichen Austauschverhältnissen" (ebenda, S. 14) eine ‚mitgliedschaftsrechtliche' Stellung *in Betracht gezogen wird,* die der oben erläuterten Bedingungskonstellation (a) entspricht[101]. — Eine Trennung der beiden Aspekte, der

---

[100] Ausführlicher dazu: VANBERG 1982.
[101] Auf eben diesen Sachverhalt zielt wohl auch W. ZÖLLNER (1979, S. 759 ff.), wenn er die rechtspolitische Umsetzung des ‚organisationssoziologischen Mitgliedschaftsarguments', wie sie von Th. Raiser u. a. vorgenommen werde, kritisiert. Nach Zöllner werden wesentliche Unterschiede zwischen organisationssoziologischem und juristischem Mitgliedschaftsbegriff verwischt, wenn ersterer in die juristische Diskussion ‚rückübertragen' werde, und wenn man „aus dem soziologisch verstandenen Mitgliedschaftsbegriff einen Anspruch der Arbeitnehmer auf Mitwirkung" (ebenda, S. 760) ableite. Allerdings komme, so bemerkt ZÖLLNER (ebenda, S. 761), Raiser das Verdienst zu, „durch die begriffliche Qualifizierung der Arbeitnehmerstellung als mitgliedschaftlich das Nachdenken über die gesamte Position und Rolle des Arbeitnehmers im Unternehmen provoziert" zu haben.

‚Verbands*mitgliedschaft*' und der ‚Mitgliedschafts*konditionen*', würde natürlich keineswegs den Gedanken einer ‚partnerschaftlichen Unternehmensverfassung' (Vollmer) ausschließen; sie würde allerdings klarstellen, daß entsprechende rechtspolitische Forderungen nicht allein mit dem Hinweis auf das ‚organisationssoziologische' Mitgliedschaftsargument zu begründen wären.

Eine allgemeine rechtssystematische Einteilung, die in der Tat eine weitgehende Analogie zur sozialtheoretischen Abgrenzung von Austauschnetzwerken und korporativen Strukturen aufweisen würde, ist von Gierke mit seiner Unterscheidung von ‚*Individualrecht*' und ‚*Sozialrecht*' vorgeschlagen worden. Das Recht, das „das innere Leben der Verbände ordnet" sei, so stellt GIERKE (1902, S. 28) fest, „grundsätzlich verschieden von allem Rechte..., das die äußeren Beziehungen der als Subjekte anerkannten Lebewesen regelt"[102]. Entsprechend müsse sich das Recht „in zwei große Zweige spalten, die wir als Individualrecht und Sozialrecht bezeichnen können" (ebenda). Die Rechtsverhältnisse des Sozialrechts haben, so betont Gierke, „eine völlig andere Struktur als die Rechtsverhältnisse des Individualrechts" (ebenda, S. 32); es sind dort Begriffe zentral, „die im Individualrecht keinerlei Vorbild haben" (ebenda, S. 28), nämlich der „Rechtsbegriff der Verfassung" (ebenda, S. 29) und der „Rechtsbegriff der Mitgliedschaft" (ebenda). Die *Verfassung* ist der ‚Inbegriff der Normen', die die Organisation des Verbandes bestimmen[103]. Durch sie wird die ‚Einheit' des Verbandes als „rechtlich organisiertes Gemeinwesen" (ebenda, S. 30) hergestellt, sie regelt die „Rechte auf Anteil an Einrichtungen und Gütern des Verbandes" (ebenda, S. 31 f.) und die „Rechte auf Mitbildung des Gemeinwillens" (ebenda, S. 32), – d.h. sie enthält Regelungen für die ‚beiden Grundprobleme korporativen Handelns' (vgl. oben, S. 15 ff.). Und die Verfassung spezifiziert zuvörderst auch, mit welchen ‚Teilen ihrer Persönlichkeit' – oder: mit welchen ‚Ressourcen' – die Verbandsmitglieder überhaupt in den Verband einbezogen sind. Sie bestimmt „das Maß, bis zu dem die Individualfreiheit von dem Verbande ab-

---

[102] Vgl. auch etwa GIERKE 1954 III, S. 1, wo vom „inneren Artunterschied der auf die Ordnung des gemeinheitlichen Daseins und der auf die Realisierung der individuellen Freiheit gerichteten Normen" die Rede ist. – In allen ‚Verbandspersonen' sei, so GIERKE (1902, S. 34), „ein gemeinsames Grundprinzip der juristischen Struktur zu erkennen, das sich durch alles Sozialrecht zieht".

[103] GIERKE 1881, S. 562: „Jede Korporation (...) wird zur lebendigen Einheit erst durch eine *Organisation*, welche ihre verschiedenen Elemente in einer bestimmten Anordnung zum Ganzen verknüpft. Der Inbegriff der Normen, welche diese Organisation nach ihrer rechtlichen Seite bestimmen, ist die Verfassung". – Zur Gierkeschen Konzeption der ‚Verbandsverfassung' vgl. auch G. TEUBNER 1978, S. 19 f.

sorbiert werden soll" (1954 II, S. 876), durch sie wird der in der *Mitgliedschaft* „ausgeschiedene Bereich des Lebens und Wirkens der Gliedperson . . . gegen deren frei bleibenden Individualbereich rechtlich abgegrenzt" (1902, S. 29)[104].

Wurden oben (S. 19), im Hinblick auf typisch unterschiedliche Regelungen der beiden Grundprobleme korporativen Handelns, der *monokratisch-hierarchische* und der *genossenschaftlich-demokratische* Typ als zwei Grundmuster der Organisation korporativen Handelns einander gegenübergestellt, so findet sich – wie bereits erwähnt (S. 19, Anm. 24) – bei Gierke eine analoge Unterscheidung zwischen ‚*Herrschaft*' und ‚*Genossenschaft*' als gegensätzlichen Typen der Verbandsorganisation. Diesen beiden Organisationsprinzipien entsprechend unterscheidet Gierke die Rechtsfiguren der (genossenschaftlichen) *Korporation* oder *Körperschaft* und der (herrschaftlichen) *Anstalt* (1881, S. 419), wobei „im Körperschaftsbegriff die einer Gesamtheit immanente Einheit, im Anstaltsbegriff die einem Verbande von außen eingepflanzte Einheit" (1954 III, S. 2) zum Ausdruck kommen soll[105]. Bei realen Verbänden können beide Organisationsprinzipien, wie Gierke betont, durchaus miteinander verbunden

---

[104] Die Parallelität zum Denkansatz des Modells der Ressourcenzusammenlegung braucht wohl kaum besonders betont zu werden, wenn es bei GIERKE (1954 II, S. 875) heißt: „Rechte und Pflichten persönlicher wie sachlicher, politischer wie ökonomischer, ethischer wie pekuniärer Natur können in die korporative Sphäre erhoben sein. Die Genossenschaft kann, indem sie nur einen vereinzelten Gemeinschaftszweck verfolgt, nur eine eng begrenzte Seite der Persönlichkeit in ihren Verband ziehen, oder sie kann . . . in umfassendster Weise die verschiedenartigsten Rechte und Pflichten zur Mitgliedschaftssphäre zusammenschließen. . . . Immer aber muß bei einer bestimmten Genossenschaft zu einem gegebenen Zeitpunkt verfassungsmäßig feststehen, welche Rechte und Pflichten den Inhalt der Mitgliedschaft bilden und welche davon für die Natur derselben maßgebend sind". – Vgl. auch ebenda, S. 869, 874. Oder auch ders. 1954 I, S. 1033. Ebenso GIERKE 1881, S. 562: „Da ferner das Stück Individualpersönlichkeit, welches in der korporativen Sphäre aufgeht, von sehr ungleichem Inhalt und Umfang sein kann, so erklärt es sich, daß die *Mitgliedschaft* bei den verschiedenen Korporationsgattungen eine mannigfach verschiedene Rechtsnatur annehmen kann . . . ; das Mitgliederrecht kann höchst persönlich und es kann Ausfluß und Zubehör eines . . . Vermögensrechts sein; es kann vom rein politischen Bürgerrecht bis zur rein ökonomischen Aktie die verschiedensten Mittelstufen einnehmen".

[105] Vgl. dazu auch GIERKE 1881, S. 422; ders. 1954 II, S. 39 f. – Ausgangspunkt der Gierkeschen Verbandslehre sei, so stellt BIEBACK (1976, S. 447) fest, „der Gegensatz von innengeleiteter . . . Körperschaft und außengeleiteter . . . Anstalt als zweier Grundtypen der Organisation kollektiver Willensbildung und Herrschaft". – Vgl. in diesem Zusammenhang auch M. Webers Gegenüberstellung von ‚Verein' und ‚Anstalt' (s. o. Anm. 45, S. 28 f.).

sein, kann es zu einer Mischung „aus anstaltlichen und körperschaftlichen Elementen" (1954 II, S. 39) kommen[106].

Nur im Zusammenhang mit seiner Unterscheidung von ‚Individualrecht' und ‚Sozialrecht' ist wohl auch die von Gierke so nachdrücklich betonte These der ‚realen Verbandseinheit' angemessen zu bewerten, sein Argument von der ‚*Verbandsrealität*', die „vom Recht nur erkannt und anerkannt, nicht geschaffen" (ebenda, S. 40) werde. Scheint es doch bei der „so berühmten und berüchtigten Gierkeschen Schlüsselformel von der realen Verbandspersönlichkeit" (F. WIEACKER 1973, S. 367) im Kern um den Gedanken zu gehen, daß das Recht *korporative* Strukturen als ‚Realität' ebenso vorfindet wie die ‚Realität des Tauschverkehrs', und daß es Regelungsmodelle für beide Strukturbereiche zu formulieren hat, die auf die jeweiligen, *spezifisch unterschiedlichen* Bedingungen zugeschnitten sind[107]. Bei der These der ‚realen Verbandspersönlichkeit' steht augenscheinlich der Gedanke der ‚*sozialrechtlich*' geordneten *internen Verbandsstruktur*, der *sozialen Organisation* des Verbandes, im Vordergrund[108], und Gierkes Formel von der ‚selbständigen Verbandswesenheit' sowie seine Kritik ‚individualistischer' Verbandsauffassung richten sich offensichtlich primär gegen den Versuch, die interne Verbandsstruktur als ein Geflecht *bilateraler* Rechtsbeziehungen – also als ‚Austauschnetzwerk' – zu interpretieren. Ziel seiner Kritik ist eine Auffassung, die „das innere Gesellschaftsrecht... mit den Mitteln des Individualrechtes" (1954 IV, S. 425) aufbauen „und somit ohne Rückstand in gegenseitige Obliga-

---

[106] Entsprechend kann man nach GIERKE (1881, S. 422) von „Körperschaften mit anstaltlichen Elementen" (z.B. Innungen, Gemeinden) und von „Anstalten mit korporativen Elementen" (z.B. Universitäten) sprechen. – Zu Gierkes Unterscheidung von ‚Herrschaft' und ‚Genossenschaft' und zur Frage der ‚Mischung' beider Organisationsprinzipien bemerkt G. GURVITCH (1974, S. 69): „Nur die wirtschaftlichen Gruppierungen können entweder ausschließlich Genossenschaften oder ausschließlich Herrschaften sein, zu ersteren rechnet man z.B. Gewerkschaften und Kooperativen, zu letzteren Fabriken und Unternehmen im kapitalistischen Regime".

[107] Eine solche Interpretation der Argumentation Gierkes verkennt natürlich nicht, daß hier kollektivistisch-organizistische Denkmuster einfließen (insbesondere etwa in GIERKE 1902), deren wesentlich weitergehende Implikationen zum Zielpunkt berechtigter Kritik geworden sind (dazu u.a. etwa TÖNNIES 1963, S. XXXIII). Auf die Problematik des Gierkeschen Organizismus soll hier jedoch nicht weiter eingegangen werden (einige Hinweise dazu in VANBERG 1979, S. 94 f.), vielmehr soll hier der Versuch unternommen werden, die hinter den kollektivistischen Formulierungen Gierkes stehenden Sachargumente aufzuspüren und auf ihre mögliche Berechtigung hin zu prüfen.

[108] F. WIEACKER 1973, S. 368: „Die Wiederentdeckung der Verbandsrealität war durch das Interesse an einer Verbandsverfassung geleitet, die als sinnvolle Gliederung eines ‚organischen Ganzen' begriffen wurde". Das Problem der ‚Rechtspersönlichkeit' – der

tionen von Individuen aufgehen" (ebenda, S. 425 f.) lassen will[109], die ‚alle Verbandswesenheit auflöst', indem sie „das gesamte Sozialrecht zu einer bloßen Form des Individualrechts" (ebenda, S. 534) werden läßt[110].

Gierkes Anliegen, die Besonderheit des ‚Sozialrechts' gegenüber dem ‚Zwei-Parteien-Muster' obligationsrechtlicher Beziehungen hervorzuheben, wird denn auch kennzeichnenderweise von H. J. Wolff durchaus geteilt, obschon dieser die kollektivistisch-organizistischen Beimengungen der Gierkeschen Theorie der ‚realen Verbandspersönlichkeit' scharf kritisiert (WOLFF 1933, S. 4 ff.; 1934, S. 93 ff., 224 ff.) und selbst eine strikt *individualistische* Konzeption vertritt (vgl. z. B. 1933, S. 10 ff., 153 ff.). Auch Wolff geht von einer Unterscheidung „zwischen ‚Organisationsrecht' und dem übrigen Recht" (1934, S. 225) aus, einer Unterscheidung, auf die es — wie er meint (ebenda) — Gierke bei seiner Gegenüberstellung

---

Anerkennung des Verbandes als ‚Rechtssubjekt' — stuft Gierke als *nachrangige*, an die *sozialorganisatorische Realität* erst anknüpfende Frage ein. Was die „Persönlichkeit der Verbände" anbelangt, so sei — stellt er (1954 II, S. 39 f.) fest — „die Gemeinheitlichkeit Ausgangspunkt allen Rechts. Erst als ein Zweites schließt sich an die Stellung als Trägerin von Gemeinheitsrecht die Fähigkeit zu Individualrecht und möglicherweise noch die Stellung als Glied einer höheren Allgemeinheit an". — Mit der Theorie der ‚realen' Verbandspersönlichkeit habe Gierke, so bemerkt BIEBACK (1976, S. 122), „versucht, die Rechtspersönlichkeit eng mit der sozialen Organisation des Verbandes zu verknüpfen, ja sogar aus ihr abzuleiten".

[109] Gierkes Skepsis gegenüber einer ‚obligationsrechtlichen' Zergliederung der Verbandsstruktur in ein Geflecht zweiseitiger Beziehungen bezieht sich nicht nur auf ‚genossenschaftliche', sondern auch auf ‚herrschaftliche' Verbandsstrukturen. So bemerkt er etwa im Hinblick auf die Frage der arbeitsrechtlichen Anbindung an Wirtschaftsunternehmen als „*privatrechtliche Herrschaftsverbände*": Es sei eine ‚Fiktion', „daß hier nichts weiter vorliegt, als eine Summe obligationsrechtlicher Einzelbeziehungen" (GIERKE 1948, S. 31). In Wirklichkeit gehe es hier um Verträge, die „nicht bloß ein einzelnes Schuldverhältnis" erzeugen, sondern „die Persönlichkeit selbst in einen wirtschaftlichen Organismus" eingliedern, in „ein monarchisch organisiertes Ganze" (ebenda). — In ähnlichem Sinne heißt es an anderer Stelle (GIERKE 1951 I, S. 1037) zur Kritik der rechtlichen Interpretation des Sozialgebildes ‚Unternehmen': „Wenig ändert es an den Tatsachen, daß das Gesetz — wovon es freilich selbst vielfach wiederum abgehen muß — solche Verbände als Organismen nicht ansieht, sondern sie in eine Summe von Privatrechtsbeziehungen zwischen Einzelnen und Einzelnen auflöst. Denn dem tatsächlichen Erfolge nach ist . . . . . die Unternehmung keine Summe von Einzelverhältnissen, sondern ein Ganzes, eine organisierte Einheit. Diese Einheit aber ist ihrem Wesen nach nichts anderes als ein Herrschaftsverband . . ." Die Chance, daß diese als *sozialorganisatorische* Realität existierende „Verbandseinheit" auch als *rechtliche* Einheit gefaßt werde, beurteilte Gierke in seiner Kritik zum Entwurf des BGB allerdings skeptisch: „Es mag verfrüht sein, von einer Kodifikation die Ausgestaltung des wirtschaftlichen Verbandes, den ein Unternehmer mit den seinem Betriebe als dienende Glieder eingefügten Beamten und Arbeitern bildet, zu einer geschlossenen rechtlichen Einheit zu verlangen" (GIERKE 1889, S. 192 f.).

[110] Vgl. auch GIERKE 1954 IV, S. 411, 419, 444, wo deutlich wird, daß sich Gierkes *Individualismus*kritik vornehmlich wohl gegen die Übertragung einer ‚Zwei-Parteien-Perspektive' auf die Analyse verbandsinterner Strukturen wendet.

von ‚Individualrecht' und ‚Sozialrecht' in erster Linie abgesehen habe[111]. Die „immanente Gruppenordnung" (ebenda, S. 102) oder *Organisation* eines Verbandes habe, so Wolff, die Aufgabe, das auf die Förderung eines gemeinsamen Zwecks gerichtete „Zusammenwirken von Menschen . . . und die Aufbringung und Verwendung der zu diesem Behufe bereitzustellenden Mittel . . . zu regeln" (1933, S. 165). Eben dies geschehe „durch die *Satzung*" (ebenda), ein „System von Normen, die allen Beteiligten gegenüber gelten (. . .) und sie dadurch zugleich zusammenfassen und von anderen (Verbandsfremden) absondern" (ebenda). Diese ‚Satzung' ist, wie Wolff betont, „eine ‚Teilrechtsordnung'" (ebenda), sie begründet „nicht nur wechselseitige Schuldverhältnisse . . ., sondern objektive Normen" (ebenda, S. 166). Auch der Gedanke der Verbandsorganisation als vorgegebener *sozialer Realität*, an die verbandsrechtliche Regelungsbemühungen anknüpfen, erscheint bei Wolff, wenn auch wesentlich vorsichtiger formuliert als bei Gierke. Es sei, so stellt Wolff fest, „der Begriff der ‚Organisation' nicht nur ein rechtlicher, sondern auch ein sozialer" (1934, S. 102 f.), und der „organisierte Verband" sei, so merkt er an, „ein mindestens *mögliches* ‚vorrechtliches Substrat' der juristischen Person" (ebenda, S. 103 Anm.)[112].

Im Sinne der Gierkeschen Abgrenzung von ‚Individualrecht' und ‚Sozialrecht' sind dem Sozialrecht die (internen) Organisationsregeln *aller* Verbände zuzurechnen, also − wie Gierke feststellt − „das Staatsrecht und alles sonstige öffentliche Recht, aber auch die dem Privatrecht einverleibte innere Lebensordnung privater Verbandspersonen" (1902, S. 28). Die Abgrenzung von ‚Individual-' und ‚Sozialrecht' deckt sich also nicht etwa mit der Unterscheidung von ‚Privatrecht' und ‚öffentlichem Recht', sie legt vielmehr ein Einteilungsprinzip zugrunde, das anzeigt, „daß man die ganzen Klassen von privatem und öffentlichem Recht *auch anders gruppieren könnte*" (NOBEL 1978, S. 113). Das ‚öffentliche Recht', das die ‚Organisationsregeln' des Verbandes ‚Staat' umfaßt, erscheint im Lichte

---

[111] Dazu auch Wolffs Hinweis auf ein „an die Organisation anknüpfendes ‚allgemeines Organisationsrecht'" (1933, S. 205).
[112] Vgl. auch WOLFF 1933, S. 14, 212, 216. − Unter bezug auf die organisationsrechtliche Konzeption H. J. Wolffs spricht E.-W. BÖCKENFÖRDE (1973, S. 295 Anm.) von der „engen Verbindung der sozialwissenschaftlichen und rechtlichen Seite organisatorischer Wirklichkeit" und stellt fest: „Organisation im Rechtssinn und Organisation im faktischen Sinn können daher nicht als voneinander unabhängige, je eigenen Voraussetzungen und Konstruktionsprinzipien folgende Erscheinungen verstanden werden, sondern nur als zwei Seiten einer, und zwar derselben Sache. Diese organisationsrechtlichen Grundbegriffe sind infolgedessen darauf verwiesen, eine schon vorgegebene rechtlich-soziale Wirklichkeit gedanklich zu erfassen und zum Ausdruck zu bringen" (ebenda, S. 294).

dieses Einteilungsprinzips lediglich als Unterfall einer allgemeineren Kategorie, der jegliches — auf die Regelung korporativen Handelns gerichtetes — *Organisationsrecht* zuzurechnen ist[113]. Diese Unterschiedlichkeit der Einteilungsprinzipien wäre etwa hervorzuheben, wenn man Gierkes Unterscheidung von ‚Individualrecht' und ‚Sozialrecht' in Beziehung setzt zu der erwähnten Hayekschen Gegenüberstellung von *‚allgemeinen Verhaltensregeln'* und *‚Organisationsregeln* (s. o. S. 96 f.). Unterstellt Hayek doch eine direkte Parallelität zur Abgrenzung von ‚Privatrecht' und ‚öffentlichem Recht', wenn er von „den Verhaltensregeln des Privatrechts" und „den *Organisationsregeln* des öffentlichen Rechts" spricht (1969, S. 178) und die „Unterscheidung von privatem und öffentlichem Recht als gleichbedeutend mit der Unterscheidung zwischen allgemeinen Verhaltensregeln und Organisationsregeln" (1973, S. 132) bezeichnet [114]. Und auch etwa Webers Bemerkungen zur Unterscheidung von ‚Verwaltungsordnung' und ‚Regulierungsordnung' einerseits und zur Abgrenzung von ‚öffentlichem Recht' und ‚Privatrecht' andererseits ließen sich im Sinne der Systematisierung Gierkes präzisieren. WEBER (1964, S. 37) unterscheidet zwischen „Verwaltungsordnung" als einer „Ordnung, welche Verbandshandeln regelt"[115], und „Regulierungsordnung" als einer „Ordnung, welche anderes soziales Handeln regelt". Die „Grenze der Verwaltungs- und Regulierungsordnung" falle, so meint Weber (ebenda), im „allgemeinen — aber nicht immer im einzelnen — ... mit dem zusammen, was man im politischen Verband als ‚öffentliches' und ‚Privatrecht' scheidet". Danach ist das *öffentliche Recht* „Inbegriff der Normen für das ... staatsanstaltsbezogene" (ebenda, S. 495) Handeln, das *Privatrecht* demgegenüber „Inbegriff der Normen für das ... nicht staatsanstaltsbe-

---

[113] BIEBACK 1976, S. 440: „Da das Sozialrecht für alle Verbände, also auch den Staat gilt, will Gierke mit ihm die traditionelle Trennung von öffentlichem Recht und Privatrecht aufheben. ... Da der Staat selbst nur ein Verband ist, ist das ‚öffentliche Recht' nur eine Unterart des Sozialrechts".

[114] Vgl. dazu HAYEK 1969, S. 116 f., 161 f., 191f., 213; ders. 1973, S. 90, 131 ff. — Daß die, auf die Organisation des Verbandes ‚Staat' bezogenen Regeln des *öffentlichen Rechts* lediglich ein Unterfall der allgemeinen Kategorie ‚*Organisationsregeln'* sind, wird freilich auch von Hayek gesehen: Die Regeln des öffentlichen Rechts, die die Art und Weise festlegen, in der die Regierungsbehörden „die ihnen zur Verfügung gestellten personellen und materiellen Ressourcen zu verwenden haben", seien — so bemerkt HAYEK (1973, S. 137) — „offensichtlich den Organisationsregeln ähnlich, wie sie jede große Organisation benötigt".

[115] WEBER 1964, S. 35: „Nur das Handeln des Verwaltungsstabes selbst und außerdem alles planvoll von ihm *geleitete* verbandsbezogene Handeln soll ‚Verbandshandeln' heißen".

zogene, sondern nur von der Staatsanstalt durch Normen geregelte Handeln" (ebenda)[116].

Zum Abschluß des Ausblicks auf einige juristische Abgrenzungen, die der sozialtheoretischen Gegenüberstellung von Austauschnetzwerken und korporativen Strukturen analog sind, kann hier noch einmal auf die juristische Institutionslehre von M. HAURIOU (vgl. oben, S. 34 f.) bezug genommen werden. Hat doch auch Hauriou in deutlicher Entsprechung zu (und wohl auch beeinflußt durch) Gierkes Unterscheidung eine Abgrenzung von ‚Individualrecht‘ und ‚Sozialrecht‘ vorgenommen. Und steht doch auch bei Hauriou diese Abgrenzung in direktem Zusammenhang mit der Idee der ‚Verbandsrealität‘. Nach Hauriou „stellt das Rechtssystem zwei große Systeme von Rechten einander gegenüber: das System der sozialen Rechte und das System der individuellen Rechte"[117]. Das *Sozialrecht* ist das ‚in der Institution (Körperschaft) entstehende‘, auf die *interne Organisation* bezogene Recht[118], während es beim Individualrecht um die ‚Normen des Rechtsverkehrs‘ geht, die „das Ergebnis des Phänomens des Austauschs" (Hauriou) sind[119]. Ebenso wie in Gierkes ‚Theorie der realen Verbandspersönlichkeit‘ steht auch in Haurious „Theorie von der Realität der kollektiven Person" (GURVITCH 1968, S. 37)[120] der Gedanke im Vordergrund, daß die ‚Gruppeninstitutionen‘ als *sozialorganisatorische Realität* unabhängig davon existieren, ob sie — im ‚externen‘ Rechtsleben — als rechtliche Einheiten, als ‚Rechtspersönlich-

---

[116] Vgl. auch WEBER 1964, S. 235; ders. 1968, S. 448. — Zur Frage der von der ‚Verwaltungsordnung‘ erfaßten Handlungsbereiche bemerkt Weber: „Bei einer absolut kommunistischen Wirtschaftsorganisation würde annähernd alles Handeln darunter fallen, bei einem absoluten Rechtsstaat andererseits nur die Leistungen der Richter, Polizeibehörden, Geschworenen, Soldaten und die Betätigung als Gesetzgeber und Wähler" (1964, S. 37). — Auf den gleichen Zusammenhang verweist auch etwa Gierkes Bemerkung, daß „die in den sozialistischen Lehren zum System erhobenen Gedanken... alles Privatrecht mit der Umbildung in eine staatliche Verwaltungsordnung bedrohen" (GIERKE 1948, S. 9).
[117] Zitiert nach G. GURVITCH 1968, S. 29 Anm. — Vgl. auch GURVITCH 1974, S. 113.
[118] Es ist, wie GURVITCH (1968, S. 31) vermerkt, „das Recht, das sich aus den Institutionen als ‚sozialen Strukturen‘ entwickelt und von Hauriou als *institutionelles Recht* oder *soziales Recht* bezeichnet wird".
[119] Zitiert nach GURVITCH 1968, S. 32 Anm. — Vgl. auch GURVITCH, ebenda, S. 29 Anm.: „Das Individualrecht bildet sich durch die Gebräuche des Rechtsverkehrs". — So wie das Sozialrecht den ‚Personen-Institutionen‘ (Körperschaften) zugeordnet wird, so wird das Individualrecht den ‚Sach-Institutionen‘ (vgl. oben, S. 34) zugeordnet. Das aus den ‚Sach-Institutionen‘ entstehende Recht sei, so bemerkt Gurvitch, „nichts anderes als das ‚individuelle Recht‘" (ebenda, S. 31).
[120] Zum Einfluß der Gierkeschen ‚Verbandslehre‘ auf Haurious ‚Institutionslehre‘: J. STONE 1968, S. 358; G. GURVITCH 1974, S. 112.

keiten' anerkannt sind[121]. Zentral ist auch hier, daß die Frage nach dem ‚*internen Rechtsleben*' gegenüber der Frage nach dem ‚*externen Rechtsleben*' (GURVITCH 1974, S. 110) hervorgehoben wird[122], und daß im ‚internen Rechtsleben' die eigentliche – von äußerer Anerkennung unabhängige – *Verbandsrealität* gesehen wird[123]. Und was dieses ‚interne Rechtsleben' anbelangt, so wird auch hier der „Unterschied zwischen dem korporativen Gründungsakt und dem Vertrag" (A. DESQUEYRAT 1968, S. 169) betont, es wird betont, daß man es nicht mit einer Begründung von „schuldrechtlichen Beziehungen" (ebenda, S. 173) zu tun hat, „weniger mit einem Gegenüber und Austausch als mit einer Zusammenfassung von Willensäußerungen . . ., die sich zur Erreichung desselben Ziels vereinigen" (ebenda, S. 170 Anm.)[124]. Und schließlich: Auch hier richtet sich die Kritik ‚*individualistischer*' Verbandsauffassung vor allem gegen eine Interpretation korporativer Strukturen, die diese als Geflecht zweiseitiger (schuldrechtlicher) Beziehungen, also als ‚Austauschnetzwerk' zu erfassen sucht[125].

---

[121] So wie sich „*Gierkes* Realitätstheorie" (NOBEL 1978, S. 106) primär gegen „eine *Fiktionstheorie, die zugleich* (. . .) *Konzessionstheorie* war" (ebenda), richtete, so steht auch ‚*Haurious Realitätstheorie*' primär im „Gegensatz zu der etatistischen Theorie (Fiktionstheorie)" (GURVITCH 1968, S. 37). Es geht bei ihr um die „Loslösung des Begriffs der Institution von dem Begriff der Rechtspersönlichkeit" (STONE 1968, S. 321), und um die Betonung der *Realität sozialer Organisation*, „die der Staat im Falle der juristischen Personen ausdrücklich anerkennt, die aber als soziales Phänomen auch dann existiert, wenn ihr diese Anerkennung verweigert wird" (ebenda, S. 313). – Dazu auch G. DAVY 1968, S. 11; W. I. JENNINGS 1968, S. 106.
[122] Vgl. auch GURVITCH 1968, S. 42.
[123] GURVITCH 1974, S. 111: Auch „die vom Staat verbotenen und verfolgten Gruppeninstitutionen bleiben Rechtswirklichkeiten, denn ihr internes Rechtsleben ist von äußerer Anerkennung unabhängig". – Im gleichen Sinne auch STONE 1968, S. 337.
[124] GURVITCH 1968, S. 35: „Der faktische Beitritt ist der Akt der Integration eines Mitglieds in einer institutionellen Gesamtheit".
[125] Vgl. DESQUEYRAT 1968, S. 163, 166; GURVITCH 1968, S. 35.

4. Kapitel

Die individualistisch-evolutionistische Tradition und das Kollektivgutproblem: Grenzen einer austauschtheoretischen Erklärung

In den bisherigen Kapiteln wurden das *Austauschmodell* und das *Modell der Ressourcenzusammenlegung* als unterschiedliche und einander ergänzende Varianten individualistischer Sozialtheorie dargestellt; es wurde daran anknüpfend zwischen *individualistisch-evolutionistischer* und *individualistisch-vertragstheoretischer* Tradition unterschieden, und es wurden schließlich mit der Abgrenzung von *Marktstrukturen* und *korporativen Strukturen* typisch unterschiedliche sozialstrukturelle Bedingungskonstellationen spezifiziert, auf die die beiden ‚Grundmodelle‘ individualistischer Sozialtheorie jeweils abstellen. In diesem Kapitel soll etwas näher untersucht werden, in welcher Weise die beiden Erklärungsansätze *einander ergänzen* und in welchem Sinne man in der Tat davon sprechen kann, daß der austauschtheoretische Ansatz der Ergänzung durch ein Modell korporativen Handelns *bedarf*. Dies soll anhand eines Erklärungsproblems geschehen, das gern als „Kernproblem der Sozialtheorie" (Hayek, s.o. S. 90) bezeichnet wird[1], und das sich im vorliegenden Zusammenhang als theoretischer ‚Prüfstein‘ anbietet, da es häufig als angeblicher Beleg für die begrenzte Erklärungskraft individualistischer Sozialtheorie ins Feld geführt wird: Das Problem der *Erklärung ‚sozialer Ord-*

---

[1] Um hier nur einige Beispiele zu nennen: So spricht etwa D. H. WRONG (1966, S. 550) von diesem Problem als der „*raison d'être* der Sozialtheorie"; A. ETZIONI (1975, S. 117) meint, die Sozialwissenschaften hätten sich „im Rahmen der Suche nach einer säkularen Erklärung der gesellschaftlichen Ordnung entwickelt"; J. S. COLEMAN (1964, S. 166) bemerkt, die am prägnantesten von Thomas Hobbes aufgeworfene Frage sozialer Ordnung sei wohl „das zentrale Problem der soziologischen Theorie"; und für die Ökonomie stellt E. R. WEINTRAUB (1975, S. 555) fest: „Eines der wichtigsten Forschungsprobleme der ökonomischen Theorie war auf die Beantwortung der Frage gerichtet: ‚Warum bringt die Verfolgung individuellen Selbstinteresses eine Gesellschaft hervor, die *nicht* durch Chaos gekennzeichnet ist?‘".

nung'. So hat dieses Problem in der Soziologie als allgemeine theoretische Fragestellung nicht zuletzt dadurch besondere Beachtung gefunden, daß T. Parsons das *‚Hobbesche Problem' der sozialen Ordnung'* zum zentralen Bezugspunkt seiner eigenen theoretischen Konzeption erklärt, und seine Kritik der ‚individualistisch-utilitaristischen Tradition' vor allem auf das Argument gestützt hat, im Rahmen dieser Theorietradition sei eine Lösung des ‚Ordnungsproblems' nicht geleistet worden und aus grundsätzlichen Gründen auch nicht leistbar[2].

1. ‚Soziale Ordnung' und ‚Gefangenendilemma'

In seiner spezifischen Version als ‚Hobbessches Problem' geht es beim Problem der Erklärung sozialer Ordnung um die Frage, wie sich aus einem Zustand *völliger Normlosigkeit* heraus – also aus einem Zustand ohne jegliche wechselseitige Respektierung sozialer Regeln – ein friedliches, normativ reguliertes Zusammenleben entwickeln kann. In einem allgemeineren Sinne wird das ‚Problem der sozialen Ordnung' auch als Frage nach den Mechanismen der Herausbildung und Veränderung sozialer Normen schlechthin verstanden[3].

Wählt man als theoretischen Ausgangspunkt eine Situation völliger Normlosigkeit, wie sie bei der ‚spezifischen' – und grundsätzlicheren – Fragestellung unterstellt wird[4], so liegt es zunächst einmal nahe, zur Erklärung der Herausbildung sozialer Normen auf die *Vorteile* hinzuweisen, die eine gesicherte normative Ordnung (Rechtsordnung) den betroffenen Akteuren bietet, und diesen Vorteilen die offenkundigen Nachteile gegenüberzustellen, die mit dem Leben in einer ‚genuinen Hobbesschen

---

[2] Eingehender dazu VANBERG 1975, S. 172 ff.; B. BARRY 1975, S. 83 ff. – Vgl. auch Th. BURGER (1977/78, S. 320), der im Hinblick auf die Parsonssche Behandlung des ‚Hobbesschen Problems der sozialen Ordnung' (PARSONS 1968, insbesondere S. 89 ff.) feststellt: „Seitdem *The Structure of Social Action* seinen ersten Einfluß innerhalb der Soziologie zeigte, ist es stets als wichtiger Test für jede allgemeine Gesellschaftstheorie betrachtet worden, ob sie eine annehmbare Lösung für das ‚Hobbessche Problem der Ordnung' bietet".

[3] Vgl. J. H. TURNER 1974, S. 297: „Für Thomas Hobbes ging es beim ‚Ordnungsproblem' um die Frage der Möglichkeit einer lebensfähigen sozialen Ordnung. Für die zeitgenössische soziologische Theorie hat sich dieses zentrale theoretische Problem gewandelt in eine Frage nach den Bedingungen, unter denen verschiedene Muster sozialer Organisation gebildet werden, sich wandeln oder zerfallen".

[4] Vgl. ETZIONI 1975, S. 117: „Für allgemeine theoretische Zwecke scheint es jedoch sinnvoll, einen Zustand ... zum Ausgangspunkt zu nehmen, in dem ... keine soziale Ordnung besteht. Jede Sozialordnung wird als ein ... Arrangement betrachtet, das der Erklärung bedarf".

Anarchie' verbunden sind. Ein ganz unmittelbarer Vorteil sozialer Ordnung — er läßt sich als ‚Abrüstungsvorteil' bezeichnen — liegt darin, daß die Ressourcen, die in einer genuin anarchischen Umwelt zum eigenen Schutz gegen jederzeit mögliche fremde Übergriffe eingesetzt oder zumindest bereit gehalten werden müssen, anderweitig, *produktiv*, genutzt werden können[5]. Ein plastisches Beispiel für solche ‚Verteidigungsaufwendungen' in einer anarchischen Situation nennt etwa H. SPENCER (1889, S. 299), wenn er darauf verweist, „daß bei den Beludschistanen, deren Stämme . . . beständig miteinander in Fehde liegen, die Sitte besteht, auf jeder Gemarkung einen kleinen Turm aus Lehm zu errichten, in welchem der Besitzer und seine Anhänger den Ernteertrag bewachen"[6].

Ein darüber hinausgehender, allgemeinerer Vorteil ‚sozialer Ordnung' liegt in der *Entlastung von Unsicherheit*, in der Möglichkeit, verläßliche Erwartungen über das Verhalten der ‚sozialen Umwelt' bilden und aufgrund dessen das eigene Handeln auf längere Sicht vorausplanend einrichten zu können[7]. Auf diesen Aspekt, der in soziologischen Erörterungen zur ‚Funktion' sozialer Normierung in der Regel betont wird[8], hat auch Hobbes hingewiesen, als er den anarchischen Zustand, in dem die „Menschen in keiner anderen Sicherheit leben als der, die ihr eigener Körper und Verstand ihnen verschafft" (HOBBES 1965, S. 99) mit der bekannten Formulierung umschrieb: „In einem solchen Zustand gibt es keinen Fleiß,

---

[5] Dazu J. M. BUCHANAN 1975, S. 25 f., 58 ff. — Buchanans Buch, durch das die im folgenden vorgebrachten Überlegungen maßgeblich beeinflußt sind, ist — so der Autor (ebenda, S. 54) — ein Versuch, „zu erklären, wie ‚Gesetz', ‚Eigentumsrechte' oder ‚Verhaltensregeln' aus dem . . . eigeninteressierten Verhalten der Menschen heraus entstehen könnten".
[6] Dieser Zustand sei, so fügt SPENCER (1889, S. 299) hinzu, nur wenig schlimmer „als wie er bei den Clans des (schottischen) Hochlandes mit ihren Burgfesten zum Schutz der Frauen und des Viehs vor den Überfällen der Nachbarn herrschte, als sie noch nicht unter die Botmäßigkeit einer Zentralgewalt gebeugt waren".
[7] Dazu BUCHANAN 1975, S. 110 ff., 123.
[8] Es sei hier nur verwiesen auf A. Gehlens Konzeption der ‚Entlastung durch Institutionen', auf N. Luhmanns Formel von der ‚Reduktion von Komplexität' oder auf das Argument der „Ausweitung der Handlungsketten", wie es N. ELIAS in seinem „Entwurf zu einer Theorie der Zivilisation" (1976, S. 312 ff.) hervorgehoben hat (vgl. ebenda, insbesondere S. 321 f., 337). — Vgl. auch z. B. M. FORTES und E. E. EVANS-PRITCHARD 1978, S. 170: „Die Stabilität und Kontinuität der Struktur einer afrikanischen Gesellschaft hängt ab von der Stetigkeit und Ordnung, mit der diese Einheit ineinander verwobener Normen aufrechterhalten wird. Im allgemeinen müssen Rechte geachtet, Pflichten ausgeführt . . . werden, da sonst die soziale Ordnung so unsicher wäre, daß die materiellen Bedürfnisse der Existenz nicht mehr befriedigt werden könnten. Die Produktion würde zum Stillstand kommen und die Gesellschaft würde auseinanderbrechen. Dies ist das größte gemeinsame Interesse in jeder afrikanischen Gesellschaft . . . Dies ist auch die letzte und, man kann sagen, axiomatische Gruppe von Prämissen der sozialen Ordnung."

denn seine Früchte werden ungewiß sein, keine Bebauung des Bodens, keine Schiffahrt, keinerlei Einfuhr von überseeischen Gütern, kein behagliches Heim, keine Fahrzeuge zur Beförderung von schweren Lasten, keine geographischen Kenntnisse, keine Zeitrechnung, keine Künste, keine Literatur, keine Gesellschaft. Statt dessen: Ständige Furcht und die drohende Gefahr eines gewaltsamen Todes. Das Leben der Menschen: einsam, arm, kümmerlich, roh und kurz".

So naheliegend nun der Hinweis auf die genannten Nachteile genuiner Anarchie und die entsprechenden Vorteile ‚sozialer Ordnung' – d.h. der wechselseitigen Respektierung allgemeiner Regeln (Normen) – auch sein mag, bei näherer Prüfung zeigt sich, daß sich aus diesem Hinweis keine unmittelbaren Schlußfolgerungen für das Verhalten der beteiligten Akteure gewinnen lassen. Auch wenn man zu Recht unterstellen kann, daß *alle* Beteiligten ein normativ geregeltes Zusammenleben einer Situation genuiner Anarchie *vorziehen*, so schafft dieses *gemeinsame Interesse* bei den einzelnen Akteuren doch noch keineswegs auch ein unmittelbares *individuelles* (‚privates') *Motiv*, das *eigene* Verhalten Regeln zu unterwerfen. Die eigene Einhaltung von Regeln ist für den einzelnen *unmittelbar* von Nachteil: Indem er sein Verhalten an Regeln bindet, indem er also im Vornhinein auf die mögliche Wahl gewisser Handlungsalternativen verzichtet[9], schränkt er seine Möglichkeiten ein, in der jeweiligen Handlungssituation die für ihn – in Anbetracht der konkreten Umstände – *günstigste* Handlungsalternative auszuwählen. Dieser Verzicht mag für ihn durchaus lohnend sein, wenn ihm dies die Regeltreue der anderen Beteiligten einbringt. Dies ändert jedoch nichts daran, daß der *unmittelbare Vorteil* ‚sozialer Ordnung' allein in der Regeltreue *der anderen* liegt. Die Entlastung von Verteidigungsanstrengungen ebenso wie die Möglichkeit verläßlicher Erwartungsbildung und Handlungsplanung sind Vorteile, die unmittelbar durch das regelgebundene Verhalten der anderen – nicht durch die eigene Normtreue – geschaffen werden. In der Tat, am vorteilhaftesten wäre die Situation desjenigen, der darauf rechnen kann, daß die anderen sich an bestimmte Verhaltensregeln halten, während er selbst sein Verhalten völlig ungebunden auf die jeweiligen spezifischen Situationsgegebenheiten und -gelegenheiten einstellen kann. Und insoweit eine solche Position als realisierbar erscheint, besteht auch ein Anreiz für den Versuch, sie einzunehmen.

---

[9] Der Inhalt jeder allgemeinen Regel (Norm) besteht ja darin, daß sie aus der Gesamtmenge der faktisch realisierbaren Handlungsalternativen eine spezifische Teilmenge als *verboten* ausgrenzt.

Ist es einerseits die mögliche Erwartung, durch eigenes regelungebundenes Verhalten — bei Regeltreue der anderen — *zusätzliche* Vorteile realisieren zu können, die einen individuellen Anreiz zur Regelübertretung bietet, so wirkt ein weiterer Umstand — wohl in noch stärkerem Maße — in dieselbe Richtung. Solange der einzelne keine *Gewißheit* hat, daß auch die anderen sich den Regeln unterwerfen, geht er das Risiko ein, sich selbst in eine besonders unvorteilhafte Lage zu bringen, wenn er sein eigenes Verhalten an Regeln bindet. Wenn — so hat HOBBES (1965, S. 103) diesen Sachverhalt ausgedrückt — die anderen Menschen nicht gleichfalls auf ihr ‚Recht' verzichten, alles zu tun, was sie wollen, „ist es für niemanden sinnvoll, dem seinen zu entsagen. Man würde sich eher den anderen als Beute ausliefern . . ., als daß man dem Frieden diente" (ebenda).

Trotz ihres *gemeinsamen Interesses* an einer gesicherten normativen Ordnung haben die beteiligten Akteure also aufgrund der geschilderten Interessenkonstellation kein unmittelbares *individuelles Motiv*, sich in ihrem eigenen Verhalten an Regeln zu binden. Das bedeutet aber: Folgen alle ihren unmittelbaren individuellen Interessen, so werden sie sich aus einem Zustand genuiner Anarchie nicht befreien können; sie bringen sich durch ihre *separate individuelle Interessenverfolgung* zwangsläufig in eine Lage, die ihrem *gemeinsamen Interesse* — dem Interesse *aller* — zuwiderläuft. Eine solche Interessenkonstellation ist vollkommen analog zu jener, wie sie in dem bekannten ‚*Gefangenendilemma*' der Spieltheorie unterstellt wird. Dieses spieltheoretische Modell eignet sich denn auch sehr gut dazu, die grundlegende Struktur des ‚Hobbesschen Problems' besonders prägnant herauszustellen[10]. Im folgenden soll das Problem der sozialen Ordnung in der Form eines solchen Gefangenendilemmas dargestellt werden, um daran anschließend die Frage nach den möglichen Auswegen aus dem ‚Dilemma' zu behandeln.

Als Hilfsmittel für die Argumentation dient eine *Ertragsmatrix*, in der die (fiktiven) Nutzengrößen eingetragen sind, die zwei Akteure — *A* und *B* — bei jeweils unterschiedlichen Kombinationen ihrer Verhaltensalternativen ‚Respektierung von Regeln' bzw. ‚Nicht-Respektierung von Regeln' realisieren können. Die erste Zahl in den Zellen gilt jeweils als Maßgröße des Nutzens, den *A* bei der betreffenden Kombination der Handlungsalternativen realisieren würde. Die zweite Zahl gilt entsprechend als

---

[10] Die Analogie zwischen dem Problem ‚sozialer Ordnung' und dem ‚Gefangenendilemma' der Spieltheorie ist verschiedentlich aufgezeigt worden. Vgl. insbesondere J. M. BUCHANAN 1975 (speziell S. 27, 65) und M. TAYLOR 1976 (speziell S. 161 ff.); siehe auch J. M. ORBELL und L. A. WILSON 1978 (S. 411 f.), J. W. N. WATKINS 1978 (S. 71 – 75).

A \ B	Respektiert Regeln	Respektiert keine Regeln
Respektiert Regeln	Zelle I 19, 7	Zelle II 3, 11
Respektiert keine Regeln	Zelle III 22, 1	Zelle IV 9, 2

Maßgröße des jeweiligen Nutzens von B[11]. Die Nutzengrößen sind so gewählt, daß gilt: Wenn *beide* Akteure Regeln respektieren (Zelle I), also in einer Situation wirksamer normativer Ordnung, sind *beide* besser gestellt als in der genuin anarchischen Situation, in der keiner Regeln respektiert (Zelle IV)[12]. Bestünde nur die Wahl zwischen diesen beiden Alternativen (Zelle I und IV), so läge es natürlich unzweifelhaft im individuellen Interesse der beteiligten Akteure, die Verhaltensalternative ‚Respektierung von Regeln' zu wählen. In Wirklichkeit ist jedoch — wie oben erläutert — die Wahlsituation für den einzelnen komplizierter. Denn einerseits besteht die Aussicht, bei Regeltreue des anderen durch eigenes regelungebundenes Verhalten noch größere Vorteile realisieren zu können (Zelle II bzw. III im Vergleich zu Zelle I). Und andererseits besteht das Risiko, bei eigener Regeltreue durch Regelverstöße des anderen noch schlechter gestellt zu werden als im Zustand genuiner Anarchie (Zelle II bzw. III im

---

[11] Die fiktiven Nutzengrößen dienen nur der Charakterisierung einer Problemsituation, genauer: einer spezifischen Interessenkonstellation. Die hier interessierenden theoretischen Schlußfolgerungen sind also völlig unabhängig von der Frage der Nutzen*messung*. — Der Einfachheit der Darstellung wegen ist hier, ebenso wie in der üblichen Darstellung des ‚Gefangenendilemmas', ein ‚Zwei-Personen-Spiel' zugrunde gelegt. Die verallgemeinerte Version eines ‚N-Personen-Spiels' (zur Definition eines solchen Spiels vgl. z. B. M. TAYLOR 1976, S. 6; ORBELL und WILSON 1978) würde zwar eine adäquatere Abbildung des Problems der ‚sozialen Ordnung' erlauben. Sie wäre allerdings weit weniger anschaulich, und im übrigen würden sich — was die hier interessierenden Aspekte anbelangt — keine wesentlichen Änderungen gegenüber der am ‚Zwei-Personen-Modell' ausgerichteten Argumentation ergeben.
[12] Die Matrix ist übernommen von J. M. BUCHANAN 1975, S. 27. — Im Unterschied zur üblichen Darstellung des ‚Gefangenendilemmas' (vgl. dazu z. B. M. TAYLOR 1976, S. 5) sind die Nutzengrößen für A und B absichtlich ungleich gewählt, um auszudrücken, daß beide Akteure — unabhängig von ihrem ‚relativen Erfolg' in der Situation genuiner Anarchie — aus einer Situation normativer Ordnung Vorteile ziehen können, daß also die Logik des Arguments keineswegs an die Annahme einer *Gleichheit in der Ausgangssituation* gebunden ist. Dazu ausführlicher BUCHANAN 1975, S. 54 ff. — Den Gedanken, daß die Geltung eines Regelsystems auch im Interesse der „stärkeren oder fähigeren Beteiligten" liegt, hat auch G. LENSKI (1973, S. 50) in einem weiter unten (Anm. 17, S. 132) erwähnten Argumentationszusammenhang angesprochen.

Vergleich zu Zelle IV). In einer solchen Wahlsituation liegt die für die beteiligten Akteure vorteilhaftere *individuelle, separate Strategie* darin, die Verhaltensalternative ‚Nicht-Beachtung von Regeln' zu wählen, und zwar *unabhängig* davon, welche Annahmen sie über das Verhalten des anderen zugrunde legen. Stehen sie doch bei Wahl dieser Verhaltensalternative in jedem Fall besser da, wie auch immer der andere sich entscheidet. Daraus folgt aber: Wählen die Akteure die jeweils individuell vorteilhaftere Strategie, so finden sie sich zwangsläufig in der durch Zelle IV repräsentierten Situation genuiner Anarchie wieder. Das (unintendierte) ‚*soziale Produkt*' ihrer individuell ‚rationalen' Entscheidungen wird eine Situation sein, in der sie schlechter gestellt sind, als sie es bei gemeinsamer Respektierung von Regeln sein könnten. Oder anders formuliert: Durch ihre separate Verfolgung individueller Interessen bringen sich die Akteure gemeinsam in eine Lage, die keiner von ihnen will.

Ausgehend von diesen Überlegungen läßt sich das Problem der Erklärung sozialer Ordnung auch als Frage danach umformulieren, welche Mechanismen in der sozialen Realität eine dem ‚Gefangenendilemma' analoge Interessenkonstellation verhindern. Das bedeutet, eine Erklärung sozialer Ordnung wird die Mechanismen spezifizieren müssen, die in der sozialen Realität dafür sorgen, daß für alle (oder zumindest für einen ausreichend großen Teil der) betroffenen Akteure die Wahl der Verhaltensalternative ‚Beachtung von Regeln' auch die *individuell vorteilhaftere Strategie* ist. Und das wiederum heißt, sie wird die Faktoren aufzeigen müssen, die dazu beitragen, daß die ‚Ertragserwartungen', die die Akteure mit den durch die Zellen II und III der Ertragsmatrix repräsentierten sozialen Konstellationen verbinden, *anders* ausfallen als es den oben angegebenen Nutzengrößen entspricht. Im folgenden soll zunächst der Lösungsvorschlag erörtert werden, der innerhalb der individualistisch-austauschtheoretischen Tradition für dieses Erklärungsproblem vorgelegt worden ist. Dabei wird zu zeigen sein, daß diese Lösung nur unter der Annahme bestimmter Bedingungen schlüssig ist, Bedingungen, die keineswegs immer gegeben sind.

2. Austausch und gegenseitige Kontrolle: Soziale Ordnung als ‚regulierte Anarchie'

Das Kernargument der austauschtheoretischen Konzeption in der Sozialtheorie – dies gilt für die Konzeption der Schottischen Moralphilosophen ebenso wie für den Austauschgedanken in der Kulturanthropologie oder für die neuere austauschtheoretische Soziologie[13] — war stets, daß das dem Prozeß des wechselseitigen Austauschs *immanente Sanktionspotential* ausreichende *individuelle Anreize* zur Einhaltung von Regeln zu schaffen vermag. Der Prozeß des wechselseitigen Austauschs (der Gewährung oder Vorenthaltung) von Leistungen wird als ein Prozeß der gegenseitigen Verhaltenssteuerung und -anpassung interpretiert, der zur allmählichen Herausbildung verläßlicher Verhaltenserwartungen und damit zur Herausbildung von Regeln oder Normen führt. Die Entstehung (und Veränderung) sozialer Verhaltensnormen erscheint als unintendiertes, evolutionäres Produkt gegenseitiger Anpassung. Was das Problem der sozialen Ordnung anbelangt, so ist also im Sinne dieser theoretischen Konzeption die direkte wechselseitige Sanktionierung der individuellen Akteure die zentrale erklärende Variable. Durch diese wechselseitige Sanktionierung wird, dies ist die grundlegende Annahme, die Verhaltensalternative ‚Nicht-Einhaltung von Regeln' so sehr mit ‚Kosten' belastet, daß im Interessenkalkül des einzelnen Akteurs die Wahl der Verhaltensalternative ‚Einhaltung von Regeln' auch als die *individuell vorteilhaftere* Strategie erscheint — und zwar völlig unabhängig von allen Erwägungen bezüglich der allgemeinen Vorteile ‚sozialer Ordnung' und der Nachteile ‚genuiner Anarchie'. Die Bedingungen des Austauschprozesses selbst sorgen hier also dafür, daß das ‚Problem der sozialen Ordnung' den Charakter eines ‚Gefangenendilemmas' verliert; sie sorgen dafür, daß die ‚Ertragserwartungen', die die einzelnen Akteure an die Wahl der Verhaltensalternative ‚Nichteinhaltung von Regeln' knüpfen können, gegenüber den in der oben angeführten Ertragsmatrix unterstellten Werten (Zelle II und III) *korrigiert* werden. Oder anders formuliert: Die Bedingungen des Austauschprozesses „verhindern ein egoistisches ‚kostenloses' Durchsetzen eigener Interessen" (K. HEINEMANN 1976, S. 53).

So hat etwa B. Malinowski in seiner Analyse des verzweigten Systems ‚gegenseitiger Dienste und Verpflichtungen', das er bei den Trobriandern beobachtet hatte, darauf hingewiesen, daß der Austauschmechanismus ‚aus sich heraus' die individuellen Ertragserwartungen der Akteure derart korrigiert, daß sie durch ihr „aufgeklärtes Selbstinteresse" (MALINOWSKI 1978, S. 139) dazu angehalten werden, Regeln einzuhalten und Verpflichtungen zu erfüllen. Die „freie und einfache Weise, auf die alle Transaktionen durchgeführt werden", dürfte, wie MALINOWSKI (ebenda, S. 137) be-

---

[13] Vgl. dazu VANBERG 1975, S. 15 ff., 55 ff., 63 ff.

tont, nicht über „das klare Selbstinteresse und die wachsame Berechnung" (ebenda) hinwegtäuschen, die dahinter stehen, und sie dürfe auch nicht übersehen lassen, daß ‚sozialer Zwang' — i. e. die wirksame Belastung der Verhaltensalternative ‚Nicht-Einhaltung von Regeln' mit *Kosten* — eine unerläßliche Voraussetzung für das reibungslose Funktionieren dieses Systems sei (ebenda, S. 138). „Wann immer" — so bemerkt MALINOWSKI (ebenda, S. 139) — „der Eingeborene seinen Verpflichtungen ausweichen kann, ohne Prestige zu verlieren oder ohne den Verlust eines in Aussicht stehenden Gewinns, so tut er dies, genauso wie ein zivilisierter Geschäftsmann dies tun würde". Wenn der einzelne sich normalerweise seinen Verpflichtungen nicht entzieht, so deshalb, weil er eben *nicht* erwarten kann, dies ‚*kostenlos*', ohne Sanktionen, tun zu können. Ein Unterlassen seiner Verpflichtungen bringt, so Malinowski, „einen Mann in eine unhaltbare Lage..., während Nachlässigkeit ihm Schande bringt. Ein Mann, der sich in seinen wirtschaftlichen Handlungen hartnäckig den Rechtsnormen entziehen würde, sähe sich sehr schnell außerhalb der gesellschaftlichen und wirtschaftlichen Ordnung gestellt — und er weiß das" (ebenda, S. 144)[14].

Für das einem Austauschnetzwerk immanente Sanktionspotential ist offenbar — dies wird auch in der Argumentation Malinowskis deutlich — die *Dauerhaftigkeit* der Beziehungen zwischen den Betroffenen Akteuren eine entscheidende Variable. Je weniger eine soziale Beziehung im Sinne eines einmaligen, ‚quid-pro-quo' Austauschs interpretiert werden kann, und je stärker sie als Teil einer *langfristigen Austauschbeziehung* gewertet werden muß, umso mehr wird die *Sicherung zukünftiger Austauschchancen* für die Beteiligten zu einem wichtigen Handlungsmotiv. Bei langfristigen Austauschbeziehungen sind für das Interessenkalkül der einzelnen Akteure nicht nur die *aktuellen* (kurzfristigen) *Erträge* einer Handlungsalternative von Belang, sondern auch die langfristigen (positiven und negativen) Rückwirkungen, die ihr momentanes Verhalten auf ihre zukünftigen Austauschchancen bei dem jeweiligen Austauschpartner ebenso wie bei anderen potentiellen Austauschpartnern haben wird. Auf diesen Zusammenhang stellt etwa M. Weber ab, wenn er auf die ‚Interessenorientie-

---

[14] B. MALINOWSKI 1978, S. 145: „Obwohl kein Eingeborener, und sei er auch noch so intelligent, diese Sachlage in allgemeine Begriffe fassen oder sie als soziologische Theorie vortragen könnte, ist sich ein jeder der Existenz jenes Systems völlig bewußt und kann in jedem Fall die aus einer Handlung resultierenden Konsequenzen vorhersehen".

rung' als Grundlage ‚sozialer Ordnung' verweist[15], und wenn er die wechselseitige Abhängigkeit der Akteure als den entscheidenden Faktor betrachtet, der ein eigeninteressiertes Motiv zur Rücksichtnahme auf die Interessen anderer schafft und damit auf soziale Befriedung hinwirkt. Diese stabilisierende Wirkung der ‚Interessenorientierung' ergibt sich nach WEBER daraus, „daß, wer sein Handeln nicht an dem Interesse der anderen orientiert..., deren Widerstand herausfordert... und also Gefahr läuft, an eigenem Interesse Schaden zu nehmen" (1964 I, S. 22)[16]. Die ‚Garantie' für die Regeltreue des anderen beruhe, so stellt WEBER (ebenda, S. 490 f.) fest, „auf der beiderseits normalerweise mit Recht gemachten Voraussetzung, daß jeder von beiden an der Fortführung der Tauschbeziehung, sei es mit diesem, sei es mit anderen Tauschpartnern auch für die Zukunft ein Interesse habe, daher gegebene Zusagen halten und mindestens eklatante Verletzungen von Treu und Glauben unterlassen werde"[17].

---

[15] M. WEBER 1964 I, S. 21 f.: „Diese Erscheinung: daß Orientierung an der nackten eigenen und fremden Interessenlage Wirkungen hervorbringt, welche jenen gleichstehen, die durch Normierung – und zwar sehr oft vergeblich – zu erzwingen gesucht werden, hat insbesondere auf wirtschaftlichem Gebiet große Aufmerksamkeit erregt: – sie war geradezu eine der Quellen des Entstehens der Nationalökonomie als Wissenschaft. Sie gilt aber von allen Gebieten des Handelns in ähnlicher Art".

[16] Vgl. auch M. WEBER 1968, S. 453. Im Sinne der Vorstellung einer ‚Integration durch Austausch' spricht WEBER (1964 I, S. 489) von der „Vergesellschaftung durch Tausch auf dem Markt" und von der „relativen Befriedung" (ebenda, S. 493), die mit der „Expansion der Tauschbeziehungen" (ebenda) einhergehe. – Ähnlich hat auch G. SIMMEL betont, daß „der Tausch die Friedlichkeit der Beziehungen unter den Menschen" (1958, S. 55) begünstigt, daß „der interindividuelle Tausch nichts anderes als ein Friedensvertrag" sei (ebenda, S. 58). Es sei der Tausch, so stellt Simmel fest, der „die Gesellschaft zum großen Teil bildet, nicht nur die gebildete zusammenhält" (1968, S. 444).

[17] Um den Beteiligten in einer Tauschbeziehung die Bildung verläßlicher Erwartungen über das Verhalten des jeweils anderen zu ermöglichen, sei – so meint WEBER (1964 I, S. 247) – irgendeine „außerhalb ihrer beider Personen liegende ‚Ordnung', welche dies garantiert" ebensowenig notwendig vorausgesetzt wie „die subjektive Anerkennung irgendwelcher Norm" (ebenda). Der Tauschende könne sich „auf das der Neigung zum Bruch des Versprechens entgegenwirkende egoistische *Interesse* des Gegenparts an der künftigen Fortsetzung von Tauschbeziehungen mit ihm verlassen" (ebenda), er könne auf ein „seinen Intentionen entsprechendes Verhalten des anderen..., bei fortgesetztem Verkehr, auch ohne alle Rechtsgarantie gewöhnlich zählen" (ebenda, S. 250).
Den Lernprozeß, den das Kind als anfänglich „extrem ichbezogenes Geschöpf" (G. LENSKI, 1973, S. 49) bis hin zur allmählichen Erfahrung durchmacht, „daß die Erreichung seiner eigenen Ziele festverknüpft ist mit den Interessen der anderen" (ebenda), hat G. LENSKI (ebenda, S. 49 ff.) als Beispiel für den Prozeß herangezogen, „in dessen Verlauf sich aus den Handlungen einer ursprünglich unorganisierten Ansammlung von Individuen, die höchst egoistisch auf größtmögliche eigene Befriedigung aus sind, Institutionen entwickeln, die ihre eigenen Kooperationsregeln... haben" (ebenda, S. 49). Die Befolgung der Regeln lasse sich, so stellt LENSKI (ebenda, S. 50) fest, „schlicht als eine Form von *aufgeklärtem Eigeninteresse* erklären".

Der Gedanke, daß die Herausbildung und Stabilisierung sozialer Ordnung allein durch die verhaltenssteuernden Mechanismen wechselseitigen Austauschs zu erklären ist, ohne daß es der Annahme einer besonderen ‚ordnungsstiftenden Instanz' bedarf, war das eigentlich Neue an der sozialtheoretischen Konzeption der Schottischen Moralphilosophie. Und in der Idee des ‚Marktes' — als dezentrales, „nicht *autoritär* organisiertes *System der sozialen Kontrolle*" (Albert 1977, S. 180) — wurde dieser Gedanke zur systematischen Grundlage der ökonomischen Theorie. — Ein Begriff, der ebenso wie der des ‚Marktes' ein dezentrales, auf der wechselseitigen Kontrolle und Anpassung der Akteure basierendes System der sozialen Steuerung bezeichnen soll, ist der Begriff der ‚*regulierten Anarchie*', der zur Kennzeichnung der Sozialstruktur herrschaftsloser (primitiver) Gesellschaften benutzt wird[18]. Das *Strukturierungsprinzip* solcher — „ohne herrschaftliche Organisation" (SIGRIST 1967, S. 16) und „ohne Unterordnung unter öffentliche Gewalten" (ebenda) aufrecht erhaltenen — ‚anarchischen Ordnung' umschreibt Sigrist mit der Formel „Selbststeuerung als rechtlicher Mechanismus" (ebenda, S. 112), und er verweist dabei auf Malinowskis Reziprozitätstheorie als ein allgemeines Modell, das erklärt, wie soziale Normen auch ohne Steuerung durch eine Zentralmacht geschützt werden (ebenda, S. 112 f.)[19]. Die Steuerung des Verhaltens erfolge hier, so SIGRIST (ebenda, S. 113), „durch eine Motivation des ‚do ut des'", die Verletzung von Solidaritätspflichten werde sanktioniert „mit einer Minderung oder mit dem Abbruch der reziproken Beziehungen" (ebenda), die „Drohung mit dem Zerbrechen der Reziprozitätskette" (ebenda, S. 114) sei „ein wichtiges Regulativ gegen die Ausnützung ... machtmäßiger Überlegenheit" (ebenda).

Wenn oben (S. 129) davon die Rede war, daß die individualistisch-austauschtheoretische Lösung des Problems der sozialen Ordnung (stillschweigend) die Geltung *bestimmter Bedingungen* voraussetzt, so läßt sich die Frage nach diesen Bedingungen vor dem Hintergrund der voran-

---

[18] Vgl. CH. SIGRIST 1967. SIGRIST (ebenda, S. 16) weist darauf hin, daß der — in der Kulturanthropologie wohl durch Evans-Pritchard populär gemachte — Begriff der ‚ordered anarchy' bereits bei M. WEBER (1964 II, S. 852) auftaucht, der über die „regulierte Anarchie" bemerkt, sie könne „fast als der Normalzustand primitiver Gemeinschaften angesehen werden". Vgl. auch WEBER ebenda, S. 658.
[19] CH. SIGRIST 1967, S. 115: „Die Aufrechterhaltung einer gegebenen sozialen Ordnung wird durch Reziprozitätsmechanismen auch ohne Vermittlung einer Instanz ermöglicht: der Druck der Einzelinteressen führt zu einer Reduzierung des abweichenden Verhaltens auf die Linie erwarteten Verhaltens. Solche Prozesse subsumiere ich unter den Begriff der *Selbststeuerung*".

gegangenen Überlegungen als Frage danach formulieren, unter welchen Bedingungen eine ‚regulierte Anarchie' – bzw. ein ‚Markt' – als umfassendes System dezentraler sozialer Kontrolle funktionsfähig ist, Bestand haben kann[20]. Als generelle Bedingung läßt sich zunächst angeben, daß die ‚privaten' Sanktionen, die die Akteure von ihren (aktuellen und potentiellen) Interaktionspartnern zu erwarten haben[21], die Verhaltensalternative ‚Nicht-Einhaltung von Regeln' mit ausreichenden *Kosten* belasten, um ihre Wahl unattraktiv zu machen. Was zunächst eine bloße Zwei-Parteien-Konstellation anbelangt, wie sie in der obigen Ertragsmatrix zugrunde gelegt ist, so gilt: Haben wir es nicht mit einer *einmaligen* Entscheidungssituation zu tun (wie sie beim eigentlichen Gefangenendilemma der Spieltheorie ja unterstellt wird), sondern mit einer Entscheidungssituation in einer Sequenz von Transaktionen, die die Akteure auch zukünftig zusammenführen wird, so haben die Beteiligten – wie oben erläutert – im Hinblick auf die Sicherung zukünftiger Austauschchancen durchaus ein eigeninteressiertes Motiv zur Regeleinhaltung[22].

Wenn hier die Mechanismen wechselseitiger Kontrolle ein ausreichendes Motiv für regelgetreues Verhalten zu schaffen vermögen, so sind dafür offensichtlich die (geringe) *Zahl der Akteure* und die *Kontinuität ihres Kontaktes* untereinander ausschlaggebende Voraussetzungen. Und von einer Veränderung dieser Bedingungen wird man Rückwirkungen auf die Funktionsfähigkeit regulierter Anarchie erwarten können. So ist etwa zu erwarten, daß mit wachsender Gruppengröße der Einfluß abnimmt, den

---

[20] Zur Entsprechung zwischen ‚Markt' und ‚regulierter Anarchie' als auf Reziprozität basierenden sozialen Ordnung vgl. auch etwa J. RÖPKE 1970, S. 22: „Die Kontrolle des Verhaltens erfolgt in der kleinen homogenen Gruppe, wie auch im unpersönlichen Marktsystem einer offenen Gesellschaft ‚automatisch'. Sie ist in den Austauschprozeß eingebaut und beruht auf dem Eigennutzen des einzelnen Menschen. Reziprozität ist mit Selbstinteresse gekoppelt. Im Marktsystem, wie in primitiven Gruppen, bestehen also Mechanismen spontaner Selbstkontrolle, die, wenn wir sie sozialstrukturell relativieren, als identisch bezeichnet werden können".

[21] BUCHANAN (1975, S. 117) kennzeichnet die ‚ordered anarchy' als „freiwillig, durch privat auferlegte Verhaltensbeschränkungen organisiert".

[22] In diesem Sinne kann man, wie BUCHANAN (1975, S. 27 f., 65 f.) bemerkt, für das einfache ‚Zwei-Personen-Modell' wohl unterstellen, daß das ‚immanente Sanktionspotential' eine ausreichende Sicherung der Regeleinhaltung zu garantieren vermag, da jeder Beteiligte voraussehen kann, daß die eigene Nicht-Einhaltung von Regeln ein entsprechendes Verhalten des anderen zur Folge haben wird. – Daß bei einer ‚*dynamischen Interpretation*' (also bei einer Interpretation, die die Auswirkungen auf zukünftige Austauschchancen einkalkuliert) die ‚Ertragswerte' der Beteiligten gegenüber der ‚Gefangenendilemma-Konstellation' möglicherweise entscheidend anders ausfallen, ist ein zentrales Argument in der Analyse von TAYLOR (1976). Vgl. dazu auch etwa TAYLORS (ebenda, S. 7) Hinweis auf die „informellen Sanktionen", die die Ertragserwartungen der einzelnen Akteure ‚korrigieren'.

die einzelnen Akteure aufeinander ausüben[23]. Entsprechend werden sich die Erwartungen ändern, die ein Akteur bezüglich der Rückwirkungen hat, die die eigene Nicht-Einhaltung von Regeln für ihn selbst haben wird. So wird er insbesondere mit zunehmender Zahl von Mitakteuren immer weniger erwarten müssen, daß als Folge eigener Regelverletzung der allgemeine Rückfall in den unattraktiven Zustand ‚genuiner Anarchie‘ droht. Zwar kann das damit entfallende Motiv für regelgetreues Verhalten insoweit kompensiert werden, wie der einzelne damit rechnen muß, daß eigene Regelverstöße von anderen Akteuren mit direkten Sanktionen beantwortet werden[24]. Aber auch die Möglichkeit einer solchen ‚Kompensation‘ ist von der Zahl der betroffenen Akteure, also von der Gruppengröße, abhängig. Denn mit zunehmender Gruppengröße vermindert sich nicht nur das Entdeckungsrisiko für denjenigen, der eine Regelverletzung begeht. Gleichzeitig nimmt auch die Wahrscheinlichkeit ab, daß diejenigen, die eine Regelverletzung beobachten, einen ausreichenden *individuellen* (persönlichen) Anreiz haben, die ‚Kosten‘ oder Nachteile, die mit der Ausführung einer Sanktionshandlung verbunden sind, zu übernehmen[25]. In die gleiche Richtung wirkt eine Abnahme der *Kontinuität* des Kontaktes — etwa aufgrund steigender Mobilität oder aufgrund der wachsenden Zahl unterschiedlicher ‚Handlungskreise‘, in die der einzelne einbezogen ist —, da sie die Wirksamkeit des Motivs ‚Sicherung zukünftiger Austauschchancen‘ mindert.

Als allgemeine Hypothese läßt sich also formulieren: Je größer die betreffende Gruppe und je geringer die Kontinuität der sozialen Beziehun-

---

[23] BUCHANAN 1975, S. 66: „In dem Maße, in dem weitere Parteien hinzukommen, ... nimmt der Einfluß des Verhaltens irgendeiner Person auf das der anderen mehr und mehr ab ... (und) dieser Einfluß schwindet nahezu völlig, wenn eine gewisse kritische Gruppengröße erreicht ist". — Vgl. auch BUCHANAN ebenda, S. 184, wo auf die „Unpersönlichkeit oder Anonymität ... in großen Gruppen" verwiesen wird.

[24] Die Wirksamkeit dieser Sanktionen bei der Verhaltenssteuerung hängt natürlich davon ab, ob sie von ihrer Schwere und von ihrer Eintrittswahrscheinlichkeit her Regelverstöße — nach dem Kalkül der beteiligten Akteure — mit ausreichend hohen *Kosten* belasten, um regelgetreues Verhalten zur relativ attraktiveren Verhaltensalternative zu machen.

[25] Die Verhaltensalternative ‚Sanktionierung oder Nicht-Sanktionierung beobachteter Regelverletzungen‘ ist durch ein ähnliches Dilemma gekennzeichnet wie die Alternative ‚Einhaltung oder Nicht-Einhaltung von Regeln‘: Obschon es im gemeinsamen Interesse aller Beteiligten liegen mag, wenn durch eine prompte Sanktionierung von Regelverstößen die allgemeine Einhaltung des Regelsystems gesichert wird, so liegt es doch — im Hinblick auf die damit verbundenen Unannehmlichkeiten, Risiken etc. — nicht unbedingt im *individuellen Interesse* des einzelnen Akteurs, von ihm beobachtete Regelverstöße durch eigene Aktionen zu sanktionieren. Die ‚Kosten‘ eigener Sanktionsmaßnahmen fallen ihm allein zur Last, während er die daraus resultierende (u. U. lediglich marginale) positive Auswirkung auf das Gut ‚Rechtssicherheit‘ mit allen übrigen beteiligten Akteuren teilt.

gen, umso *unwahrscheinlicher* ist es, daß die Mechanismen des Austauschs und der direkten wechselseitigen Kontrolle ein ausreichendes Fundament *umfassender* Ordnungssicherung bieten können[26]. Wenn auch ohne Zweifel in allen Gesellschaften weite Bereiche des alltäglichen Verkehrs der Menschen untereinander durch die Prinzipien ‚regulierter Anarchie' geregelt werden[27], so ist doch die Organisation einer großen Gruppe als ganzes nach den Prinzipien regulierter Anarchie sehr unwahrscheinlich und als historische Realität wohl auf ganz spezielle Bedingungskonstellationen beschränkt geblieben[28].

---

[26] Bei seinen Überlegungen zum ‚gesellschaftlichen Gleichgewicht bei Naturvölkern' nennt A. VIERKANDT (1931) die in der „geringen Kopfzahl" (ebenda, S. 196) begründete „enge gegenseitige Fühlung und Kontrolle" (ebenda, S. 197) als einen wesentlichen Faktor, der bewirkt, „daß jeder Mensch seinem Mitmenschen durchsichtig ist und zugleich nicht über die öffentliche Meinung im Zweifel sein kann, da etwaige Schwächen an ihm so leicht nicht ungerügt bleiben... Diese Tatsachen sind äußerst wichtig für die Erhaltung des gesellschaftlichen Gleichgewichts für das hier öffentliche äußere (staatliche) Machtmittel viel weniger als bei uns zur Verfügung stehen" (ebenda, S. 196). – Generelle Aussagen über die ‚zu verkraftende' Gruppengröße lassen sich wegen des intervenierenden Einflusses anderer Variablen nicht machen. Eine solche intervenierende Variable ist etwa die *interne Struktur* der betrachteten Gruppe (dazu Anm. 28 unten).

[27] Vgl. BUCHANAN 1972, S. 21: „Weite Bereiche des sozialen Lebens sind im wesentlichen auf der Grundlage anarchischer Prinzipien organisiert und müssen es sein". Vgl. ders. 1975, S. 118: „Das gesellschaftliche Leben... würde wahrscheinlich unerträglich sein, wenn für jeden einzelnen Bereich, in dem interpersonale Konflikte entstehen könnten, formelle Regeln erforderlich wären. Einen indirekten Test für die Kohäsion einer Gesellschaft kann man in dem Umfang der Aktivitäten sehen, die informeller statt formeller Kontrolle überlassen sind". Vgl. auch ebenda, S. 4 f., 18. – Zur ‚regulierten Anarchie' im Alltagsverkehr vgl. auch etwa M. WEBER 1964 I, S. 245 sowie die Bemerkung von CH. SIGRIST (1967, S. 117), „daß in vielen Gesellschaften ein großer Teil sozialer Kontrolle durch Selbststeuerung gesichert wird".

[28] Eine wesentliche *intervenierende Variable* in der Beziehung zwischen ‚Gruppengröße' und ‚Ordnungssicherungspotential der Mechanismen regulierter Anarchie' ist – wie erwähnt – die *interne Gruppenstruktur*. So kann etwa durch eine Untergliederung in kleinere Teilgruppen – also bei „Föderationen kleinerer Gruppen" (OLSON 1968, S. 61) – die Wirksamkeit der Mechanismen dezentraler gegenseitiger Kontrolle auch bei steigender Gruppengröße (zumindest bis zu einem gewissen Grad) bewahrt werden. Von daher ist es kennzeichnend, daß die Gesellschaften, die FORTES und EVANS–PRITCHARD (1978) – in ihrer Einleitung zu dem grundlegenden Sammelband „African Political Systems" (London 1940) – als ‚staatslose Gesellschaften' klassifizieren („Gesellschaften, in denen es keine zentralisierte Autorität, keinen Verwaltungsapparat und keine zentral kontrollierte Gerichtsbarkeit gibt", 1978, S. 154), *segmentäre*, auf der Grundlage von *Abstammungsgruppen* gegliederte Gesellschaften sind (FORTES und PRITCHARD 1978, S. 155), – wobei hinzuzufügen ist, daß die Verhaltenskontrolle innerhalb der ‚Segmente' zwar ohne ‚öffentliche Instanz', aber doch nicht gänzlich ohne besondere – in einer *korporativen* Struktur wurzelnde – Kontrollinstanzen erfolgt (vgl. SIGRIST 1967, S. 30; s. a. G. E. SWANSON 1978, S. 289). – Auf das Problem der Gruppengröße weisen im übrigen auch Fortes und Pritchard mit der Bemerkung hin, „daß die politische Einheit in den Gesellschaften mit einer staatlichen Organisation größer ist als in solchen ohne eine staatliche Organisation" (1978, S. 156), und daß es wahrscheinlich „eine

3. Die Grenzen der Wirksamkeit ‚spontaner Ordnungssicherung‘: Soziale Ordnung als Organisationsproblem

Aus den vorangegangenen Überlegungen folgt, daß mit zunehmender Gruppengröße die – in der direkten wechselseitigen Kontrolle der Akteure begründeten – Mechanismen ‚spontaner Ordnungssicherung‘ tendenziell an Wirksamkeit *verlieren*, und daß sie von einer gewissen (wegen des Einflusses intervenierender Variablen nicht festlegbaren) kritischen Gruppengröße an keine ausreichende *individuelle* Motivation zur Regeleinhaltung mehr zu schaffen vermögen. Für das Interessenkalkül des einzelnen Akteurs gewinnen mit zunehmender Gruppengröße zwei Tatbestände an Bedeutung: *Erstens*, nach seiner subjektiven Einschätzung steigt die Wahrscheinlichkeit dafür, daß eigene Regelverletzungen unsanktioniert – also ohne direkte Kosten – bleiben. Und *zweitens*, nach seiner subjektiven Einschätzung sinkt die Wahrscheinlichkeit dafür, daß es von der *eigenen* Normtreue abhängt, ob der Zustand ‚sozialer Ordnung‘ gesichert wird, und daß als direkte Folge *eigener* Regelverletzung der Rückfall in die genuine Anarchie droht. Da dies für alle beteiligten Akteure gilt, folgt, daß sich mit zunehmender Gruppengröße – trotz der ‚befriedenden‘ Wirkung des Austauschmechanismus – eine Interessenkonstellation einstellen wird, die sich mehr und mehr der Interessenkonstellation beim ‚Gefangenendilemma‘ annähert. Es stellt sich eine Interessenkonstellation ein, die BUCHANAN (1977, S. 161)[29] als ‚*large-number dilemma*‘ bezeichnet: „Jede einzelne Person mag sich darüber im klaren sein, daß sie in einer anders beschaffenen Welt, in der das Sittengesetz allgemein respektiert wird ..., ‚besser daran‘ wäre – ‚besser‘ im Sinne ihrer eigenen Bewertung. Aber privat und spontan steht dem einzelnen Individuum einfach kein Mittel zur Verfügung, durch das es diesen alternativen Zustand der Welt der Verwirklichung näher bringen könnte"[30].

Grenze für die Größe einer Bevölkerung gibt, die ohne eine Art von Zentralgewalt bestehen kann, ohne auseinanderzufallen" (ebenda).

[29] Es wird hier bezug genommen auf den in Buchanan 1977 wiederabgedruckten Aufsatz „Ethical Rules, Expected Values and Large Numbers", zuerst 1965 in: Ethics, Vol. LXXVI, S. 1–13.

[30] Für die Geltung des Arguments ist es, wie BUCHANAN (1977, S. 161 f.) feststellt, unerheblich, daß die Neigung, sich unter bestimmten Umständen regelgetreu zu verhalten oder nicht, bei verschiedenen Individuen *unterschiedlich* sein mag (aufgrund unterschiedlicher bisheriger Erfahrungen, unterschiedlicher Sozialisation etc.). Entscheidend ist, daß für *jedes* Individuum gilt: Mit steigender Gruppengröße nehmen die individuellen, ‚privaten‘ Anreize für normgetreues Verhalten ab. Zur Frage der ‚kritischen Gruppengröße‘ bemerkt Buchanan: „Die Analyse gibt keinerlei Anhaltspunkte für den tatsächlichen Umfang, den ei-

Als Hinweis auf die hier deutlich werdenden Grenzen einer rein *austauschtheoretischen* Erklärung sozialer Ordnung wäre die oben (S. 124) erwähnte Parsonssche Kritik der ‚individualistisch-utilitaristischen Tradition' also durchaus nicht unbegründet[31]. Und obschon dies sicherlich kaum als die explizite Stoßrichtung der Parsonsschen Argumentation gelten kann, so taucht doch in Parsons' Kritik der Gedanke auf, daß „die durch friedlichen Austausch zu realisierenden beiderseitigen Vorteile nicht als die *allgemeine* Grundlage sozialer Ordnung gelten können" (TH. BURGER 1977/78, S. 321). Und seine Kritik der ‚utilitaristischen Lösung des Hobbesschen Problems' wertet Parsons selbst im Rückblick (PARSONS 1977/78, S. 1351) zum Teil als eine Reaktion auf die von ‚zeitgenössischen Ökonomen' (Parsons bezieht sich hier speziell auf Lionel Robbins) vertretene Vorstellung, „daß ein System von Wettbewerbsmärkten als ‚nahezu' selbst-regulierend betrachtet werden, und daß ein solches Marktsystem als Prototyp eines sozialen Handlungssystems gelten könnte"[32]. Gegen einen solchen ‚ökonomischen Individualismus' habe er, so PARSONS (ebenda, S. 1352), die Notwendigkeit betont, „völlig andere Faktoren zu berücksichtigen, als das Zusammenspiel der Interessen in Wettbewerbsmärkten, wie es von ökonomischen Theoretikern dieser Art untersucht wird".

Nun kann man — was die Frage einer *durchgängigen* Erklärung sozialer Ordnung anbelangt — die Skepsis gegenüber dem *austauschtheoretischen* Modell durchaus teilen, ohne sich der Parsonsschen Lösung anschließen zu müssen[33]. Wenn das ‚large-number dilemma' seine Ursache darin hat, daß das dem Prozeß wechselseitigen Austauschs und wechselseitiger Kontrolle *immanente Sanktionspotential* keine ausreichenden Anreize für regelgetreues Verhalten mehr zu produzieren vermag, so bedeutet dies: Eine Aufhebung dieses Dilemmas kann nur auf Faktoren beruhen, die die *Bedingungen*, unter denen die Akteure ihre Handlungsentscheidungen treffen, so verändern, daß die Wahl der Verhaltensalternative ‚Einhaltung

---

ne bestimmte Gruppe annehmen kann, bevor das individuelle Entscheidungskalkül die erwähnte verhältnismäßig dramatische Wandlung erfährt. Es ist wohl offensichtlich, daß die kritische Trennungslinie zwischen kleiner Gruppe und großer Gruppe sich mit einer Vielzahl von Umständen ändern wird" (1977, S. 161).

[31] Soweit auf diese ‚Grenzen des Austauschmodells' abgestellt wird, ist durchaus der — an Parsons orientierten — Kritik zuzustimmen, die R. MÜNCH (1979, S. 394 ff.) gegen die ‚individualistisch-austauschtheoretische' Lösung des Ordnungsproblems vorbringt.

[32] Er füge das Wort ‚nahezu' ein, so bemerkt PARSONS (1977/78, S. 1351 f.), „weil die ‚laissez-faire' Ökonomen normalerweise, wenn auch etwas widerwillig, die Notwendigkeit eines Rechtssystems" eingeräumt hätten.

[33] Zur Kritik der Parsonsschen Konzeption: VANBERG 1975, S. 172 ff.

Regeln' zur individuell vorteilhaften Strategie wird[34], und zwar vor allem wohl dadurch, daß die Verhaltensalternative ‚Nicht-Einhaltung von Regeln' – über spontane, ‚private' Sanktionen *hinaus* – mit *ausreichenden Kosten* belastet wird. Das heißt aber, will man erklären, wieso es in der sozialen Realität dazu kommt, daß das oben beschriebene Dilemma vermieden oder aufgehoben wird, so wird man aufzeigen müssen, wie eine solche ‚*Veränderung der Handlungssituation*' zustande kommen kann.

In diesem Zusammenhang ist ein Blick auf die Überlegungen recht aufschlußreich, die D. Hume zur Frage der Rechtsentwicklung und -sicherung angestellt hat. Aufschlußreich deshalb, weil Hume als einer der Väter der individualistisch-evolutionistischen Tradition gerade die Mechanismen wechselseitiger Anpassung und unintendierter Entwicklung betont, gleichzeitig jedoch auch auf das Problem der Grenzen einer rein austauschtheoretischen Lösung des ‚Ordnungsproblems' und auf die Frage nach dem Ausweg aus dem ‚large-number dilemma' eingeht. Auch Hume geht bei seiner Argumentation – ganz im Sinne der eben (S. 124 ff.) dargestellten Überlegungen – von dem Gedanken aus, daß „eine allgemeine und strikte Einhaltung der Rechtsregeln" (HUME 1967, S. 534) – also ein Zustand ‚sozialer Ordnung' – im Interesse *aller* Beteiligten liegt, da dies „allein die Gesellschaft aufrechterhalten kann, und sie selbst davor bewahrt, in jenen kläglichen und primitiven Zustand zu verfallen, den man gemeinhin als *Naturzustand* umschreibt" (ebenda)[35]. Und auch Hume

---

[34] Auch P. M. BLAU (1964, S. 255 ff.) verweist – unter bezug auf das ‚Gefangenendilemma' (ebenda, S. 255 f.) – darauf, daß ‚sozialer Austausch' nur bis zu einem gewissen Grade „als ein selbst-regulierender Mechanismus" (ebenda, S. 255) funktioniert, und er leitet daraus die ‚Notwendigkeit' *sozialer Normen* ab: „Ohne soziale Normen, die Gewalt und Betrug verbieten, würde das für sozialen Austausch erforderliche Vertrauen gefährdet, und der soziale Austausch könnte nicht als ein selbst-regulierender Mechanismus... funktionieren" (ebenda). Dabei geht es im Sinne der Argumentation Blaus um „die Veränderung der Belohnungen und Kosten" (ebenda, S. 258) bestimmter Verhaltensweisen. Es geht darum, daß Sanktionen in's Spiel gebracht werden, die „ein Verhalten, das ansonsten irrational wäre, zu einer rationalen Verfolgung des eigenen Interesses werden lassen" (ebenda). – Vgl. in diesem Zusammenhang auch M. WEBER 1964 I, S. 255.

[35] Unter bezug auf die *Nachteile* einer strikten Unterwerfung unter allgemeine Regeln stellt HUME (1967, S. 497) fest: „Und selbst jede individuelle Person muß, wenn sie Vorteile und Nachteile gegeneinander abwägt, feststellen, daß sie einen Gewinn macht; denn ohne Recht muß die Gesellschaft sogleich zerfallen, und jeder in jenen primitiven und einsamen Zustand geraten, der unendlich schlechter ist als die schlechteste Situation, die man sich in der Gesellschaft überhaupt ausdenken kann". – Vgl. auch HUME 1963, S. 466 f.

sieht das Problem, daß dieses *gemeinsame Interesse kein unmittelbares individuelles Motiv* zur Regeltreue zu schaffen vermag[36].

Im Sinne der erläuterten austauschtheoretischen Lösung erklärt Hume die individuelle Motivation zur Respektierung von Regeln aus dem Umstand, daß die Menschen aus der Erfahrung wechselseitiger Abhängigkeit heraus ihr Verhalten aufeinander einzustellen lernen. Recht wird gesehen als evolutionäres Produkt eines allmählichen Lernprozesses, in dem die Menschen durch die Erfahrung der Vorteilhaftigkeit eines solchen Arrangements dazu veranlaßt werden, in ihrem Verkehr untereinander bestimmte Regeln zu respektieren. Soweit es den Bezug auf die verhaltenssteuernden Mechanismen wechselseitigen Austauschs und wechselseitiger Kontrolle anbelangt, soll hier nicht weiter auf die Argumentation Humes eingegangen werden[37]. Im vorliegenden Zusammenhang ist von Interesse, daß Hume bei der Untersuchung der Frage, was den einzelnen Akteur zur Einhaltung von Regeln motiviert, auch auf das ‚large-number dilemma' stößt[38]. Wenn eine Gesellschaft größer geworden und „zu einem Stamm oder einer Nation angewachsen" (ebenda, S. 499) sei, dann sei – so stellt Hume fest – das Interesse an der Einhaltung der Regeln nicht mehr so greifbar, und die Menschen würden auch nicht mehr „so unmittelbar feststellen, daß Unordnung und Verwirrung die Folge jeder Verletzung dieser Regeln sind, wie in einer begrenzten und eng verbundenen Gesellschaft" (ebenda). Selbst wenn alle Menschen sich darüber im klaren sein mögen, wie notwendig die Respektierung von Regeln für den Bestand der Gesellschaft ist, so gibt es doch, wie HUME (1963, S. 35 f.) bemerkt, Handlungsumstände, unter denen im Interessenkalkül des einzelnen die Vorteile, die er sich von einer Übertretung der Regeln erhofft, schwerer wiegen, als der Schaden, den er durch seine Regelverletzung dem gesellschaftlichen Zusammenhalt zufügt. Hier habe man es – so Hume – mit einer ‚grundlegenden Schwäche der menschlichen Natur' zu tun[39], die „nicht nur sehr

---

[36] BUCHANAN 1962, S. 315: „Natürlich erkannte Hume, daß – *wenn dies möglich wäre* – dem Eigeninteresse des einzelnen am besten damit gedient wäre, daß alle Personen außer ihm selbst die festgesetzten Regeln beachten, während es ihm freigestellt bleibt, diese Regeln zu übertreten".

[37] Dazu ausführlicher VANBERG 1975, S. 16 ff.

[38] Dazu auch TAYLOR 1976, S. 124 ff.

[39] Hume betont in diesem Zusammenhang des Argument, daß die Vorteile der Einhaltung eines Regelsystems sich für den einzelnen nur in der *langfristigen* Perspektive erweisen, während durch Regelübertretungen häufig *kurzfristige* Vorteile zu realisieren seien. Der Mensch sei aber nun einmal durch seine kurzfristigen Interessen stärker bestimmt als durch seine langfristigen (vgl. HUME 1967, S. 499, 534 ff.). – Ein wesentlicher Umstand ist freilich, daß die ‚Vorteile einer Rechtsordnung' *deshalb* nicht ohne weiteres individuelle Motive zur

bedrohlich für die Gesellschaft" (1967, S. 535) sei, sondern gegen die es auch, „bei oberflächlicher Betrachtung, kein Heilmittel zu geben" (ebenda) scheine. Abhilfe könne hier nur durch „das Einverständnis der Menschen" (ebenda) kommen, und zwar gehe es darum, ein Mittel zu finden, „durch das die Menschen . . . sich selbst den Zwang auferlegen, die Regeln des Rechts und der Gerechtigkeit zu beachten" (ebenda, S. 537). Da es unmöglich sei, „irgendetwas wesentliches an unserer Natur zu ändern oder zu verbessern" (ebenda), könne ein solches Mittel nur darin gefunden werden, „daß wir unsere Handlungsumstände und Situationsbedingungen ändern, und die Beachtung der Rechtsregeln zu unserem unmittelbaren Interesse werden lassen, ihre Verletzung aber zum ganz fern liegenden" (ebenda). Eine solche Änderung der Situationsbedingungen könne, wie Hume (ebenda) bemerkt, dadurch bewirkt werden, daß man einige Personen in eine Position bringe, die es in ihrem *unmittelbaren* Interesse gelegen sein lasse, die Einhaltung des Regelsystems zu überwachen und sicherzustellen[40]. Und genau hier liegt nach Hume die Wurzel für die Bildung staatlicher Organisation — „der Ursprung des bürgerlichen Staates (civil government)" (ebenda) —, deren Hauptaufgabe darin liegt, die Einhaltung des Regelsystems zu sichern, indem sie die Verhaltensalternative ‚Nicht-Einhaltung von Regeln' — über die ‚privaten' Sanktionen hinaus — mit ausreichend hohen ‚Kosten' belastet, um ihre Wahl unattraktiv werden zu lassen[41]. Die Einrichtung dieser besonderen ‚Sanktionsinstanz' wird von Hume als eine sozialorganisatorische *Erfindung* gekennzeichnet: „Wenn die Menschen erst einmal die Erfahrung gemacht haben, daß es unmöglich ist, irgendeine beständige Ordnung in der Gesellschaft zu erhalten, solange jeder einzelne sein eigener Herr ist und die Gesetze der Gesellschaft je nach seinem jeweiligen Interesse und seiner Laune verletzt oder einhält, kommen sie natürlicherweise auf die Erfindung des Staates (government), und entziehen es — soweit wie möglich — ihrem eigenen

---

Regeltreue zu schaffen vermögen, weil hier — wie oben gezeigt, und wie auch von Hume selbst gesehen — ein ‚large-numer dilemma' vorliegt, also eine Interessenkonstellation, die der des ‚Gefangenendilemmas' analog ist.

[40] HUME 1963, S. 36: „Die Menschen müssen daher bestrebt sein, zu mildern, was sie nicht heilen können. Sie müssen einige Personen einsetzen . . ., deren besondere Aufgabe es ist, auf die Gebote der Gerechtigkeit hinzuweisen, Missetäter zu bestrafen, Betrug und Gewalt zu verhindern, und die Menschen — ungeachtet ihres Widerstrebens — dazu zu zwingen, auf ihre eigenen wirklichen und dauerhaften Interessen Rücksicht zu nehmen".

[41] Wie bei den ‚privaten Sanktionen' so gilt auch hier: Die Wirksamkeit des staatlichen Sanktionssystems hängt nicht nur von der *Höhe* der bei Regelverletzungen drohenden Sanktionen ab, sondern auch von der *Wahrscheinlichkeit*, mit der die Akteure den tatsächlichen Eintritt der Sanktionen erwarten.

Belieben, die Gesetze der Gesellschaft zu übertreten" (ebenda, S. 554)[42]. In diesem Sinne gehe — so bemerkt Hume — staatliche Organisation „aus der freiwilligen Übereinkunft der Menschen hervor" (ebenda), sie sei „eine bloße menschliche Erfindung zum gegenseitigen Vorteil und Schutz (ebenda, S. 563).

Der Staat erscheint also in der Argumentation Humes als eine — der gemeinschaftlichen ,*Selbstbindung*' dienende — *sozialorganisatorische Vorkehrung*, die die Mitglieder einer Gesellschaft durch eine systematische Veränderung der Handlungsbedingungen — und damit der individuellen ,Ertragserwartungen' — aus dem ,large-number dilemma' befreien soll.

4. Kollektivgutproblem und korporatives Handeln

Indem Hume die Entstehung der Organisation ,Staat' in Zusammenhang bringt mit dem ,large-number dilemma', weist er auf eine Problemstellung hin, die offenkundig in Kontrast steht zu jener individualistisch-evolutionistischen Konzeption, in deren Zeichen die Sozialtheorie der Schottischen Moralphilosophie gerade angetreten ist: der Idee eines rein *dezentralen* Systems der sozialen Steuerung und der Idee der unintendierten, evolutionären Herausbildung ,zweckmäßiger' sozialer Einrichtungen. Die spezifische Stoßrichtung dieser sozialtheoretischen Konzeption lag ja darin, gegenüber herkömmlichen Auffassungen zu betonen, daß sozial ,zweckmäßige' Erscheinungen keineswegs als das *intendierte* Ergebnis der Bemühungen einer besonderen *Instanz* interpretiert werden müssen, sondern daß sie sich durchaus allein aus dem Zusammenspiel der nur von ,*privaten Motiven*' geleiteten Bestrebungen individueller Akteure erklären lassen. Bei dem oben diskutierten Problem einer dem Gefangenendilemma analogen sozialen Konstellation geht es aber gerade um eine Situation, in der *ohne* den Eingriff einer besonderen Instanz, ein ,sozial vorteilhaftes' Ergebnis — nämlich soziale Ordnung — *nicht* realisiert wird.

---

[42] HUME 1967, S. 543: „Aber wenn die Menschen beobachtet haben, daß es — obschon die Einhaltung von Rechtsregeln für den Bestand jeder Gesellschaft unerläßlich ist — in großen und entwickelten Gesellschaften für sie unmöglich ist, aus sich selbst heraus diese Regeln zu beachten, errichten sie den Staat (government), als eine neue Erfindung". — Auf den Zusammenhang zwischen der Notwendigkeit staatlicher Organisation und dem ,large-number dilemma' weist Humes Feststellung hin, der Staat sei zwar „eine sehr vorteilhafte und unter gewissen Umständen sogar absolut notwendige Erfindung" (ebenda, S. 539), er sei aber „nicht unter allen Umständen erforderlich" (ebenda). Eine „kleine primitive Gesellschaft" (ebenda, S. 541) könne, so bemerkt Hume, auch ohne staatliche Organisation Bestand haben, wobei er auf ,amerikanische Stämme' (ebenda, S. 540) als Beispiel für solche ,staatslose Gesellschaften' verweist.

Nun ist das Problem der sozialen Ordnung keineswegs das einzige Beispiel für eine derartige Situation. Läßt sich doch zeigen, daß die an diesem Beispiel erläuterte Problematik Kennzeichen einer allgemeinen Kategorie sozialer Konstellationen ist, für die gleichermaßen gilt: Aufgrund bestimmter struktureller Bedingungen kommt es in ihnen zu einem Konflikt zwischen separater individueller Interessenverfolgung und den gemeinsamen Interessen aller Beteiligten, zu einem Konflikt, dessen Lösung eine *Änderung* eben dieser strukturellen Bedingungen erfordert. Daß das Problem der sozialen Ordnung in diesem Sinne in Parallele zu bringen ist zu einer ganzen Reihe analoger Problemkonstellationen, ist bereits von D. Hume betont worden. Geht Hume doch im Anschluß an seine oben erörterte Begründung für die Notwendigkeit staatlicher Organisation auf das allgemeine Problem des ‚Zusammenwirkens für gewisse gemeinsame Ziele oder Zwecke' (1967, S. 538) ein, und bemerkt dazu erläuternd: „Zwei Nachbarn mögen sich über die Bewässerung einer Wiese verständigen können, die ihnen gemeinsam gehört. Denn jeder kann ohne Schwierigkeit die Absichten des anderen kennen, und jeder sieht ohne weiteres, daß er zwangsläufig das ganze Projekt zum Scheitern bringt, wenn er es versäumt, seinen Teil zu tun. Es ist jedoch sehr schwer, oder gar unmöglich, daß tausend Personen irgendein Unternehmen solcher Art unter sich regeln. Ist es doch für sie schwierig, ein solch kompliziertes Vorhaben zu vereinbaren, und noch schwieriger, es durchzuführen. Indem jeder eine Entschuldigung sucht, um sich selbst die Mühen und Kosten zu ersparen, würde er die ganze Last auf andere abwälzen. Die staatliche Gesellschaft bietet für beide Übel leichte Abhilfe. . . . So werden Brücken errichtet, Häfen eröffnet, Kanäle gebaut, Flotten ausgerüstet und Armeen ausgebildet; überall unter der Obhut des Staates (government)" (ebenda, S. 538f.).

Auch J. St. Mill hat auf die strukturelle Analogie hingewiesen, die zwischen dem Problem der sozialen Ordnung und anderen sozialen Problemkonstellationen besteht, wobei er das gemeinsame Interesse der Arbeiter an einer allgemeinen Arbeitszeitverkürzung als Illustrationsbeispiel wählt. Wenn man einmal unterstelle, so argumentiert MILL (1921, S. 713ff.), eine allgemeine Herabsetzung der Arbeitszeit sei — sofern alle Beteiligten ihr Arbeitsangebot in gleicher Weise beschränken — ohne (oder mit nur geringen) Einkommenseinbußen durchsetzbar, so sei doch keineswegs zu erwarten, daß ein übereinstimmendes Interesse aller Arbeiter an einer solchen Herabsetzung der Arbeitszeit allein schon ausreiche, um ein entsprechendes individuelles Verhalten der Beteiligten sicherzustellen. Sei es doch auf der einen Seite für den einzelnen „von Nachteil, seinerseits ein Beispiel zu geben, wenn er nicht die Sicherheit hat, daß alle anderen oder die meisten von ihnen ihm folgen werden" (ebenda, S. 713)[43]. Und sei es doch andererseits wiederum dann, wenn andere sich an die Beschränkung der Arbeitszeit halten, für den einzelnen unmittelbar von Vorteil, sich selbst darüber hinwegzusetzen[44]. Ein Ausweg aus diesem Dilemma, und damit eine Sicherstellung des gemeinsamen Interesses, könnte – so lautet Mills Schlußfolgerung – „nur erreicht werden, wenn alle ihr vorausgesetztes gegenseitiges Einverständnis in eine unter Strafe stehende gegenseitige Verpflichtung umwandelten" (ebenda, S. 715). Es liegt hier, wie Mill deutlich macht, eine ähnliche Interessenkonstellation vor, wie beim Problem der sozialen Ordnung: Auch dort besteht – ungeachtet des gemeinsamen Interesses aller an Rechtssicherheit – die Notwendigkeit besonderer organisatorischer Vorkehrungen zur Sicherung gleichgerichteten Verhaltens, „und zwar hauptsächlich aus dem Grunde, weil sogar eine einstimmige Überzeugung, daß ein bestimmtes Verhalten für das allgemeine Wohl nötig ist, nicht immer bewirkt, daß auch das Interesse jedes einzelnen dieses Verhalten erfordert" (ebenda).

Ein entsprechendes strukturelles ‚Dilemma' liegt etwa auch bei jener ‚Tragik der Allmende' zugrunde, die G. HARDIN (1968) in einem vielbeachteten gleichnamigen Aufsatz zur Illustration der ‚Umwelt-Problematik' herangezogen hat. Bei diesem Allmende-Beispiel geht es um den Konflikt zwischen dem separaten individuellen Interesse der einzelnen an einer möglichst weitgehenden *eigenen* Nutzung des gemeinsamen Weidelandes, und dem gemeinsamen Interesse aller Beteiligten daran, ein Überweiden und damit eine Zerstörung ihrer gemeinsamen Ressource zu verhindern. Auch hier ergibt sich ein ‚Dilemma' deshalb, weil die einzelnen, selbst wenn sie sich ihres gemeinsamen Interesses bewußt sind, keine ausreichenden ‚privaten' Anreize haben, sich selbst den notwendigen Beschränkungen zu unterwerfen, solange es keinen Mechanismus gibt, der ein gleichgerichtetes Verhalten aller sicherstellt. „Keine ‚unsichtbare Hand' lenkt das Geschehen zum Besten der Allgemeinheit – indem die

---

[43] Es besteht, wie Mill erläutert, in diesem Fall das Risiko, bei einem *nicht* gleichgerichteten Verhalten der anderen entweder gar keine Beschäftigung zu finden, oder doch – der geringeren Arbeitszeit entsprechende – Einkommenseinbußen hinnehmen zu müssen.

[44] Denn – so MILL (1921, S. 717) – „je zahlreicher diejenigen wären, welche sich nach der Regel richteten, desto größer würde der Gewinn einzelner sein, die von ihr abwichen". Könnten diese doch „alle Vorteile dieser Beschränkung genießen und außerdem den aus der Übertretung herrührenden Gewinn erzielen". – Das hier von Mill beschriebene Interessenkalkül entspricht offenkundig den ‚Ertragskonstellationen', die in der oben (S. 128) angeführten Ertragsmatrix durch Zelle II und Zelle III repräsentiert werden.

Individuen . . . ihre eigenen Interessen verfolgen, bewegen sie sich in Richtung auf den Ruin aller"[45]. Die Sicherung der gemeinsamen Interessen aller erfordert in einer solchen sozialen Konstellation – wie Hardin folgert – einen „gegenseitig vereinbarten gemeinsamen Zwang"[46].

Die allgemeine Problemstellung, unter die man das Problem der sozialen Ordnung ebenso subsumieren kann wie die übrigen oben erwähnten Beispiele, hat in neueren ökonomischen Theorieansätzen (Public Choice, Neue Politische Ökonomie u. a.) als *Problem der Produktion kollektiver oder öffentlicher Güter* verstärkte Aufmerksamkeit gefunden, wobei die Beschäftigung mit diesem Problem den Anstoß für Bemühungen gab, den individualistischen Erklärungsansatz, der in der ökonomischen Theorietradition im wesentlichen auf die Analyse von Austauschnetzwerken (Märkten) konzentriert blieb, in konsistenter Weise auf die Analyse der Bedingungen *korporativen* oder *organisierten* Handelns anzuwenden[47].

Als mittlerweile ‚klassischer' Beitrag kann in diesem Zusammenhang M. Olsons „Die Logik des kollektiven Handelns – Kollektivgüter und die Theorie der Gruppen" (1968) gelten, in dem allgemein die Frage untersucht wird, welche sozialen Konsequenzen zu erwarten sind, wenn meh-

---

[45] So lautet die Schlußfolgerung des Autors (W. F. Lloyd) einer – im vorigen Jahrhundert verfaßten – Schilderung der ‚Tragik der Allmende', die in dem erwähnten Aufsatz von G. Hardin (1968) wiedergegeben wird.

[46] Zu Hardins ‚Tragik der Allmende' als Beispiel für eine dem ‚Gefangenendilemma' analoge soziale Konstellation vgl. auch M. Taylor 1976, S. 2 ff.; W. A. Jöhr 1976, S. 128 f.; J. M. Orbell und L. A. Wilson 1978, S. 412 f.; T. C. Schelling 1971, S. 74 f.

[47] Das Kollektivgutproblem ist auch durchaus zuvor in der Ökonomie – insbesondere in der Finanzwissenschaft – thematisiert worden, allerdings ohne systematische Integration dieses Problembereichs in die sonstige ökonomische Theorie. Vielmehr finden sich hier typischerweise theoretische Konzeptionen, bei denen der *methodologische Individualismus* und/oder die *Annahme eigeninteressierten Verhaltens* – also die beiden grundlegenden Charakteristika des ‚ökonomischen Erklärungsansatzes' zugunsten alternativer Konzeptionen aufgegeben werden, ein Umstand, der – nach der in dieser Arbeit vertretenen These – durch die Fixierung der traditionellen ökonomischen Theorie auf das Austauschmodell mitbedingt sein dürfte. Das ‚large-number dilemma' wird in diesen Konzeptionen nicht als *Organisationsproblem* behandelt, sondern findet eine *kurzschlüssige Scheinlösung*, indem entweder dem ‚sozialen System' per se eine entsprechende Problemlösungsfähigkeit zugeschrieben wird (organizistische Lösung) oder indem eine besondere ‚soziale' Motivation der individuellen Akteure postuliert wird. – Zu den entsprechenden Konzeptionen in der Finanzwissenschaft vgl. etwa K. Schmidt 1964, R. A. Musgrave 1966, S. 70 ff.; R. A. Musgrave und A. T. Peacock 1969, S 43 f.; Th. Thiemeyer 1972. – Analoge kurzschlüssige Scheinlösungen des ‚large-number dilemma' sind auch ansonsten in der Sozialtheorie anzutreffen, so etwa im Systemfunktionalismus oder in der für marxistische (und verwandte) Konzeptionen typischen Idee des ‚neuen Menschen'. Zur Kritik dieser ‚Scheinlösungen' vgl. Vanberg 1978b, S. 664 ff.; zu einer entsprechenden Kritik des Systemfunktionalismus vgl. auch M. Olson 1969, S. 148; K. D. Opp 1978, S. 145 ff.; M. Crozier und E. Friedberg 1979, S. 15 f., 59 ff.

rere Personen „ein gemeinsames Interesse oder Ziel haben und sie alle besser daran wären, wenn dieses Ziel erreicht würde" (ebenda, S. 1 f.). Aufgrund ihres gemeinsamen Interesses werden diese Personen als *Gruppe* — als Interessengruppe — betrachtet[48], und das, was den Gegenstand ihres gemeinsamen Interesses ausmacht — sei dies nun das Eintreffen oder Nicht-Eintreffen eines bestimmten Ereignisses, die Erhaltung oder Behebung eines bestimmten Zustandes, die Bereitstellung bestimmter Leistungen, o. ä. —, wird als *Kollektivgut* bezeichnet. Von einem Kollektivgut in diesem Sinne gilt: Erstens, es ist im Hinblick auf eine *bestimmte Gruppe* von Personen zu definieren, die durch ein gemeinsames Interesse an seiner Bereitstellung konstituiert wird[49]. Zweitens, wenn das Kollektivgut (überhaupt) bereitgestellt wird, so haben zwangsläufig *alle* Mitglieder der betreffenden Gruppe die Möglichkeit, aus ihm Nutzen zu ziehen. D. h. die Nutzung des Kollektivgutes kann, wenn es erst einmal bereitgestellt worden ist, keinem Mitglied dieser Gruppe vorenthalten werden, sei dies, weil es aus sachlichen Gegebenheiten undurchführbar oder unpraktikabel wäre[50], sei es, weil ein solcher Ausschluß aufgrund rechtlicher Gegebenheiten nicht durchgesetzt werden kann[51].

---

[48] Vgl. zu dieser Verwendung des Gruppenbegriffs die Bemerkungen oben, S. 31.

[49] M. OLSON 1968, S. 13 Anm.: „Ein Kollektivgut paßt nur zu einer Gruppe von Menschen, ein anderes nur zu einer anderen Gruppe; eines mag der ganzen Welt nützen, ein anderes nur zwei bestimmten Personen".

[50] OLSON (1968, S. 13 f., Anm. 21) weist darauf hin, daß der Grund für eine solche ‚Nichtausschließbarkeit potentieller Nutznießer' nicht notwendigerweise in der *technischen Unmöglichkeit* eines solchen Ausschlusses liegen muß, sondern auch darin liegen kann, daß ein solcher Ausschluß unzweckmäßig oder zu aufwendig wäre. Auf diesen Unterschied hat bereits G. CASSEL (1918) hingewiesen. Cassel unterscheidet zwischen solchen Fällen, in denen „die Erhebung einer Abgabe als Bedingung für die Inanspruchnahme des Gutes, wenn auch vielleicht unzweckmäßig, doch immerhin möglich" (ebenda, S. 56) wäre, und der „Gruppe von Fällen, wo eine solche Möglichkeit ausgeschlossen ist" (ebenda), weil die in Frage stehenden Leistungen „allen Personen innerhalb einer gewissen Kategorie ohne irgendwelches Zutun ihrerseits zugute kommen" (ebenda). Als Beispiel für die zweite Kategorie führt Cassel — neben den ‚klassischen' Fällen „Rechtssicherheit im Innern, ... Schutz gegen äußere Feinde" (ebenda, S. 57) — an, daß eine Lohnerhöhung, wenn sie erst „einmal durchgesetzt ist, ... meistens allen Arbeitern im Fach zugute (kommt), ohne Rücksicht auf deren Angehörigkeit zum Fachverband der Arbeiter, also auch denjenigen Arbeitern, die zu den Streitkosten nicht beigetragen haben" (ebenda, S. 59).

[51] Neben den ‚sachlichen' Bedingungen hängt die Möglichkeit des ‚Ausschlusses potentieller Nutznießer' — und damit der ‚öffentliche' Charakter eines Gutes — „häufig auch davon ab, wie die Rechtsordnung gestaltet ist" (P. BERNHOLZ 1972, S. 145). Wenn etwa die geltende Rechtsordnung vorsieht, daß Wälder jedem Interessenten für bestimmte Nutzungen (z. B. zur Nutzung als Erholungsraum) offenzuhalten sind, dann ist der Wald — *im Hinblick auf diese Nutzungen* — ein öffentliches Gut. Soweit ‚Nichtausschließbarkeiten' auf solchen rechtlichen Gegebenheiten beruhen, besteht natürlich grundsätzlich die Möglichkeit, ein Kollektivgutproblem durch entsprechende Änderungen der Rechtsordnung zu beheben. So

Olsons Fragestellung lautet nun: Welches Verhalten kann man unter diesen Bedingungen von den Mitgliedern einer solchen Gruppe erwarten. Und seine zentrale Hypothese lautet: Die einzelnen Beteiligten werden, ihrem eigenen Interesse folgend, keinen Beitrag für die Bereitstellung des Kollektivgutes leisten, d. h. sie werden „*nicht so handeln, daß ihr gemeinsames oder Gruppeninteresse verwirklicht wird*" (ebenda, S. 2) — wenn nicht ganz bestimmte Bedingungen vorliegen.

Was die Begründung dieser These und die Spezifizierung der besonderen Bedingungen anbelangt, so argumentiert OLSON — ganz analog zu den oben (S. 137 ff.) ausgeführten Überlegungen —, daß es einen systematischen Zusammenhang gibt zwischen *individuellem Interessenkalkül* — den „Kosten und Vorteile(n) alternativer Handlungsweisen" (ebenda, S. 20) — und der *Gruppengröße*. Im wesentlichen stellt Olson hierbei auf *zwei Aspekte* ab (die bei ihm allerdings nicht immer ausreichend deutlich getrennt werden)[52]. *Erstens*, den Zusammenhang zwischen der Gruppengröße und dem Umstand, ob das einzelne Gruppenmitglied annimmt, sein eigener Beitrag sei für die Bereitstellung des Kollektivgutes *entscheidend*. Und, *zweitens*, den Zusammenhang zwischen der Gruppengröße und dem Ausmaß, in dem ‚soziale Anreize' ein individuelles Motiv zur Beitragsleistung zu schaffen vermögen, — wobei mit den ‚sozialen Anreizen' offensichtlich jene ‚privaten' Sanktionen, jene informellen Mechanismen wechselseitiger Verhaltenssteuerung gemeint sind, die oben — im

---

ist etwa darauf hingewiesen worden, daß dem Problem der ‚Übernutzung öffentlicher (in Gemeinbesitz befindlicher) Ressourcen' (Allmende-Problem) dadurch wirksam begegnet werden kann, daß man private Eigentumsrechte an der betreffenden Ressource definiert und damit die Anreizstruktur für die einzelnen Akteure so verändert, daß eine Übernutzung ihrem *eigenen unmittelbaren Interesse* widerspricht (vgl. H. DEMSETZ 1974, S. 34 ff.; R. B. MCKENZIE und G. TULLOCK 1978, S. 84 ff.). Eine solche ‚*eigentumsrechtliche Lösung*' kommt also unter gewissen Bedingungen als *Alternative* zur ‚*organisatorisch-korporativen Lösung*' eines Kollektivgutproblems in Frage, und — wie den entsprechenden Erläuterungen O. v. GIERKES (1954 III, S. 329 f.; 1954 II, S. 233 ff., 243 ff., 330 f.) zu entnehmen ist — beide Lösungsmechanismen sind auch etwa im Falle der mittelalterlichen Allmenden angesichts des ‚Überfüllungsproblems' praktiziert worden. — Zwei Bemerkungen seien hier zur ‚eigentumsrechtlichen Lösung', auf die hier nicht weiter eingegangen werden soll, angefügt: Erstens, auch diese Lösung des Kollektivgutproblems setzt im Regelfall einen korporativen Akteur voraus, der die entsprechende ‚Umdefinition' von Eigentumsrechten vornimmt und durchsetzt; auch bei ihr entsteht also ein Problem korporativen Handelns. Und zweitens, bei einer vergleichenden Bewertung der ‚eigentumsrechtlichen' und der ‚korporativen' Lösung wird man die Gegebenheiten des jeweiligen Einzelfalls (z. B. die Organisationskosten ‚korporativer Kontrolle'; unerwünschte Sekundärwirkungen einer ‚privaten' Aufteilung der ‚öffentlichen Ressource' u. ä.) in Rechnung zu stellen haben. — Vgl. dazu R. WIPPLER 1978, S. 170 f.

[52] Zur Unterscheidung dieser beiden Aspekte in der Argumentation Olsons vgl. auch J. W. SWEENEY, Jr. 1974.

Zusammenhang mit der Diskussion des ‚Ordnungsproblems' — als die Grundlage regulierter Anarchie charakterisiert worden sind. Was dort über die Funktionsfähigkeit ‚regulierter Anarchie' gesagt wurde, stellt Olson denn auch in entsprechender Weise fest: Mit steigender Gruppengröße sinkt nicht nur die Wahrscheinlichkeit, daß der einzelne Beteiligte seinen Beitrag für entscheidend hält, es sinkt auch die Wahrscheinlichkeit dafür, daß die Mechanismen privater Sanktionierung als verhaltenssteuernde Prinzipien ausreichen, um die Bereitstellung von Kollektivgütern sicherzustellen[53].

Die zentrale Schlußfolgerung, die Olson aus diesen Überlegungen zieht, gilt den Gruppen, die so groß sind, daß weder das Interesse am Kollektivgut selbst noch die ‚sozialen Anreize' — die informellen Mechanismen gegenseitiger Verhaltenssteuerung — ein ausreichendes individuelles Motiv für einen Beitrag zur Bereitstellung des Kollektivgutes zu schaffen vermögen[54]. Ungeachtet der Tatsache, so folgert Olson, daß alle Gruppenmitglieder besser gestellt wären, wenn sie *gemeinsam* zur Bereitstellung des Kollektivgutes beitragen würden, wird es in solchen Gruppen nicht zu dessen ‚spontaner' Bereitstellung kommen[55]. In solchen Gruppen sei, so Olson, „eine formale Organisation nötig..., um ein Kollektivgut zu erlangen" (ebenda, S. 45), wobei die spezifische Leistung der for-

---

[53] Natürlich kann, dies wurde oben (S. 136, Anm. 28) bereits erwähnt, der Einfluß der Gruppengröße durch intervenierende Variable in gewissen Grenzen modifiziert werden. In diesen Zusammenhang gehört etwa Olsons Hinweis darauf, daß eine *förderative Struktur* die Wirksamkeit der Mechanismen ‚privater Sanktionierung' auch bei wachsender Größe der Gesamtgruppe bis zu einem gewissen Grad ‚konservieren' kann (vgl. OLSON 1968, S. 61). — Eine wichtige intervenierende Variable ist auch die *Kontinuität* des Kontaktes unter den betroffenen Akteuren (vgl. oben S. 134 f.), ein Faktor, auf den J. SMITH (1976/77) in seiner Kritik der Olsonschen Konzeption abstellt.

[54] Damit ist natürlich jene Interessenkonstellation angesprochen, die oben (S. 137) als ‚large-number-dilemma' erörtert wurde. — Zum Kollektivgutproblem als ‚large-number-dilemma' vgl. auch J. M. BUCHANAN 1968, S. 85 ff.; 197 ff.

[55] Solche Gruppen bezeichnet Olson auch als ‚latente' Gruppen, „weil sie eine latente Macht oder Fähigkeit zum Handeln haben" (1968, S. 50), aber erst durch besondere organisatorische Vorkehrungen zur Sicherung gemeinsamen Handelns tatsächlich ‚Handlungsfähigkeit' erlangen. — Vgl. in diesem Zusammenhang auch etwa die Bemerkungen A. ETZIONIS (1975, S. 121 ff.) zu den organisatorischen Voraussetzungen der ‚Handlungsfähigkeit' sozialer Gruppen; ebenda, S. 126: „Jede makrokohäsive Einheit — so gut sie immer integriert sein mag — bedarf zusätzlicher ‚Verarbeitung' durch eine oder mehrere Organisationen, um ihr Handlungspotential zu aktualisieren... Daher ist es im besten Fall eine starke Verkürzung, wenn man zum Beispiel davon spricht, daß Klassen und ethnische Gruppen etwas ‚fordern'... oder dergleichen. Gewöhnlich sind mit einer solchen Feststellung eine oder mehrere Organisationen (z.B. politische Parteien oder Gewerkschaften)... gemeint. Dies ist mehr als terminologischer Purismus".

malen *Organisation* darin liegt, durch den Einsatz *selektiver* Anreize (negativer oder positiver Art)[56] die Wahlsituation der Akteure so zu verändern, daß die Beteiligung an der Bereitstellung des Kollektivgutes in ihrem unmittelbaren individuellen Interesse liegt.

Damit kommt Olson offensichtlich zu einer ähnlichen Diagnose, wie sie oben zum Problem der sozialen Ordnung formuliert wurde: In einer als ‚large-number dilemma' zu charakterisierenden sozialen Konstellation können alle Beteiligten ihre Lage verbessern – sich aus dem Dilemma befreien –, wenn ein Verfahren der *gemeinsamen Verhaltensbindung* etabliert wird, das sicherstellt, daß ‚kooperatives' Verhalten – i. e. die Beteiligung an der Bereitstellung des Kollektivgutes – für jeden zur individuell vorteilhaften Strategie wird. Es spricht einiges dafür, die sozialtheoretische Idee des *Gesellschaftsvertrages* dahingehend zu interpretieren, daß in ihr der Hinweis auf eben diesen Zusammenhang zwischen dem ‚*large-number dilemma*' und der Notwendigkeit *organisierten, korporativen Handelns* als Grundgedanke angelegt war[57]. Wenn dieser Aspekt in der Beurteilung der individualistisch-vertragstheoretischen Tradition wenig Beachtung gefunden hat, so deshalb, weil die Auseinandersetzung um den Stellenwert der Idee des Gesellschaftsvertrages auf andere Fragen konzentriert blieb. Dies zeigt gerade das Beispiel der Schottischen Moralphilosophie, deren evolutionistische Konzeption sich primär gegen den ‚Rationalismus' der Vertragstheorie richtete und den Gedanken ‚allmählicher Entwicklung' betonte (s. oben S. 41 ff.), dabei jedoch das Problem unbeachtet ließ, wie – ungeachtet der konkreten historischen Entstehungsbedingungen – die *sozialstrukturellen Besonderheiten* ‚korporativer Akteure' (des Staates ebenso wie anderer Organisationen) theoretisch konsistent zu

---

[56] OLSON 1968, S. 50: „Der Anreiz muß in dem Sinne ‚selektiv' sein, daß jene, die sich nicht der Organisation anschließen, . . . oder die nicht auf eine andere Weise zur Erlangung des Gruppenziels beitragen, anders behandelt werden können als jene, die dies tun. Diese ‚selektiven Anreize' können negativer oder auch positiver Art sein, indem sie entweder dadurch Zwang ausüben, daß sie jene bestrafen, die einen ihnen zugewiesenen Anteil der Lasten der Gruppentätigkeit nicht tragen, oder sie können positive Anreize sein, die denen geboten werden, die im Interesse der Gruppe handeln".

[57] W. G. RUNCIMAN und A. K. SEN (1965) haben darauf hingewiesen, daß man etwa der Idee des ‚Gemeinwillens' und des ‚Gemeinwohls' in der vertragstheoretischen Konzeption J. H. Rousseaus einen „wohlbegründeten Sinn" (ebenda, S. 556) geben kann, wenn man sie „auf das Modell des Gefangenendilemma bezieht" (ebenda). Vgl. dazu auch R. BOUDON 1975, S. 388, 402 f. – Auf die Parallelität zwischen der Argumentation von Hobbes und der Problematik des ‚Gefangenendilemmas' geht M. TAYLOR (1976, S. 101 ff.) ein.

fassen sind[58]. Insofern konnte die Frage, ob im vertragstheoretischen Modell nicht möglicherweise ein Ansatz zur Lösung der spezifischen theoretischen Problematik korporativen Handelns zu finden sein könnte, erst gar nicht in den Blick geraten.

Auf die Frage dieser spezifischen theoretischen Problematik soll in einem abschließenden Kapitel noch einmal etwas detaillierter eingegangen werden, und zwar anknüpfend an die Überlegungen, die oben (S. 15 ff.) zu den ‚beiden Grundproblemen korporativen Handelns‘ vorgetragen worden sind. Dabei soll deutlich gemacht werden, daß das *vertragstheoretische Modell der Ressourcenzusammenlegung* einen geeigneten Bezugsrahmen bietet, um verschiedene sozialwissenschaftliche Beiträge zur Problematik korporativen oder organisierten Handelns in systematischer Weise miteinander zu verknüpfen.

---

[58] Es ist charakteristisch, daß etwa D. Hume die Idee des Gesellschaftsvertrages einer dezidierten Kritik unterzieht (HUME 1963, S. 452 ff.; 1967, S. 549 ff.) und dabei die tatsächlichen Gemeinsamkeiten, die zwischen seiner oben erläuterten Erklärung der ‚Notwendigkeit des Staates‘ und einer vertragstheoretischen Konzeption bestehen, nahezu völlig untergehen läßt.

5. Kapitel

Die beiden Grundprobleme korporativen Handelns:
Die Verteilung des Korporationsertrages
und die Organisation korporativer Entscheidung

Das Ergebnis der vorangehenden Analyse war, daß die handlungssteuernden Anreizmechanismen, die in Netzwerken bilateraler Austauschbeziehungen wirksam sind, im Falle kollektiver Güter – von bestimmten Bedingungen abgesehen – nicht ausreichen, um ein individuelles Verhalten im Sinne gemeinsamer Interessen sicherzustellen. Es stellt sich hier, so wurde gezeigt, das Problem einer systematischen Änderung der Anreizstruktur durch organisiertes, korporatives Handeln der Beteiligten. In diesem Kapitel soll zunächst auf die Frage des *Zustandekommens* korporativen Handelns eingegangen werden; anschließend sollen die spezifischen Probleme näher untersucht werden, die das Handeln in korporativen Strukturen vom Handeln in Austauschnetzwerken unterscheiden.

1. Die Initiierung korporativen Handelns:
Korporative Akteure als Anreiz-Beitrags-Systeme

Das im Falle kollektiver Güter auftretende spezifische Organisationsproblem liegt, wie etwa J. M. BUCHANAN feststellt, darin, daß eine „simultane Übereinkunft vieler Parteien" (1975, S. 36) zustandegebracht werden muß, „eine Art von ‚Gesellschaftsvertrag' zwischen allen Personen" (ebenda, S. 38), d.h. zwischen allen (oder zumindest ausreichend vielen) Mitgliedern der ‚Interessentengruppe'. Im Unterschied zu dem für Marktstrukturen charakteristischen „two-party contractual setting" (ebenda, S. 36) geht es hier um ein vertragliches Arrangement, das sich nicht „in separate zwei-Parteien Transaktionen zergliedern" (ebenda, S. 33) läßt, in dem vielmehr eine gemeinsame, simultane Leistungsverpflichtung einer Gruppe von Akteuren begründet wird. Diesen Aspekt hat in ähnlicher Weise bereits E. R. A. SELIGMAN (1928) hervorgehoben, um die Besonderheit *innerverbandlicher* Beziehungen gegenüber *Austausch*beziehungen zu kennzeichnen. Wie Seligman (ebenda, S. 210) betont, ist diese Besonderheit nicht in der zugrunde liegenden individuellen Motivation zu suchen — in beiden Fällen geht es den Beteiligten um die Verfolgung eigener Interessen —, sondern in der Art und Weise der Interessenverfolgung[1]. Wenn Bedürfnisse, die mehreren Individuen gemeinsam sind, „durch deren gleichzeitigen Zusammenschluß, d. h. durch ihre vereinte oder gemeinsame Tätigkeit, befriedigt werden" (ebenda), so bedeutet dies laut Seligman, „daß das ‚Do-ut-des-Verhältnis', welches das Wesen des Tausches ausmacht, hier unanwendbar ist" (ebenda, S. 232). Die auf die „Befriedigung gemeinsamer Bedürfnisse" gerichtete Tätigkeit ‚privater' oder ‚öffentlicher' Verbände verlangt — so Seligman — „einen Komplex von Verpflichtungen, welche nicht auf die ‚Do-ut-des-Formel' zurückgeführt werden können" (ebenda, S. 233)[2].

Was von Buchanan als ‚simultane Übereinkunft' und von Seligman als besonderer ‚Komplex von Verpflichtungen' umschrieben wird, läßt sich unschwer zu jener Charakterisierung korporativen Handelns in Parallele bringen, die sich aus dem *Modell der Ressourcenzusammenlegung* ergibt. Die ‚gemeinsame Verhaltensbindung' oder ‚simultane Verpflichtung' einer Gruppe von Akteuren bedeutet, daß gewisse Angelegenheiten nicht mehr der individuellen, separaten Regelung zwischen den einzelnen Beteiligten unterliegen sollen, sondern als allen gemeinsame Angelegenheiten behandelt werden. Und dies findet eben darin seinen Ausdruck, daß gewisse *Ressourcen* (oder Rechte) der individuellen, separaten Disposi-

---

[1] Der Beitrag von E. R. A. SELIGMAN (1928) behandelt — aus einer individualistischen Perspektive — den Zusammenhang zwischen dem *Kollektivgutproblem* (Seligman spricht von ‚gemeinsamen Bedürfnissen' oder ‚Kollektivbedürfnissen') und der Frage der *‚Verbandstätigkeit'*. Dabei wird von Seligman nachdrücklich herausgestellt, daß die — auf den Verband ‚Staat' bezogene — Theorie der Finanzwissenschaft in den Zusammenhang einer *allgemeinen Verbandstheorie* eingeordnet werden kann.
[2] Seligman fügt hier hinzu: „In der Befriedigung gemeinsamer Bedürfnisse kann zwar, wie wir gesehen haben, kein Verhältnis der Reziprozität innerhalb der Gruppe bestehen. Die Beziehungen der Gruppenmitglieder untereinander sind verbunden (joint), nicht reziprok. Nehmen wir jedoch die Gruppe als Ganzes, dann können wir in einem gewissen Sinne von Reziprozität zwischen Individuum und Gruppe sprechen" (1928, S. 233). — Auf die Möglichkeiten und Probleme einer solchen ‚austauschtheoretischen' Interpretation der Mitgliedschaftsbeziehung ‚Individuum-Verband' wird noch zurückzukommen sein (vgl. unten, S. 157 ff.).

tion der einzelnen entzogen und einer einheitlichen gemeinsamen Disposition unterstellt werden.

Daran ist natürlich unmittelbar die Frage anzuschließen, wie es zur Organisations*bildung* kommt, wie jene ‚simultane Übereinkunft' bzw. jene ‚Zusammenlegung von Ressourcen' zustandegebracht wird[3]. Damit die Vorteile korporativen Handelns überhaupt realisiert werden können, muß die Organisationsbildung in Gang gesetzt werden, d.h. irgendjemand muß die ‚Startkosten' übernehmen, die erforderlich sind, um potentielle Interessenten zur Einbringung von Ressourcen in den gemeinsamen Pool zu veranlassen[4]. Aus dieser ‚Notwendigkeit' per se folgt natürlich noch keineswegs, daß sich auch tatsächlich jemand bereitfindet, diese ‚Organisationsleistung' zu erbringen. Stellt doch auch die Ingangsetzung korporativen Handelns für die betroffenen Akteure ein *Kollektivgut* (im Sinne der Darlegungen oben, S. 145 ff.) dar: Kommt ein solches ‚Ressourcenpooling', ein solches Arrangement ‚simultaner Verpflichtung' zustande, so haben alle Beteiligten davon Vorteile, ob sie nun zu seinem Zustandekommen beigetragen haben oder nicht. Entsprechend bedarf es auch hier der Erklärung, durch welche besonderen, individuellen Anreize jemand motiviert werden kann, sich als Organisator zu betätigen. Ist eine solche Aktivität doch nur von einem Akteur zu erwarten, der durch die Tätigkeit als Organisator besondere (‚selektive') Vorteile zu realisieren hofft, die ihm eine ausreichende Entschädigung für die ‚Kosten' dieser Tätigkeit bieten.

Nun gibt es aber für potentielle Organisatoren in der Tat durchaus Möglichkeiten, *Sondervorteile* zu realisieren, die einen ausreichenden Anreiz für organisatorische Tätigkeit zu schaffen vermögen, seien dies nun unmittelbare Vorteile, die aus der Sicherung eines entsprechenden

---

[3] Es sei vermerkt, daß die hier vorgetragene Argumentation auf Fälle ‚freiwilliger' Organisationsbildung zugeschnitten ist. Zwar stellen sich — im Sinne der obigen (S. 55 ff.) Überlegungen zur Abgrenzung von ‚Freiwilligkeit' und ‚Zwang' — keine grundsätzlich anderen theoretischen Fragen, wenn man es mit auf ‚Zwang' beruhenden korporativen Gebilden zu tun hat, dennoch wären natürlich in der Argumentation andere Akzente zu setzen.

[4] Vgl. N. FROHLICH, J. A. OPPENHEIMER 1978, S. 68: „Irgendjemand muß die anfänglichen Kosten tragen, die dadurch entstehen, daß Anreize geschaffen werden müssen, um die Gruppenmitglieder zu Beiträgen zu veranlassen. Es bedarf eines Investors, der als Innovator auftritt und die Ressourcen zusammenbringt, die erforderlich sind, um die Bedürfnisse der Gruppe zu befriedigen". – Vgl. auch P. M. BLAU 1964, S. 214: „Die Errichtung einer Organisation erfordert Kapitalinvestitionen, häufig in Gesalt von finanziellen Investitionen, stets in Gestalt sozialer Investitionen. Ressourcen und Mühen ... müssen aufgewandt werden, um die Organisation aufzubauen ..., um Mitglieder und Mitwirkende (contributors) zu gewinnen".

Anteils am Korporationsertrag resultieren, oder seien dies mittelbare Vorteile, die aus der Gewinnung von Prestige, Macht und Einfluß zu ziehen sind. Und in dem Maße, in dem solche Möglichkeiten individueller Vorteilsrealisierung bestehen, kann man erwarten, daß sich auch Akteure finden werden, die diese Möglichkeiten zu nutzen suchen, die also in der Hoffnung auf entsprechende persönliche Vorteile das Kollektivgut ‚Organisationsbildung' bereitstellen werden[5].

In Anlehnung an den Begriff des wirtschaftlichen Unternehmers kann man einen derartigen Organisator als ‚politischen-' oder ‚sozialen Unternehmer' bezeichnen[6], da er — jenem durchaus vergleichbar — Ressourcen in die Initiierung und Koordinierung korporativen Handelns investiert, in der Erwartung, daß diese Investition für ihn einen ‚Gewinn' abwerfen wird[7]. Die spezifische ‚Gründungsleistung' des organisierenden Unternehmers besteht — wie bereits erwähnt — darin, für potentielle Mitglieder ausreichende Anreize zu schaffen, um diese zur Beteiligung an dem korporativen Unternehmen, also zur Einbringung von Ressourcen, zu veranlassen. Diese Anreize können dadurch geschaffen werden, daß die potentiellen Mitglieder von der Vorteilhaftigkeit einer gemeinsamen Selbstverpflichtung und von der wechselseitigen Bedingtheit ihres Verhaltens überzeugt werden[8], dadurch, daß — etwa durch Förderung der Kommunikation unter den potentiellen Mitgliedern — die Mechanismen wechselseitiger Kontrolle in ihrer Wirksamkeit gesteigert werden, und/oder dadurch, daß — mit dem Kollektivgut in keinem direkten Zusammenhang stehende — ‚selektive' Vorteile als Anreiz für die Einbringung von Ressourcen geboten werden[9].

Für alle Beteiligten — für den als Initiator auftretenden ‚Unternehmer' ebenso wie für die übrigen Ressourceneinbringer — gilt die Annahme, daß

---

[5] Dies werden vor allem solche Akteure sein, für die die ‚Kosten' organisatorischer Tätigkeit vergleichsweise niedrig und/oder für die die Erfolgserwartungen vergleichsweise günstig sind. Dies gilt etwa für Akteure, die bereits Erfahrungen in der Organisation korporativen Handelns haben und/oder die die Hilfsmittel eines bereits bestehenden korporativen Akteurs für diese Zwecke einsetzen können. Aus diesem Grunde liegt die — auch durch empirische Befunde gestützte (vgl. z. B. R. H. SALISBURY 1969) — Vermutung nahe, daß die Initiative zur Bildung korporativer Akteure vorzugsweise von bereits vorhandenen Organisationen ihren Ausgang nimmt.

[6] Zur Konzeption des ‚politischen/sozialen Unternehmers' vgl. F. BARTH, 1966, S. 17 ff.; R. H. SALISBURY 1969; S. R. WALDMAN 1972, S. 154 ff.; G. C. HOMANS 1974, S. 361 ff.; R. ESCHENBURG 1975; N. FROHLICH, J. A. OPPENHEIMER 1978, S. 66 ff.

[7] Vgl. dazu etwa R. B. MCKENZIE, G. TULLOCK 1978, S. 103.

[8] Dies würde dem entsprechen, was W. ZAPF (1973, S. 148) als „Mobilisierung von Solidarität durch ‚Führer' und ‚politische Unternehmer'" bezeichnet.

[9] Zur Frage der ‚Anreize' bei der Mitgliedergewinnung vgl. etwa R. H. SALISBURY 1969, S. 15 ff.; S. R. WALDMAN 1972, S. 156 ff.

sie nur dann Ressourcen in das korporative Unternehmen (in den gemeinsamen Pool) einbringen werden, wenn sie sich einen Vorteil von dieser Handlungsweise versprechen ($v_i > c_i$)[10], wenn sie also erwarten, daß eine solche Verwendung der betreffenden Ressourcen für sie einen größeren ‚Ertrag' (v_i) bringt, als alternative Verwendungsmöglichkeiten ($v_i' = c_i$), wobei Investitionen in andere korporative Akteure ebenso als Alternati-

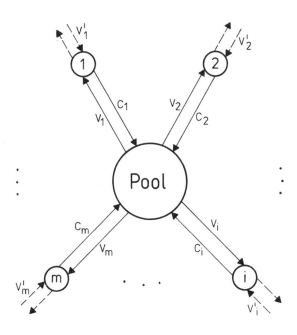

Abb. 6

---

[10] Daß in diesem Sinne der „Grund für die Entstehung des gesellschaftlichen Verbandes" im Vorteilskalkül der beteiligten Akteure zu suchen sei, hebt auch etwa E. R. A. SELIGMAN (1928, S. 218) hervor. Wenn ihm die Wahl freisteht – so argumentierte Seligman –, wird der einzelne einem „Verbande nur beitreten, wenn er glaubt, hierdurch einen Vorteil erlangen zu können. Wenn mit der Mitgliedschaft irgendwelche Nachteile verbunden sind, wie z. B. das Zahlen von Mitgliedsbeiträgen, wird der einzelne seinen Beitritt davon abhängig machen, ob bei der Bilanz von Vorteilen und Nachteilen ein Saldo zugunsten der Vorteile herauskommt" (ebenda, S. 219).

ven in Betracht kommen können wie ein rein individueller, separater Einsatz der Ressourcen (vgl. Abb. 6)[11].

Die Erträge, die die einzelnen durch die Mitgliedschaft in einem korporativen Akteur realisieren – oder zu realisieren hoffen –, können verschiedenster Art sein; sie können insbesondere mit dem ‚Zweck' des korporativen Unternehmens[12] lediglich in einem mehr oder minder *indirekten* Zusammenhang stehen. Damit Sie als *Anreiz* für die Einbringung von Ressourcen wirksam werden können, muß allein gelten, daß – nach der Einschätzung des ‚Investors' – die Beteiligung an dem korporativen Unternehmen die *Voraussetzung* dafür ist, diese Erträge – welcherart sie auch immer sein mögen – realisieren zu können.

Soweit es das angesprochene *Vorteilskalkül* anbelangt, sind auf die Frage der Einbringung von Ressourcen in einen korporativen Akteur all die Überlegungen übertragbar, die oben (S. 47 ff.) zur Frage des *Austauschs* von Ressourcen vorgetragen worden sind. Ebenso wie Akteure nur dann auf einen Austausch eingehen und nur solange eine Austauschbeziehung aufrechterhalten werden, wie ihnen dies *relativ* – im Vergleich mit möglichen Handlungsalternativen – vorteilhaft erscheint ($v_i \geq c_i$), ebenso werden Individuen nur dann Ressourcen in einen korporativen Akteur einbringen und ihre Ressourcen nur solange in diesem korporativen Akteur belassen, wie sie sich davon einen (relativen) Vorteil gegenüber alternativen Einsatzmöglichkeiten versprechen ($v_i \geq c_i$)[13]. Und was diese ‚relative Vorteilhaftigkeit' anbetrifft, so gilt für die Beteiligung an einem korporativen Akteur all das in entsprechender Weise, was oben zur Frage der Aus-

---

[11] Zur Interpretation der Symbole vgl. die Erläuterungen zu Abb. 5, S. 48, Anm. 22.

[12] Unter dem ‚Zweck' eines korporativen Unternehmens soll hier der ‚Inhalt' der korporativen Tätigkeit verstanden werden, d.h. das, was mit den zusammengelegten Ressourcen tatsächlich gemacht wird. Dieser tatsächliche Einsatz des Ressourcenpools ist einerseits bestimmt durch (implizite oder explizite) *konstitutionelle Bindungen*, d.h. durch inhaltliche Festlegungen, die bei der Zusammenlegung der Ressourcen im Hinblick auf deren gemeinsame Verwendung vereinbart worden sind. Andererseits, und *vor allem* ist dieser tatsächliche Einsatz bestimmt durch die Bedingungen des *korporativen Entscheidungsverfahrens* (dazu unten, S. 169 ff.) also des Verfahrens, durch das die einheitliche Disposition über die gepoolten Ressourcen geregelt wird.

[13] Was das ‚Einbringungskalkül' einerseits und das ‚Verbleibekalkül' andererseits angelangt, so ist spezifizierend anzumerken, daß in beiden Fällen insofern *unterschiedliche* Bedingungen gegeben sind, als Ressourcen, die erst einmal in einen korporativen Akteur eingebracht worden sind, in der Regel nicht ohne ‚Kosten' wieder herausgenommen und anderweitig eingesetzt werden können (auf diese ‚Kosten' des Austritts aus einem korporativen Akteur wird unten, S. 181 f., etwas detaillierter eingegangen werden). Aus diesem Grunde wird v'_i – und damit c_i – im Falle des ‚Verbleibekalküls' einen niedrigeren Wert haben als im Falle des ‚Einbringungskalküls', und zwar einen umso niedrigeren Wert, je größer die ‚Austrittshemmnisse' sind.

tauschbeziehung ausgeführt wurde, also auch etwa das, was dort zum Problem des ‚Zwangs' festgestellt worden ist (vgl. S. 55 ff.)[14].

Da im Hinblick auf das angesprochene (implizite) Vorteilskalkül *korporative* Beziehungen und *Austausch*beziehungen durchaus vergleichbar sind, könnte es naheliegend erscheinen, die *Mitglied*schaft in einem korperativen Akteur ebenfalls als *Austauschbeziehung* zu interpretieren und in dieser Weise das *Austauschmodell* auf die Analyse korporativen Handelns anzuwenden[15]. Und es gibt denn auch in der Tat theoretische Ansätze zur Analyse von Organisationen oder korporativen Akteuren, die von einer solchen Austauschinterpretation der Mitgliedschaftsbeziehung ausgehen[16]. So schlägt etwa, wie erwähnt (vgl. oben, S. 82 f.), R. M. Emerson — obschon er den grundlegenden Unterschied zwischen ‚Austauschnetzwerken' und ‚Gruppen oder Organisationen' hervorhebt — eine entsprechende Anwendung des Austauschmodells auf die Analyse korporativer Strukturen vor[17]. Auch die ‚Austauschtheorie der Interessengruppen', die R. H. SALISBURY (1969) formuliert hat[18], beruht auf einer solchen Austauschinterpretation korporativer Mitgliedschaftsbeziehungen, nämlich auf dem Gedanken des Austauschs zwischen ‚Organisator/Unterneh-

---

[14] Die Ausübung von Zwang bedeutet im Falle korporativen Handelns: Die Einbringung von Ressourcen in einen korporativen Akteur wird dadurch zur ‚relativ vorteilhaften' Handlungsalternative gemacht, daß alternative Möglichkeiten des Ressourceneinsatzes faktisch unzugänglich gemacht oder mit der Androhung negativer Sanktionen belastet werden. Unter den Begriff des Zwangs wären im Sinne dieser Definition alle Maßnahmen zu fassen, die darauf gerichtet sind, für (potentielle) Korporationsmitglieder den Wert von v'_i (und damit von c_i) so weit zu senken, daß bestimmte — unter anderen Bedingungen *unzureichende* — Anreize (v_i) ein ausreichendes Motiv für die Korporationsmitgliedschaft zu schaffen vermögen. — Ein solcher *Zwang* kann, wie oben (S. 56 f.) bemerkt, in vielfältigen Abstufungen zu finden sein.

[15] Es sei hier an die Bemerkung erinnert, die oben (S. 61 ff.) zu den Schwierigkeiten einer austauschtheoretischen Interpretation korporativer Strukturen gemacht worden sind.

[16] Stillschweigend wird eine solche Gleichsetzung von korporativer Mitgliedschaftsbeziehung und Austauschbeziehung vorgenommen, wenn etwa von einem „Austausch... mit der Organisation" (HOMANS 1974, S. 357), von „einer Austauschbeziehung zu ... einer Gruppe" (BOHNEN 1971, S. 146) oder davon gesprochen wird, daß „Individuum und Wirtschaftsorganisation als Parteien anzusehen sind, die ... in eine Tauschbeziehung eintreten" (SCHANZ 1978, S. 75).

[17] Eine „Gruppe (B) mit N Mitgliedern" lasse sich, so meint EMERSON (1972, S. 86), „austauschtheoretisch in die Menge der N Austauschbeziehungen $B_1 - (B), B_2 - (B) \ldots B_N - (B)$ zerlegen".

[18] Siehe dazu auch die entsprechenden Überlegungen bei S. R. WALDMAN 1972, S. 153 ff.

mer' und ‚Mitgliedern/Kunden'[19]. Und auch bei der sog. ‚Theorie des organisatorischen Gleichgewichts' oder ‚Anreiz-Beitrags-Theorie der Organisation' (CH. I. BARNARD 1970; H. A. SIMON 1955; J. G. MARCH und H. A. SIMON 1976) steht der Gedanke des Austauschs zwischen ‚Organisation' und ‚Organisationsteilnehmern/Mitgliedern' im Zentrum der Argumentation[20].

Solche *austausch*theoretischen Ansätze zur Organisationsanalyse eignen sich ohne Zweifel dazu, gewisse grundlegende – nämlich die mit dem erwähnten ‚Vorteilskalkül' zusammenhängende – Aspekte der *Mitgliedschaft* in korporativen Akteuren in treffender Weise zu charakterisieren. Es ist jedoch auch unübersehbar, daß sie gewisse Mängel aufweisen. Der augenfälligste Mangel liegt darin, daß ‚die Organisation' als Handlungseinheit bereits *vorausgesetzt* wird, wenn man von einem Austausch zwischen ‚Organisation' und ‚Organisationsteilnehmern' spricht. Stellt man ‚Organisation' und ‚Mitglied' als Austauschpartner einander gegenüber, so bedeutet dies *de facto* eine Hypostasierung des Kollektivgebildes ‚Organisation'. Und diese Hypostasierung wird nicht allein dadurch ‚geheilt', daß sie – wie dies zumeist geschieht – mit der Einschränkung ver-

---

[19] Vgl. SALISBURY 1969, S. 1: „Die Austauschtheorie der Interessengruppen geht von einer Unterscheidung zwischen dem Unternehmer oder Organisator und dem Kunden/Mitglied aus. Es wird argumentiert, daß Gruppen-Organisatoren in ein Bündel von Anreizen investieren, die sie potentiellen Mitgliedern zu einem Preis – den Eintritt in die Gruppe – anbieten. . . . Damit die Gruppe überlebt, muß ein ausreichendes Gleichgewicht in diesem Austausch gewahrt bleiben; die Mitglieder müssen Anreize erhalten und die Führer einen ausreichenden Ertrag, begrifflich als ‚Gewinn' zu fassen, um eine fortgesetzte Teilnahme zu garantieren".

[20] Vgl. J. G. MARCH und H. A. SIMON 1976, S. 81: „Die Barnard-Simon'sche Theorie des organisationalen Gleichgewichts ist im wesentlichen eine Motivationstheorie – eine Aussage über die Bedingungen, unter denen eine Organisation ihre Mitglieder dazu bringen kann, daß sie weiterhin mitwirken und folglich das Überleben der Organisation gewährleisten. Die zentralen Postulate der Theorie . . . :

1. Eine Organisation ist ein System von wechselseitig abhängigen sozialen Verhaltensweisen einer Anzahl von Personen, die als Organisationsteilnehmer bezeichnet werden.
2. Jeder Teilnehmer und jede Gruppe von Teilnehmern erhalten von der Organisation *Anreize* und leisten dafür *Beiträge* an die Organisation.
3. Jeder Teilnehmer wird seine Mitwirkung in einer Organisation nur solange aufrechterhalten, wie die ihm gewährten Anreize so groß wie oder größer (gemessen im Lichte *seiner* Wertmaßstäbe und der ihm offenstehenden Alternativen) als die von ihm geforderten Beiträge sind.
4. Die Beiträge, die die verschiedenen Teilnehmergruppen leisten, sind die Quelle, der die Organisation die den Teilnehmern angebotenen Anreize entnimmt.
5. Daher ist eine Organisation nur solange ‚solvent' – und damit überlebensfähig – wie die Beiträge in genügendem Maße ausreichen, genügend große Anreize zu gewähren, um diese Beiträge weiter beziehen zu können."

sehen wird, man habe es hier nur mit einer abkürzenden Redeweise zu tun. Dem Vorwurf einer solchen Hypostasierung der Organisation entgeht man, wenn man – wie dies etwa für Salisburys ‚Austauschtheorie der Interessengruppen' gilt – nicht ‚die Organisation', sondern den ‚*Unternehmer*' (also eine ‚natürliche' Handlungseinheit) als die Instanz bezeichnet, zu der die Mitglieder in Austauschbeziehungen stehen. Allerdings bleibt auch bei dieser Lösung die Frage unbeantwortet, was eigentlich die Handlungseinheit ‚Organisation' ausmacht, und zudem erscheint es recht zweifelhaft, ob das – aus den Austauschbeziehungen zwischen ‚Unternehmer' und Mitgliedern gebildete – sternförmige Beziehungsmuster in der Tat als angemessenes Abbild korporativer Strukturen gelten kann[21].

Ein weiterer Mangel der ‚austauschtheoretischen Organisationsanalyse' liegt darin, daß ihr ein klares Kriterium fehlt, um den Kreis der Organisations*mitglieder* von anderen Akteuren abzugrenzen, die zwar ebenfalls in (Austausch-)Beziehungen zur Organisation stehen, aber eben nicht in *Mitgliedschafts*beziehungen. Dieses Abgrenzungsproblem zeigt sich recht deutlich bei der ‚Anreiz-Beitrags-Theorie' der Organisation. So möchte etwa CH. I. BARNARD (1970, S. 72) lieber von den ‚Mitwirkenden' als von den ‚Mitgliedern' einer Organisation sprechen, da die Organisation zum Teil durch Bemühungen oder Tätigkeiten von Personen gebildet werde, „die normalerweise nicht als ‚Mitglieder' angesehen werden, ... zum Beispiel Kunden" (ebenda, S. 69)[22]. Bei „den Diensten eines Arbeitnehmers und den Kaufakten von Kunden" handelt es sich, wie BARNARD (1969, S. 138) meint, „um gleichartige Elemente ..., um gleichartige Beiträge zur *gleichen* Organisation": „Das Charakteristikum beider Beziehungen ist der Tausch" (ebenda, S. 140). Im Anschluß an Barnard betont auch H. A. SIMON (1955, S. 12), daß die *Kunden* – ebenso wie

---

[21] In seinem Beitrag zu einer ‚*Tauschtheorie des Verbandes*' weist M. GROSER (1979, S. 121) darauf hin, daß die Vorstellung eines Tausches zwischen einer zentralen Instanz (also etwa dem ‚Unternehmer' im Sinne Salisburys) und den Mitgliedern in der Tat ein zu stark vereinfachtes Bild der Organisation entwerfe, allerdings meint Groser, dieser Mangel sei dadurch zu beheben, daß man „Tauschprozesse auf den verschiedenen Ebenen der Organisation bei einer Vielzahl von Tauschpartnern" (ebenda) in die Analyse einbeziehe. – Nun wird eine solche Berücksichtigung der Vielfalt innerorganisatorischer ‚Tauschprozesse' zwar der Komplexität korporativer Strukturen eher gerecht, aber auch sie läßt die grundsätzliche Frage ungeklärt, was eigentlich den spezifischen Charakter des Kollektivgebildes ‚Organisation' ausmacht. Was den Versuch, korporative Strukturen als Austauschnetzwerke zu interpretieren, anbelangt, so ist hier im übrigen an die oben (S. 61 ff.) vorgetragenen Überlegungen zu erinnern.

[22] Er beziehe, betont BARNARD (1969, S. 131), „die Handlungen von Aktionären, Lieferanten oder Kunden" in seinen „Begriff von Organisation" mit ein.

Unternehmer und Angestellte — als Organisationsteilnehmer, als integrierender Bestandteil der Organisationstätigkeit anzusehen seien. Ob man sie als ‚*Mitglieder*‘ bezeichnen wolle, sei, so merkt Simon an, „eine terminologische Frage ohne irgendwelche nennenswerte Bedeutung" (ebenda, S. 12, Anm.)[23]. Die gleiche Argumentation findet sich schließlich auch bei MARCH und SIMON (1976), die die *Konsumenten* (ebenso wie die Lieferanten) als ‚Hauptteilnehmer‘ der Organisation in eine Reihe mit den Beschäftigten oder den Kapitalanlegern stellen (ebenda, S. 86), wobei sie bemerken, was die „Identifizierung bestimmter Individuen als Teilnehmer an einer bestimmten Organisation" (ebenda, S. 85) anbelange, so müsse man dabei „notwendigerweise etwas willkürlich" (ebenda) verfahren, gebe es doch eine Vielzahl von Akteuren, die Beiträge an die Organisation leisten und Anreize von ihr erhalten[24].

Wenn die — in den zitierten Äußerungen deutlich werdende — Unschärfe der Mitgliedschaftsdefinition hier als ein *Mangel* der ‚austauschtheoretischen Organisationsanalyse‘ gewertet wird, so geschieht dies aus der Annahme heraus, daß es nicht nur um eine rein ‚terminologische Frage‘ geht. Es geht darum, daß — unabhängig von irgendwelchen Benennungsfragen — ein wesentlicher Unterschied besteht zwischen jenen Akteuren, die (wie die Angestellten, Kapitalanleger u. a.) durch die Zusammenlegung von Ressourcen in einen einheitlich disponierten Pool die ‚Organisation‘ überhaupt erst konstituieren, und jenen Akteuren, die (wie die Kunden oder Lieferanten) mit dem auf diese Weise gebildeten korporativen Akteur in Austauschbeziehungen treten, ohne mit ihm durch die Einbringung von Ressourcen verbunden zu sein[25]. Die reine Austauschperspektive, die der Anreiz-Beitrags-Theorie und verwandten Ansätzen zur Organisationsanalyse zugrunde liegt, lenkt die Aufmerksamkeit zwangsläufig von dem Unterschied zwischen diesen beiden Gruppen von Akteu-

---

[23] Vgl. dazu auch etwa SIMON 1955, S. 75, wo auf die ‚*Kunden*‘ und „alle anderen Organisationsmitglieder" bezug genommen wird.

[24] Die — in der Austauschperspektive der ‚Anreiz-Beitrags-Theorie‘ angelegte — Unschärfe des Mitgliedschaftskriteriums läßt A. KIESER und H. KUBICEK (1977) sogar zu der Schlußfolgerung kommen, „daß die Grenzen einer Organisation etwa so schwierig festzulegen sind wie die einer Wolke" (ebenda, S. 9), und daß es ‚müßig‘ sei, „generell entscheiden zu wollen, wer Mitglied einer Organisation ist und wer nicht" (ebenda, S. 11). — Zu den Problemen der Mitgliedschaftsinterpretation im Sinne der ‚Anreiz-Beitrags-Theorie‘ vgl. auch etwa W. HILL, R. FEHLBAUM, P. ULRICH 1974, S. 147 ff.

[25] Was die ‚terminologische Frage‘ anbelangt, so dürfte es wohl auch dem üblichen Sprachgebrauch am ehesten entsprechen, wenn man — wie dies oben (vgl. S. 20 f.) vorgeschlagen worden ist — die ‚Ressourceneinbringer‘ als *Mitglieder* bezeichnet.

ren ab, einem Unterschied, der für eine Theorie korporativen Handelns von grundlegender Bedeutung ist.

Die Unschärfe in der Abgrenzung der Organisationsmitgliedschaft ist denn auch in der Tat nur ein Teilaspekt des *grundsätzlichen* Mangels austauschtheoretischer Organisationsanalyse: In ihrer Konzentration auf die *Gemeinsamkeiten* von *korporativen* Beziehungen und *Austauschbeziehungen* vernachlässigt sie die spezifische *Unterschiedlichkeit* von *korporativen Strukturen* und *Austauschnetzwerken*[26]. Sie läßt daher auch die Frage unbeantwortet, in welchem Sinne eigentlich *Organisationen* – im Unterschied zu Austauschnetzwerken – als *Einheiten*, als kollektive *Handlungseinheiten*, betrachtet werden können.

Gegenüber der Austauschperspektive hat eine am Modell der *Ressourcenzusammenlegung* orientierte Interpretation der Mitgliedschaftsbeziehung den Vorzug, daß sie nicht nur den – von der Austauschinterpretation betonten – Aspekten des individuellen ‚Vorteilskalküls' Rechnung trägt, sondern darüber hinaus ein eindeutiges Kriterium zur Abgrenzung der Einheit ‚Organisation' bietet und die theoretische Fragestellung systematisch auf die interne Struktur korporativer Akteure hinlenkt.

2. Korporatives Handeln und individuelle Anreize: Das Problem der Verteilung des Korporationsertrages

Als charakteristisches Merkmal von Marktstrukturen wurde an früherer Stelle bereits die direkte gegenseitige Verhaltenskontrolle und -steuerung der am Austausch beteiligten Akteure herausgestellt: Typischerweise sind hier eigene Leistungen und erwartbare Gegenleistungen direkt voneinander abhängig[27], und es ist diese direkte Abhängigkeit der gegen-

---

[26] Siehe dazu etwa auch die Feststellung CH. I. BARNARDS (1969, S. 135): „Zu den einfachsten Formen von Organisationen gehört der Austausch von Gütern zwischen zwei Menschen A und B".

[27] Die „hochgradige Zurechenbarkeit (accountability) im Verhalten untereinander" sei, so meint P. EKEH (1974, S. 51), vielleicht „das Hauptkennzeichen" des ‚restricted exchange', des ‚zwei-Parteien Austauschs' (vgl. dazu oben S. 80 f.). – Der „dezentralisierte Markt-Austausch" ist nach A. ALCHIAN und H. DEMSETZ (1974, S. 304) dadurch gekennzeichnet, daß er „den *Ertrag direkt* bewertet, ... und die *Belohnungen* an die Ressourceninhaber gemäß dieser direkten Messung ihrer Leistungen zuteilt". – Vgl. dazu auch etwa F. H. KNIGHT 1965, S. 55–58.

seitigen Leistungen, durch die der Austauschmechanismus ‚aus sich heraus' individuelle Leistungsanreize für die beteiligten Akteure schafft[28].

Als grundlegendes Kennzeichen *korporativer Strukturen* wurde demgegenüber hervorgehoben, daß eine solche *direkte* Abhängigkeit zwischen dem, was die einzelnen zum gemeinsamen Unternehmen *beitragen*, und dem, was sie als ‚*Vergütung*' erhalten, *nicht* besteht[29]: Durch den gemeinsamen Einsatz zusammengelegter Ressourcen wird ein *Gesamtergebnis* erzielt, ein *Korporationsertrag*[30], der das ‚Reservoir' darstellt, aus dem die einzelnen Beteiligten die ‚Gegenleistung' für ihre Beiträge beziehen[31], dessen individuelle Zurechnung allerdings erst aufgrund einer besonderen (expliziten oder impliziten) *Verteilungsregelung* zustandekommt[32]. Im Gegensatz zur inhärenten (‚automatischen') Zuordnung

---

[28] Natürlich kann es im Hinblick auf den erwarteten Ertrag eigener Leistungen für die beteiligten Akteure Unsicherheiten geben – so kann etwa der ‚Tauschwert' der eigenen Beiträge durch unvorhergesehene ‚glückliche' oder ‚unglückliche' Umstände erhöht oder vermindert werden –, dies ändert jedoch nichts daran, daß der angesprochene Zusammenhang von Leistung und Gegenleistung das grundlegende *Prinzip* in Austauschsystemen ist.

[29] Dieses Kennzeichen korporativer Strukturen wird hervorgehoben, wenn etwa im Hinblick auf das Handeln in Organisationen von einer „Entkoppelung von Leistung und Entschädigung" (D. K. Pfeiffer 1976, S. 81) gesprochen wird.

[30] Es gilt hier, Was A. Alchian und H. Demsetz (1974) als spezifisches Merkmal der ‚Team-Produktion' – einer ‚kooperativen Tätigkeit, bei der Ressourcen mehrerer Akteure zusammen eingesetzt werden (ebenda, S. 306) – hervorheben: „Der Ertrag wird, definitionsgemäß, durch ein Team erbracht und stellt keine *Summe* separierbarer Erträge der einzelnen Mitglieder dar" (ebenda, S. 305). Entsprechend ergibt sich hier, wie Alchian und Demsetz feststellen, die Schwierigkeit, ein Maß für den relativen Beitrag zu finden, den jedes einzelne Team-Mitglied zum Gesamtertrag beisteuert.

[31] Sicherlich gibt es Konstellationen, in denen Korporationsmitglieder für ihre Beiträge ‚Gegenleistungen' erhalten, die unmittelbar nicht aus dem Korporationsertrag, sondern aus *anderen* Quellen stammen; so etwa, wenn ein – als Initator auftretender – ‚Unternehmer' eigene Mittel in die Schaffung entsprechender Anreize für andere Korporationsteilnehmer ‚vorschießt' (investiert). Insofern allerdings auch dieser ‚Unternehmer' seine Investition in Erwartung einer entsprechenden Kompensation aus einem zukünftigen Korporationsertrag tätigt und nur auf Grund einer solchen Kompensation auf Dauer tätigen kann, stellt auch in solchen Fällen der Korporationsertrag das (letztendliche) Reservoir dar, das die Teilnahmeanreize für alle Beteiligten hergeben muß.

[32] Unter den Begriff des ‚Korporationsertrages' soll hier das gesamte Bündel von Vorteilen gefaßt werden, die das korporative Unternehmen für die Beteiligten erbringt. Wenn von einer *Verteilung* dieses Korporationsertrages gesprochen wird, so ist dazu spezifizierend anzumerken, daß eine Korporation neben – im eigentlichen Sinne – *teilbaren* Erträgen auch solche Vorteile stiftet, die nicht zum Gegenstand einer besonderen Verteilungsregelung werden können. Dies gilt insbesondere für die ‚unteilbaren Vorteile' die durch die Produktion von *Kollektivgütern* gestiftet werden (vgl. dazu z.B. G. C. Homans 1972, S. 98; 1974, S. 281). Und dies gilt auch etwa für die ‚inhärenten' Vorteile (Geselligkeit, Kontaktmöglichkeiten etc.), die die Beteiligung an der Korporation per se stiftet (vgl. dazu z.B. die Unterscheidung von ‚intrinsischen' und ‚extrinsischen' Belohnungen bei P. M. Blau 1964,

von individuellen Leistungen und individuellen Erträgen in Austauschbeziehungen, sind bei korporativem Handeln Beiträge und Vergütungen der einzelnen Beteiligten also lediglich *indirekt*, über ein soziales Verteilungsarrangement miteinander verknüpft[33]. Es ist dieser Umstand, der bei korporativem Handeln die Sicherstellung individueller Leistungsbereitschaft zu einem besonderen Problem werden läßt.

Insofern der *Korporationsertrag* das Reservoir für die individuellen Belohnungen und damit die Voraussetzung individueller Vorteilsrealisierung ist, liegt die Erzielung eines möglichst großen – und zumindest eines ‚ausreichend großen' – Korporationsertrages im *gemeinsamen Interesse* aller Korporationsmitglieder[34]. Dieses gemeinsame Interesse allein stellt freilich nicht immer sicher, daß die Beteiligten auch einen ausreichenden *individuellen* Anreiz haben, durch entsprechende eigene Leistungen zur Förderung des Korporationsertrages beizutragen, da ja die Vorteile, die der einzelne durch seine Korporationsmitgliedschaft realisiert, *unmittelbar* davon abhängen, wie die Regelung für die Verteilung des Korporationsertrages aussieht, und nur *mittelbar* davon, in welchem Maße er

---

S. 36 ff.). Gegenstand einer *Verteilung* kann natürlich nur der im eigentlichen Sinne *teilbare* Korporationsertrag sein, allerdings dürfte dessen Verteilung nicht unbeeinflußt davon bleiben, ob die genannten ‚unteilbaren Vorteile' möglicherweise für verschiedene Mitglieder in *unterschiedlichem* Maße Teilnahmeanreize schaffen.

[33] Vgl. E. BOETTCHER 1974, S. 46: „Während die Zurechnung von Leistung und Gegenleistung bei der Marktkoordination über den Marktmechanismus erfolgt, ist in der Kooperation die Verteilung durch autonome Bewertung und Entscheidung von seiten der an der Kooperation teilnehmenden Gruppe zu lösen".

[34] Ein ‚ausreichend großer' Korporationsertrag ist die Grundvoraussetzung dafür, daß die Korporation als für die Mitglieder vorteilhaftes Arrangement überhaupt bestehen kann. ‚Ausreichend groß' bedeutet dabei: Der erzielte Korporationsertrag muß ausreichen, um für alle Beteiligten die Bedingung ($v_i \geq c_i$) erfüllen zu können. D.h., Voraussetzung für korporatives Handeln ist, daß „eine Vereinigung, oder ein gemeinsamer Einsatz von Leistungen (inputs) einen größeren Ertrag erbringt als die Summe der Produkte der separat genutzten Leistungen" (ALCHIAN und DEMSETZ 1974, S. 324), daß für die Beteiligten „ihre gemeinsame Produktivität größer ist als die Summe ihrer separaten Produktivitäten" (A. KUHN 1963, S. 416). – Ch. I. Barnard spricht im Hinblick auf diesen Sachverhalt von der ‚*Wirksamkeit*' oder ‚*Effektivität*' eines Kooperations-Systems und bemerkt dazu: „Sie mißt sich daran, wie weit die durchgeführten Maßnahmen und das objektive Ergebnis ausreichend sind, um dem System der Zuammenarbeit die Kräfte und die Stoffe verfügbar zu machen, die dazu dienen, die persönlichen Motive der Teilnehmer an der Kooperation zu befriedigen" (1970, S. 58).

selbst zu diesem Korporationsertrag beigetragen hat[35]. Dies bedeutet aber: Der Korporationsertrag selbst hat für die Korporationsmitglieder in mehr oder minder hohem Grade den Charakter eines *Kollektivgutes*[36].

Ob und in welchem Maße die einzelnen Beteiligten individuelle Anreize haben, zur Produktion des Kollektivgutes ‚Korporationsertrag' beizutragen, hängt davon ab, in welchem Maße durch die geltende Verteilungsregelung eine Korrelation zwischen individuellen Leistungen und individuellen Vergütungen hergestellt werden kann[37]. Eine solche ‚Korrelation' braucht keineswegs zu bedeuten, daß ein stetiger *kurzfristiger* Ausgleich der ‚Leistungsbilanzen' sichergestellt werden muß. In dem Maße, in dem die Beteiligten darauf *vertrauen* können, daß *auf Dauer* gesehen ein ‚ausgewogener' Zusammenhang zwischen Beiträgen und Vergütungen gewahrt wird, werden sie kurzfristige oder auch längerfristige Unausgewo-

---

[35] Wird der Korporationsertrag beispielsweise unter allen Mitgliedern gleich verteilt, so bedeutet dies für das einzelne Mitglied eines korporativen Akteurs vom Umfange n, daß ihm von der durch seinen eigenen Beitrag realisierten Verbesserung des Korporationsertrages nur ein Anteil von $\frac{1}{n}$ zugute kommt, während die ‚Kosten' seines Beitrages insgesamt von ihm getragen werden. Je größer n, umso geringer wird – bei der unterstellten Verteilungsregelung – der Effekt, den der tatsächliche Beitrag des einzelnen auf sein eigenes ‚Korporationseinkommen' hat. Sein Korporationseinkommen wird mit zunehmender Mitgliederzahl zunehmend zu einer durch das eigene Verhalten nicht beeinflußbaren Größe.

[36] Man kann also in einem zweifachen Sinne von einem Zusammenhang zwischen *Kollektivgutproblematik* und der Frage *korporativen Handelns* sprechen. Erstens im Sinne des oben (S. 151 ff.) erläuterten Zusammenhangs zwischen dem Problem der Produktion kollektiver oder öffentlicher Güter und der Notwendigkeit korporativen Handelns. Zweitens aber auch in dem Sinne, daß bei korporativem Handeln *stets* – auch dann, wenn es nicht um die zuvor erwähnte Produktion kollektiver Güter geht, sondern lediglich um die Produktion von Vorteilen, die unter den Korporationsmitgliedern verteilt werden können – ein *Kollektivgutproblem* insofern auftritt, als der Korporationsertrag für die Beteiligten ein Kollektivgut darstellt. – Nur im zweiten Sinne ist die Feststellung OLSONS (1968, S. 14 f.) zutreffend, die Produktion von Kollektivgütern gehöre ‚zum Wesen einer Organisation'.

[37] Die Produktivität einer ‚ökonomischen Organisation' hänge – so stellen ALCHIAN und DEMSETZ (1974, S. 305) fest – davon ab, wie gut das gegebene ‚Belohnungssystem' eine *Korrelation* zwischen individuellem *Beitrag* (individueller Produktivität) und *Belohnung* herstellt. – Das Verteilungsproblem in Organisationen wird von Ch. I. Barnard unter dem Betriff der ‚*Leistungsfähigkeit*' oder ‚*Effizienz*' angesprochen. Neben der ‚Wirksamkeit' oder Effektivität' (vgl. S. 163, Anm. 34) ist ‚Leistungsfähigkeit' oder ‚Effizienz' nach BARNARD (1970, S. 61) die zweite Bedingung, von der die „Dauerhaftigkeit der Korporation" abhängt. Die ‚Leistungsfähigkeit' (‚Effizienz') eines kooperativen Systems bemißt sich – wie BARNARD (ebenda, S. 59) feststellt – nach seinem „Vermögen, sich durch Befriedigung der beteiligten Individuen zu erhalten", einen „Ausgleich von Bürden durch Satisfaktionen" zu sichern. ‚Leistungsfähigkeit' ist, so betont Barnard (ebenda), nicht nur eine Frage „der Quantität und der Qualität dessen, was an jeden Mitwirkenden verteilt werden kann", sie hängt auch „vom Verteilungsprozeß im kooperativen System ab".

genheiten tolerieren, werden sie eigene *Vorleistungen* als Investitionen betrachten, die sich auf längere Sicht ,auszahlen'[38].

Die Schwierigkeiten, die mit der Sicherstellung eines Zusammenhangs zwischen Beitrag und Vergütung in korporativen Akteuren verbunden sind, sind in der sozialwissenschaftlichen Literatur etwa unter dem Stichwort ,distributive Gerechtigkeit' oder ,Verteilungsgerechtigkeit' thematisiert worden. So stellt beispielsweise G. C. HOMANS (1974, S. 281) fest, wo es gelte, Erträge ,kollektiven Handelns' zu verteilen, benötige man „irgendeine Regel der Proportionalität zwischen den Investitionen der einzelnen Mitglieder, ihrem Beitrag zum erfolgreichen Ergebnis, und ihren Anteilen an der Belohnung". Und eben dieses Problem der Herstellung einer solchen Proportionalität bezeichnet Homans als Problem der ,distributiven Gerechtigkeit' (vgl. Homans 1961, S. 232 ff.; 1972, S. 90 ff.; 1974, S. 241 ff.), der „Gerechtigkeit in der Verteilung von Belohnungen und er den Mitgliedern einer Gruppe" (1972, S. 91)[39]. Das einzelne Mitglied vergleicht, wie Homans bemerkt, nicht nur die Vorteile der Gruppenmitgliedschaft mit alternativen Handlungsmöglichkeiten, es vergleicht auch seinen eigenen Anteil am Gruppenertrag mit dem Anteil, den andere Gruppenmitglieder erhalten, und es ist für seine ,Zufriedenheit' von grundlegender Bedeutung, wie dieser Vergleich ausfällt[40]. Ob der ein-

---

[38] Diese Bereitschaft, Vorleistungen zu erbringen, und die Toleranz gegenüber zeitweiligen Unausgewogenheiten der ,Leistungsbilanzen' dürften in der Regel gemeint sein, wenn im Zusammenhang mit den Problemen korporativen Handelns von ,*Solidarität*' gesprochen wird. Grundlage eines, in diesem Sinne, *solidarischen* Verhalten ist — dies wird bei der üblichen Verwendung des Solidaritätsbegriffs allzuoft übersehen — nicht der Verzicht auf jedes persönliche Vorteilskalkül, sondern das *Vertrauen*, daß eigene Beiträge zwar keine unmittelbare Gegenleistung erfahren, sich aber auf Dauer auszahlen werden (vgl. dazu z.B. S. R. WALDMANN 1972, S. 77 ff.). Und die Schaffung eines solchen *Vertrauens* ist weitgehend — insbesondere mit steigender Gruppengröße — eine Frage geeigneter sozialorganisatorischer Vorkehrungen. — Dazu VANBERG 1978 b, S. 668 ff.

[39] Homans' Argumentation zum Problem der ,distributiven Gerechtigkeit' enthält gewisse Unklarheiten, weil in ihr nicht ausreichend deutlich gemacht wird, daß das *Verteilungsproblem* — und damit auch das Problem der Verteilungs*gerechtigkeit* — ein spezifisches Problem korporativen Handelns ist (Ein entsprechender Einwand ist etwa auch gegen die Behandlung der Frage ,distributiver Gerechtigkeit' bei S. R. WALDMAN 1972, S. 49 ff. vorzubringen). Zwar nimmt Homans bei seiner Erörterung der Frage ,distributiver Gerechtigkeit' typischerweise auf Beispiele ,kollektiven Handelns' bezug, seine allgemeinen Formulierungen zum Problem der Verteilungsgerechtigkeit lassen jedoch den irreführenden Eindruck entstehen, es handle sich hier (auch) um ein Problem von Austauschbeziehungen (vgl. z.B. HOMANS 1974, S. 211, 225). Dies gilt insbesondere für die ursprüngliche Einbeziehung der ,Regel distributiver Gerechtigkeit' in die allgemeinen Hypothesen der Homansschen Theorie (vgl. HOMANS 1961, S. 72 ff.) In den neueren Fassungen seines Hypothesenkatalogs (vgl. HOMANS 1972, S. 68; 1974, S. 37) hat Homans eine Umformulierung der betreffenden Hypothese vorgenommen, bei der der Bezug auf die ,Regel distributiver Gerechtigkeit' entfällt.

[40] Vgl. dazu etwa HOMANS 1974, S. 243 f.; vgl. auch E. BOETTCHER 1974, S. 81 f.; S. 89 ff.

zelne den Eindruck hat, sein eigener Anteil an den Belohnungen sei — gemessen an seinen Beiträgen und im Vergleich zu den übrigen Gruppenmitgliedern — ‚gerecht', ist dabei zwangsläufig eine Frage *subjektiver* Einschätzungen und Bewertungen[41], und in dem Maße, in dem die Gruppenmitglieder sich in diesen Einschätzungen und Bewertungen unterscheiden, werden auch ihre Vorstellungen darüber, was als ‚gerechter Anteil' zu gelten hat, auseinandergehen[42]. — Die Bedeutung, die der Frage der ‚Verteilungsgerechtigkeit' für das Handeln in Organisationen zukommt, ist in gleichem Sinne von F. A. von Hayek unterstrichen worden. Nichts sei, so stellt Hayek unter bezug auf BARNARD (1970) fest, „wichtiger für die Erhaltung der Zufriedenheit innerhalb einer großen Organisation, als daß die Entlohnung allgemein als gerecht empfunden wird" (1971, S. 148). Als grundlegendes Problem korporativen Handelns erwähnt dabei HAYEK (ebenda, S. 121), daß die Schwierigkeit, „den Beitrag des einzelnen festzustellen", zunehme, „wenn die Organisationen größer und komplexer werden" (ebenda; vgl. auch ebenda, S. 148, 150)[43].

Was die verschiedenen Möglichkeiten einer organisatorischen Lösung des Verteilungsproblems anbelangt, so wurden mit den beiden ‚Grundmustern der Organisation korporativen Handelns' (vgl. oben, S. 18 ff.) zwei typisch unterschiedliche Verteilungsregelungen gegenübergestellt. Das erste Grundmuster — der ‚monokratisch-hierarchische' Typ korpo-

---

[41] „Gerechtigkeit ist" — so stellt HOMANS (1972, S. 93) fest — „eine Angelegenheit menschlicher Erwartungen", und die Erwartungen eines Menschen sind „vor allem eine Folge dessen, was er tatsächlich erlebt hat: seiner eigenen Erfahrung und den Erfahrungen anderer, die ihm durch die Sprache vermittelt werden" (ebenda, S. 91). — Gegenstand subjektiver Erwartungen ist, darauf weist HOMANS (vgl. z.B. 1974, S. 251) hin, insbesondere die Frage, was (mit welcher Gewichtung) als ‚Investition' zu werten ist.

[42] Ursache von Konflikten in korporativen Beziehungen kann — neben den erwähnten ‚Einschätzungsunterschieden' vor allem auch der Umstand sein, daß die *tatsächlichen Machtverhältnisse* auf eine Verteilung des Korporationsertrages hinwirken, die von bestehenden ‚Gerechtigkeitsvorstellungen' abweicht. — Was das ‚Machtproblem' anbelangt, so können die Überlegungen, die oben (S. 58 ff.) zur Frage des Austauschs angestellt worden sind, in analoger Weise auf das Verteilungsproblem in Korporationen übertragen werden.

[43] Im Zusammenhang mit seiner Charakterisierung der ‚zwei Arten der Ordnung' (vgl. oben, S. 88 ff.) hat Hayek besonders nachdrücklich betont, daß sich die Frage ‚distributiver Gerechtigkeit' nur für *Organisationen* stellen kann, also dort, wo es um die Verteilung eines gemeinsamen Ertrages geht. „Begriffe wie gerechte Verteilung oder Entlohnung sind" — so HAYEK (1969, S. 118) — „sinnvoll nur innerhalb einer Organisation , . . . sie haben jedoch keinerlei Sinn in einer . . . spontanen Ordnung". — Vgl. auch HAYEK 1969, S. 185 f. Anm.: „Eine spontane Ordnung kann nur kommutative Gerechtigkeit und keine distributive Gerechtigkeit kennen". Siehe dazu auch HAYEK 1971, S. 114 Anm. Ganz entsprechend heißt es bei G. GURVITCH 1974, S. 140: „In dem sozialen Recht herrscht die Justitia distributiva vor, in dem individuellen Recht·die Justitia commutativa" (zur Unterscheidung von ‚sozialem' und ‚individuellem' Recht vgl. oben S. 121 f.).

rativen Handelns – wurde dadurch charakterisiert, daß einer (oder eine Teilgruppe) der Ressourceneinbringer als *zentrale Vertragspartei* auftritt, an die die übrigen Beteiligten gewisse Verfügungsrechte über die von ihnen eingebrachten Ressourcen abtreten. Für die Verteilung des Korporationsertrages gilt hier, daß die Mitglieder, die ihre Ressourcen in der genannten Weise einbringen, als Gegenleistung eine im vorhinein festgesetzte Vergütung erhalten, während der zentralen Vertragspartei (sei dies ein einzelner oder eine Teilgruppe) das *Residuum* zufällt. Was das oben (S. 163 f.) angesprochene Kollektivgutproblem anbetrifft, so findet dies hier eine Lösung insofern, als es im *unmittelbarem* Interesse der zentralen Vertragspartei liegt, auf die Erzielung eines möglichst hohen Korporationsertrages hinzuwirken. D. h., es gibt hier einen Akteur, der ein unmittelbares Interesse daran hat, für einen wirksamen Einsatz der gepoolten Ressourcen zu sorgen und die Beitragsleistungen der übrigen Korporationsmitglieder zu kontrollieren[44]. Spezielle Probleme wirft in diesem Zusammenhang die Ressource ‚menschliche Arbeitskraft' auf. Da menschliche Fähigkeiten und Fertigkeiten im Unterschied zu ‚*veräußerbaren*' Ressourcen – wie etwa Geld oder sonstigen materiellen Gütern – nicht *per se* (losgelöst von ihrem Träger) in den Pool eingebracht werden können, kann die zentrale Vertragspartei lediglich eine indirekte Kontrolle über diese Ressource erwerben. Gegenstand der ‚Mitgliedschaftsvereinbarung' kann in diesem Falle nur die Zusage sein, innerhalb bestimmter Zeitspannen gewisse Fähigkeiten und Fertigkeiten in den Dienst der zentralen Vertragspartei zu stellen. Dies hat zwangsläufig zur Folge, daß der *effektive Einsatz* der Fähigkeiten und Fertigkeiten ein *zusätzliches* Motivationsproblem aufwirft und nicht allein dadurch gesichert werden kann, daß als Gegenleistung für die Mitgliedschaft im korporativen Akteur eine festgesetzte Vergütung geboten wird[45]. Die verschiedenen, in entsprechenden korporativen Akteuren vorfindbaren Anreiz- und Kontrollmechanismen

---

[44] Wird die zentrale Vertragspartei von einer *Teilgruppe* der Korporationsmitglieder gebildet, so hat man es bei ihr mit einem *korporativen Akteur* zu tun, für den die Überlegungen gelten, die im folgenden zur Frage des ‚zweiten korporativen Regelungsmusters' angestellt werden.
[45] Auf den hier angesprochenen Sachverhalt weisen J. G. MARCH und H. A. SIMON (1976, S. 49 ff.) hin, wenn sie von den ‚bedeutenden Unterschieden' sprechen, die „zwischen zwei Entscheidungsarten der Beschäftigten" (ebenda, S. 49) bestehen: der „Entscheidung für die Mitarbeit in der Organisation – oder zum Verlassen der Organisation" (also der *Mitgliedschafts*entscheidung) einerseits und der „Entscheidung für die Leistungserstellung" (ebenda) andererseits (siehe dazu auch R. MAYNTZ und R. ZIEGLER 1977, S. 76). – Vgl. auch CH. I. BARNARD 1969, S. 139: „Einen Arbeitnehmer einstellen, ist erst der eine Teil des Vorganges, der andere Teil besteht darin, ihn zur Einbringung seiner Dienste zu veranlassen".

sind — mehr oder minder taugliche — Versuche einer sozialorganisatorischen Lösung dieses Problems.

Das zweite Regelungsmuster — der ‚genossenschaftlich-demokratische' Typ korporativen Handelns — wurde dadurch charakterisiert, daß die Ressourceneinbringer in ihrer Gesamtheit, als Gruppe, das Verfügungsrecht über den Ressourcenpool innehaben. Die einzelnen Investoren erhalten hier als Gegenleistung für die Einbringung ihrer Ressourcen keine im vorhinein festgesetzte Vergütung, sondern einen (ergebnisabhängigen) Anteil aus dem gemeinsam erzielten Korporationsertrag — entsprechend der geltenden Verteilungsregelung[46]. Die Lösung des oben (S. 163) erwähnten Kollektivgutproblems hängt in diesem Falle entscheidend davon ab, daß die Beteiligten unter sich für ihre Zusammenarbeit sozialorganisatorische Regelungen finden, die eine Korrelation zwischen individuellen Beiträgen und individuellen Belohnungen herstellen, wobei diese Regelungen insbesondere auch eine ‚freiwillige Selbstbindung' im Sinne einer gemeinsamen Unterwerfung unter ein ‚Kontrollsystem' beinhalten können. Die Schwierigkeit, geeignete organisatorische Vorkehrungen zu finden und praktisch zu handhaben, wird mit der Größe des betreffenden korporativen Akteurs wachsen[47]. Und diese Schwierigkeit wird vor allem auch mit der Art der eingebrachten Ressourcen sowie mit der Art des Ertrages aus dem korporativen Unternehmen in Zusammenhang stehen. Solche Regelungen lassen sich beispielsweise wesentlich leichter finden, wenn die investierten Ressourcen und die korporativen Erträge homogen und direkt monetär meßbar sind, als etwa in einem Falle, in dem es (insgesamt oder zum Teil) um Investitionen und/oder Erträge geht, die von heterogener Natur und nicht in dieser Weise direkt meßbar sind[48].

---

[46] Für eine ausführliche Analyse der Verteilungsproblematik bei ‚genossenschaftlich-demokratischen' korporativen Akteuren — oder kurz in Kooperationen — vgl. R. ESCHENBURG 1977, S. 38 ff., 91 ff.

[47] Dies insbesondere deshalb, weil in kleineren Gruppen noch die informellen Mechanismen spontaner wechselseitiger Kontrolle wirksam sind. Diese Mechanismen erwähnt etwa G. SIMMEL (1968, S. 32) als Grund dafür, „daß ganz oder annähernd sozialistische Ordnungen bisher nur in ganz kleinen Kreisen durchführbar waren, in großen aber stets gescheitert sind". Die „Gerechtigkeit in der Verteilung des Leistens und des Genießens" — so argumentiert Simmel (ebenda) — „kann wohl in einer kleinen Gruppe realisiert sein, schon sicher ebenso wichtig ist, weil von den einzelnen überblickt und kontrolliert werden. Was jeder für die Gesamtheit leistet und womit die Gesamtheit es ihm vergilt, das liegt hier ganz nahe beieinander, so daß sich Vergleichung und Ausgleichung leicht ergibt". — Vgl. dazu auch etwa H. SPENCER 1891, S. 637 ff.

[48] Die oben angesprochenen besonderen Probleme der Ressource ‚menschliche Arbeitskraft' stellen sich natürlich auch unter den Bedingungen des ‚genossenschaftlich-demokratischen' Regelungsmusters.

3. Korporative Akteure und Herrschaft: Das Problem der korporativen Entscheidung

Im Sinne des Modells der Ressourcenzusammenlegung wird in der *einheitlichen, zentralen Disposition über einen Ressourcenpool* das entscheidende Kennzeichen gesehen, das *korporative Akteure* (Verbände, Organisationen) von Marktstrukturen unterscheidet. Damit wird ein Kriterium herausgehoben, das auch ansonsten bei der Definition des Organisationsbegriffs betont zu werden pflegt: das Merkmal der *zentralen Koordination*. Auf dieses Kriterium nimmt etwa Ch. I. BARNARD (1970, S. 71) bezug, der *Organisation* definiert als *"System bewußt koordinierter Handlungen oder Kräfte von zwei oder mehr Personen"*. Und dieses Kriterium wird auch von H. A. SIMON (1955, S. 5 f.) herangezogen, der als Kennzeichen des ‚Gruppenhandelns' anführt, „daß gewisse Teile des Entscheidens den Mitgliedern der Organisation als Einzelindividuen abgenommen" werden, und daß „dafür ein Entscheidungsverfahren der Organisation als solcher" (ebenda) gesetzt wird[49].

Während die Koordination in Marktstrukturen auf der dezentralen, wechselseitigen Anpassung *separat* (‚für sich') entscheidender Akteure beruht, ist für korporative Strukturen die Geltung eines kollektiven oder *korporativen Entscheidungsverfahrens* konstitutiv, wie auch immer dieses Verfahren im einzelnen aussehen mag. Ein Problem der kollektiven Entscheidung oder der ‚Sozialwahl'[50] stellt sich in diesem Sinne überhaupt nur dort, wo man es mit korporativem Handeln zu tun hat, liegt doch das grundlegende Merkmal der Marktkoordination gerade darin, daß die Beteiligten eben nicht *kollektiv*, als *Gruppe*, entscheiden[51]. Der grundsätzliche Unterschied, der in dieser Hinsicht zwischen Marktkoordination einerseits und – wie auch immer gearteten – kollektiven Entscheidungsverfahren andererseits besteht, wird verdeckt, wenn der Begriff der "so-

---

[49] Vgl. auch z.B. P. M. BLAU 1964, S. 199: „Organisation beinhaltet die Koordination kollektiver Bemühungen. . . . Solche Koordination von Bemühungen . . . erfordert irgendeine zentralisierte Leitung".

[50] Den Begriff ‚Sozialwahl' verwendet G. GÄFGEN (1963, S. 184) zur Bezeichnung von ‚Mehr-Personen-Entscheidungen', bei denen „ein Kollektiv einer Wahlsituation . . . gegenübersteht und in seiner Eigenschaft als Kollektiv sich für eine der möglichen Alternativen entscheiden soll".

[51] Vgl. J. M. BUCHANAN 1960, S. 88: „Der Markt stellt ein Verfahren dar, durch das die soziale Gruppe von einem sozialen Zustand zu einem anderen gelangen kann . . ., ohne daß eine kollektive Entscheidung getroffen werden muß . . . (Der) wesentliche Punkt hierbei ist, daß der Markt von den Individuen gar nicht verlangt, irgendeine Entscheidung kollektiv zu fällen".

zialen oder Gruppen-Entscheidung" (B. LIEBERMANN 1971, S. 5) zur Sammelbezeichnung wird, die ‚Marktmechanismus', ‚Mehrheitsentscheidung', ‚Diktatur' etc. als verschiedene Varianten ‚gesellschaftlicher Entscheidungsverfahren' umfaßt[52].

Irreführend können in diesem Sinne auch jene Kategorisierungsvorschläge sein, die eine vermeintlich unfruchtbare ‚traditionelle duale Konzeption' – nämlich die Gegenüberstellung von ‚Markt und Plan', von dezentraler und zentraler Koordination – zugunsten ‚pluralistischer Konzeptionen' überwinden wollen, und bei denen etwa ‚Markt- oder Preissystem, Demokratie, Hierarchie und Verhandlungssystem' als verschiedene „Möglichkeiten der Organisation gesellschaftlicher Entscheidungen" (B.S. FREY 1977, S. 19) nebeneinandergestellt[53], oder ‚Märkte, Wahlen und Gruppenverhandlungen gleichermaßen unter die „Bezeichnung ‚Sozialwahl-Mechanismus'"(Ph. HERDER-DORNEICH 1974, S. 127) gefaßt werden[54]. Solche Klassifikationen lenken davon ab, daß die grundsätzliche Frage, ob man es überhaupt mit einem Problem kollektiver Entscheidung zu tun hat (korporatives Handeln) oder nicht (Markt), auf einer anderen Allgemeinheitsebene liegt als die Frage nach den verschiedenen Verfahren kollektiver Entscheidungsfindung (‚Demokratie', ‚Hierarchie', ‚Wahlen'...)[55]. Da „kollektive Entscheidung zentralisierte Entscheidung bedeutet, wie auch immer das Entscheidungsverfahren aussieht" (BUCHANAN 1960, S. 76), gehört – wie dies Buchanan nachdrücklich betont hat – „der Markt überhaupt nicht in die Kategorie kollektiver Entschei-

---

[52] Verdeckt wird dieser grundsätzliche Unterschied etwa, wenn es bei B. LIEBERMANN (1971, S. 5) heißt: „Gesellschaften, Gruppen und Organisationen haben eine Vielfalt von Entscheidungsverfahren hervorgebracht: Die Mehrheitsentscheidung ..., den ökonomischen Marktmechanismus, den diktatorischen Vater, der einseitig entscheidet, wo die Familie wohnen soll ... Gruppenentscheidungen werden auf diese und viele andere Arten getroffen".

[53] B. S. FREY (1977, S. 24 ff.) stützt sich bei seiner Gegenüberstellung der ‚vier grundlegenden sozio-ökonomischen Entscheidungssysteme' auf die entsprechende Unterscheidung bei R. A. DAHL, CH. E. LINDBLOM, Politics, Economics and Welfare, New York 1953

[54] Vgl. auch HERDER-DORNEICH 1974, S. 40. – Die Bezeichnung ‚Sozialwahl-Mechanismus' verwendet HERDER-DORNEICH (ebenda, S. 127 f., Anm.) ausdrücklich in Anlehnung an die oben zitierte Definition von G. Gäfgen. Das in dieser Definition genannte Kriterium, daß „ein Kollektiv ... in seiner Eigenschaft als Kollektiv" eine Entscheidung fällt, trifft aber offensichtlich gerade nicht für ‚Märkte' zu.

[55] Das Anliegen HERDER-DORNEICHS (1974, S. 39 ff., 121 ff.), auf die allgemeinere Bedeutung hinzuweisen, die dem Prinzip des *Wettbewerbs* nicht nur für die Koordination in Märkten, sondern auch im Falle kollektiver Entscheidungen – etwa als Steuerungsprinzip bei Wahlen – zukommt, ist durchaus berechtigt, doch sollte dieses Anliegen nicht von dem grundsätzlichen Unterschied zwischen Marktstrukturen einerseits und jeder Art von korporativen Strukturen andererseits ablenken.

dung" (ebenda, S. 76), er ist vielmehr dem gesamten Spektrum kollektiver Entscheidungsverfahren gegenüberzustellen, „von der reinen Demokratie bis zur autoritären Diktatur" (ebenda, S. 91).

Wenn mehrere Personen Ressourcen in einen gemeinsamen Pool einbringen, über den einheitlich – als Pool – verfügt wird, so beinhaltet dies zwangsläufig eine *zentrale Koordination*. Gewisse Ressourcen sind der separaten, individuellen Verfügung der Beteiligten entzogen und einer *zentralen Entscheidungs-* oder *Koordinationsinstanz* unterstellt, ob nun ein einzelner Akteur diese ‚zentrale Instanz' darstellt oder die Gruppe insgesamt, ‚als Gruppe'[56]. Im Sinne einer solchen Unterstellung von Ressourcen unter eine zentrale Entscheidungsinstanz bedeutet korporatives Handeln stets – unabhängig von seiner konkreten organisatorischen Gestaltung – Verzicht auf individuelle Entscheidungsautonomie und Etablierung von *Herrschaft*: Soweit es die in den korporativen Akteur eingebrachten Ressourcen anbelangt, verzichten die Korporationsmitglieder auf die Möglichkeit einer eigenen, separaten Disposition und verpflichten sich die Entscheidungen der zentralen Instanz zu akzeptieren[57]. Die Ausübung von *Herrschaft* ist daher kein Merkmal, aufgrund dessen gewisse korporative Akteure von anderen zu unterscheiden wären. Es ist ein Merkmal, das korporativen Strukturen generell zukommt[58] und diese grundsätzlich von Marktstrukturen unterscheidet. In Austauschnetzwer-

---

[56] CH. E. LINDBLOM (1965) weist bei seiner Gegenüberstellung zweier Grundtypen von Koordinationsprozessen (ebenda, S. 25 ff.) – der ‚zentralen Koordination' durch eine zentrale Entscheidungsinstanz und der ‚dezentralen Koordination' durch wechselseitige Anpassung – darauf hin, daß etwa auch eine ‚nichthierarchische kooperative Gruppe' als Unterfall zentraler Koordination zu betrachten sei, da „die Gruppe ... in der Tat die Rolle der zentralen koordinierenden Instanz (central coordinating mind) spielt" (ebenda, S. 28).
[57] Hierbei macht es natürlich einen wesentlichen Unterschied, ob es sich um ‚veräußerliche Ressourcen' handelt, über die die zentrale Instanz ohne ein ‚Mittun' des Investors verfügen kann, oder ob es um ‚unveräußerliche' Ressourcen geht, deren Einsatz ein (Mit-)Handeln des Ressourceninhabers voraussetzt (vgl. dazu auch oben, S. 48, Anm. 23).
[58] Siehe dazu oben, S. 27 ff. – Vgl. M. WEBER 1923, S. 444: „Jeder Verein, zu dem man gehört, stellt dar ein *Herrschafts*verhältnis zwischen Menschen". Vgl. auch M. WEBER 1968, S. 470, wo Weber die „Herrschaft als wichtigste Grundlage fast allen Verbandshandelns" bezeichnet, sowie ebenda, S. 476, wo es über den Typ der ‚legalen' Herrschaft heißt, unter ihn falle „natürlich nicht etwa nur die moderne Struktur von Staat und Gemeinde, sondern ebenso das Herrschaftsverhältnis im privaten kapitalistischen Betrieb, in einem Zweckverband oder Verein gleichviel welcher Art". – Als charakteristisches Markmal des ‚Gruppenhandelns' nennt etwa auch J. WISEMAN (1979, S. 372) die Etablierung von „Herrschaftsbeziehungen (*authority relationships*) innerhalb der Gruppe". – G. BÜSCHGES (1976, S. 22 f.) weist darauf hin, daß die Koordinationserfordernisse bei organisiertem Handeln stets *Herrschaft* zur Folge haben, wobei die Art der Herrschaftsbegründung oder -legitimation durchaus unterschiedlich (‚genossenschaftlich-demokratisch' oder ‚hierarchisch-monokratisch') sein könne.

ken stellen sich typischerweise Probleme der *Macht*[59], das Problem der *Herrschaft* stellt sich allein dort, wo Dispositionsbefugnisse zentralisiert sind, wo also Ressourcen in einen einheitlich disponierten Pool eingebracht sind[60]. Es ist daher auch durchaus kennzeichnend, wenn eine im Rahmen des Austauschmodells verbleibende Analyse Schwierigkeiten hat, den spezifischen Charakter von *Herrschaftsbeziehungen* – im Unterschied zu Machtbeziehungen – deutlich zu machen[61].

In diesem Zusammenhang ist noch einmal auf die oben (S. 159) erörterte Problematik einer austauschtheoretischen Interpretation korporativer Mitgliedschaftsbeziehungen zurückzukommen, läßt sich doch der dort konstatierte Mangel der Austauschperspektive auch als eine mangelnde Berücksichtigung des Herrschaftsaspekts korporativen Handelns umschreiben[62]. Die Frage der zentralen Koordination und die damit verbundene Frage der Herrschaft erfahren im Rahmen dieser Perspektive keine systematische theoretische Einordnung, obschon sie – z. B. innerhalb der Anreiz-Beitrags-Theorie – als Aspekte des Organisationshandelns durchaus Erwähnung finden. Im Vordergrund steht die Interpretation der ‚Organisationsbeteiligung' als Austauschbeziehung, wenn auch eingeräumt wird, daß die Art der ‚Organisationsbeteiligung' etwa im Falle von

---

[59] Siehe dazu oben, S. 58 ff. – M. CROZIER und E. FRIEDBERG (1979) betonen zwar, daß sich *Macht* „als Tauschbeziehung bestimmen" (ebenda, S. 41) läßt, trennen aber in ihrer Analyse zum Problem der „Macht als Grundlage organisierten Handelns" (ebenda, S. 39 ff.) nicht immer ausreichend deutlich zwischen Fragen der *Macht* und Fragen der *Herrschaft*.

[60] Die hier vorgenommene Unterscheidung entspricht der Unterscheidung M. WEBERS (1964, S. 695), der „formell geregelte Autoritätsverhältnisse" gegenüber „dem marktmäßigen Machtverhältnis" abgrenzt: „Wir wollen im folgenden den Begriff der Herrschaft in dem engeren Sinn gebrauchen, welcher der durch Interessenkonstellationen, insbesondere marktmäßig, bedingten Macht ... gerade entgegengesetzt, also identisch ist mit: *autoritärer Befehlsgewalt*" (ebenda; siehe auch ebenda, S. 158, 692 f.). – Vgl. auch die Abgrenzung der Begriffe Macht und Herrschaft bei K. O. HONDRICH (1973), der „Macht auf ungleichgewichtige Leistungen" (ebenda, S. 191) zurückführt und „Herrschaft als eine ... in Entscheidungssystemen formalisierte Macht definiert" (ebenda).

[61] Auf diese Schwierigkeiten weist etwa P. M. BLAU (1964) hin, wenn er die „Entwicklung von Herrschaft (authority)" als Illustration für den „Übergang von direkten zu indirekten Austauschtransaktionen" (ebenda, S. 329) bezeichnet und feststellt: „Die Macht oder der persönliche Einfluß, die in Paar-Beziehungen ausgeübt werden, begründen keinerlei legitime Herrschaft. Denn nur die gemeinsamen Normen eines Kollektivs von Untergebenen können den kontrollierenden Einfluß eines Vorgesetzten legitimieren". – Vgl. dazu auch J. LIVELY (1976, S. 3, 11 f.), der in seiner kritischen Analyse des Austauschansatzes von Blau bemerkt, ‚Herrschaftsbeziehungen' würden von der ‚Austauschanalyse' nicht erfaßt, da die Austauschtheorie nicht erkläre, wie die ‚kollektive Zustimmung der Gruppe' entstehe, die die notwendige Grundlage von Herrschaft bilde. Vgl. unter diesem Gesichtspunkt etwa auch die Überlegungen zur Frage der ‚Führung' bei G. C. HOMANS 1974, S. 269 ff.

[62] Vgl. zum folgenden auch die oben, S. 112 ff. dargestellten Überlegungen zur *rechtlichen* Qualifizierung des Arbeitsverhältnisses.

Arbeitnehmern einerseits und Kunden andererseits typische Unterschiede aufweisen kann[63]. „Der Kundenvertrag und der Angestelltenvertrag" — so bemerkt etwa H. A. SIMON (1955, S. 75) — würden insofern ‚wichtige Unterschiede' zeigen, als „durch den Beschäftigungsvertrag . . . ein dauerndes Autoritätsverhältnis zwischen der Organisation und den Angestellten begründet" werde[64]. Und im gleichen Sinne heißt es bei J. G. MARCH und H. A. SIMON (1976, S. 87), daß die Anerkennung einer ‚Autoritätsbeziehung' das Merkmal sei, das „die Beziehung des Beschäftigten zur Organisation . . . von der anderer Teilnehmer" unterscheide[65].

Erscheint im Rahmen der ‚Anreiz-Beitrags-Theorie' der Hinweis auf den Herrschaftsaspekt korporativer Mitgliedschaftsbeziehung — speziell des Arbeitsvertrages — als eine theoretisch unverbundene Ergänzung der ansonsten zugrunde gelegten Austauschperspektive, so vertreten etwa A. ALCHIAN und H. DEMSETZ (1974) in einem vielbeachteten Beitrag zur Theorie der Unternehmung die Auffassung, die Charakterisierung innerorganisatorischer Beziehungen — speziell des Anstellungsverhältnisses in einem Unternehmen — als ‚Autoritäts-' oder ‚Herrschaftsbeziehung' sei überhaupt irreführend. Nach ihrer These ist es nicht das Merkmal der

---

[63] BARNARD (1969, S. 136) erwähnt als Besonderheit des Arbeitsverhältnisses, daß „eine dauerhafte und stabile persönliche Beziehung" entstehe, die bei der Kundenbeziehung normalerweise nicht gegeben sei. Daß er diesem Unterschied allerdings keine weitere Bedeutung beimessen will, unterstreicht Barnard durch die anschließende Bemerkung: „Ein weiterer wesentlicher Unterschied besteht jedoch nicht" (ebenda).

[64] Vgl. auch H. A. SIMON 1955, S. 13: „Durch den Abschluß der Dienstverträge mit den Angestellten erhält der Unternehmer das Recht, über die Zeit der Angestellten zu verfügen". — In einer detaillierten Analyse des Unterschieds zwischen ‚Arbeitsvertrag' und ‚Kaufvertrag' hat SIMON (1957, S. 183 f.) ebenfalls betont, daß der Anstellungsvertrag eine ‚Autoritätsbeziehung' schafft (bei der die Spezifizierung der vom Angestellten zu erbringenden Leistungen — innerhalb bestimmter Grenzen — den Anweisungen des Arbeitgebers überlassen bleibt), während es beim Kaufvertrag um einen Austausch im vorhinein genau spezifizierter Leistungen geht. Ein Unterschied liege — so SIMON (ebenda, S. 184) — zudem darin, daß es für den Verkäufer nicht von Interesse sei, wie das von ihm hergegebene Gut nach Abschluß der Transaktion benutzt wird, während es den Arbeiter sehr wohl interessiere, was ihm der Unternehmer nach Abschluß des Anstellungsvertrages auftrage. Ergänzend bemerkt SIMON (ebenda, S. 184 Anm.) dazu: „Ein Mietvertrag über dauerhaftes Eigentum liegt insofern zwischen dem Kaufvertrag und dem Anstellungsvertrag, als es für den Vermieter von Interesse ist, wie sich der Gebrauch des Eigentums auf dessen Zustand beim Wiedererhalt auswirkt".

[65] J. G. MARCH und H. A. SIMON 1976, S. 87: „Indem er in die Organisation eintritt, akzeptiert er eine Autoritätsbeziehung; d. h. er stimmt zu, innerhalb gewisser Grenzen (die sowohl ausdrücklich als auch stillschweigend durch die Bedingungen des Dienstvertrages festgelegt sind) . . . Anweisungen und Instruktionen zu akzeptieren, welche ihm die Organisation erteilt". Vgl. auch R. M. CYERT und J. G. MARCH 1975, S. 73: „Als Gegenleistung für erhaltene Zahlungen verpflichten sich alle Arbeitnehmer — zumindest im Rahmen zulässiger Ansprüche — alles von ihnen Verlangte zu tun". Vgl. ebenfalls P. M. BLAU 1964, S. 205.

,Herrschaft', das etwa die *Intra*-Firmen-Beziehung zwischen Unternehmer und Angestellten von der Markt-Beziehung zwischen Unternehmer und Kunden unterscheidet (ebenda, S. 303 f.). Beide Arten von Beziehungen sind laut Alchian und Demsetz in gleicher Weise als reine *Austauschbeziehungen* zu interpretieren, sie unterscheiden sich lediglich dadurch, daß man es im Falle von Markt-Beziehungen mit einem ,dezentralisierten Austausch' (ebenda, S. 304), mit einem „nicht zentralisierten vertraglichen Arrangement" (ebenda, S. 310) zu tun hat, während im Falle der Organisation ,Unternehmen' ein ,zentralisierter Austausch', ein ,zentralisiertes vertragliches Arrangement' vorliegt: Es gibt einen ,zentralen Agenten', zu dem die übrigen Mitwirkenden *bilaterale Verträge* (ebenda, S. 324) unterhalten, wobei die Beziehung des einzelnen Gruppenmitglieds zu diesem zentralen Agenten einen „einfachen quid pro quo Vertrag" darstellt (ebenda, S. 310)[66].

Nun sparen Alchian und Demsetz in der von ihnen vorgeschlagenen Charakterisierung der Organisation ,Unternehmen' zwar in der Tat das Merkmal der ,Herrschaft' aus, allerdings nur deshalb, weil sie gerade jenes Problem korporativen Handelns weitgehend ausklammern, das überhaupt erst die *Grundlage* des Herrschaftsproblems bildet: Das Problem der *korporativen Entscheidung*, der einheitlichen Disposition über einen Ressourcenpool, oder kurz, der zentralen Koordination[67]. Sie sprechen dieses Problem zwar an, wenn sie den „gemeinsamen Einsatz von Ressourcen (team use of inputs)" (ebenda, S. 304) als — neben dem Vorhan-

---

[66] Im Sinne dieser strikten Austauschinterpretation kommen ALCHIAN und DEMSETZ denn auch zu dem Schluß, die Organisation ,Unternehmen' könne als eine besondere Art von ,Markt', als ein „privately owned market" (1974, S. 323, 325) betrachtet werden. Diese Charakterisierung steht wohl bewußt im Kontrast zur Konzeption von R. H. COASE (1952), der das Kennzeichen der Organisation ,Unternehmen' gerade darin sieht, daß die „Marktstruktur mit Austausch-Transaktionen" (ebenda, S. 333) ersetzt wird durch den „Unternehmer-Koordinator, der die Produktion leitet" (ebenda). Die Besonderheit des Anstellungsvertrages, durch den ,Faktoren' in ein Unternehmen eingebunden werden, gegenüber einem reinen Austauschvertrag sieht COASE (ebenda, S. 336 f.) darin, daß er die Zustimmung einschließt, „für eine gewisse Vergütung ... den Anweisungen eines Unternehmers *innerhalb gewisser Grenzen* Folge zu leisten". — Zur Kritik der Austauschinterpretation des Anstellungsvertrages bei Alchian und Demsetz vgl. etwa auch H. NUTZINGER 1978, insbesondere S. 52 f., 56 f., 69 ff.

[67] Die zentrale Stellung einer Partei in einem Geflecht von *Austauschbeziehungen*, die Alchian und Demsetz als Kennzeichen innerorganisatorischer Beziehungen betonen, hat — darauf weist etwa CH. E. LINDBLOM (1965, S. 26 f.) hin — per se nichts mit zentraler Koordination (im Gegensatz zur Koordination durch ,wechselseitige Anpassung') zu tun. Eine solche ,zentralisierte Austauschkonstellation' ist, wie Lindblom feststellt, von einem Fall *zentraler Koordination* dadurch abzugrenzen, daß im Falle der Koordination durch wechselseitige Anpassung keiner der Beteiligten die Rolle eines *Leiters* einnimmt, während es im Falle zentraler Koordination eben solche Inhaber von Leitungsfunktionen gibt.

densein eines ‚zentralen Agenten' — weiteres Definitionsmerkmal der Unternehmensorganisation nennen; die Frage der zentralen Verfügung über die zusammengelegten Ressourcen — die „joint inputs" (ebenda, S. 324) — tritt bei ihnen jedoch völlig hinter der Analyse der Anreizproblematik bei ‚Team-Produktion' zurück[68]. Dort allerdings, wo sie (überhaupt) auf diese Frage eingehen, findet sich typischerweise auch bei ihnen der Hinweis auf das ‚Leitungs-' oder ‚Herrschaftsproblem'. Der ‚zentrale Agent' — so heißt es dann etwa — erteile „Anweisungen und Instruktionen, was zu tun sei und wie es zu tun sei" (ebenda, S. 309), er müsse ‚die Zusammenarbeit leiten' („manage the use of cooperating inputs", ebenda, S. 310).

Da korporatives Handeln die Unterstellung von Ressourcen unter eine zentrale Disposition beinhaltet, bedeutet korporatives Handeln stets — so wurde oben festgestellt — die Schaffung einer zentralen Entscheidungs- oder Koordinationsinstanz und in diesem Sinne die Etablierung von Herrschaft. Das Problem der ‚Herrschaft' ist von daher zwar als ein *generelles* Merkmal korporativer Akteure zu betrachten, doch gibt es natürlich gewichtige Unterschiede, sowohl hinsichtlich des Stellenwertes, der diesem Problem in verschiedenen korporativen Akteuren zukommt, wie auch hinsichtlich der organisatorischen Regelung, die dieses Problem findet. Je nach Art und Ausmaß der eingebrachten Ressourcen können Korporationsmitglieder in sehr unterschiedlicher Weise von der Ausübung korporativer Herrschaft betroffen sein. Und je nach Art der korporativen Entscheidungsregelung kann die Herrschaftsstruktur korporativer Akteure höchst unterschiedlich beschaffen sein.

Zwei grundsätzlich verschiedene Typen korporativer Entscheidungsregelung — und damit der Organisation korporativer Herrschaft — sind mit der Unterscheidung der beiden ‚Grundmuster der Organisation korporativen Handelns' (S. 18 ff.) einander gegenübergestellt worden. Im Falle des ‚monokratisch-hierarchischen' Typs liegt das Dispositionsrecht über den Ressourcenpool bei der *zentralen Vertragspartei*, an die die übrigen Korporationsmitglieder gewisse Entscheidungsbefugnisse über die von ihnen eingebrachten Ressourcen abtreten. Auf die Probleme und Fragen

---

[68] Vgl. dazu oben, S. 162, Anm. 30. — Daß diese Anreizproblematik bereits ein spezifisches Kennzeichen korporativen Handelns ist, das sich bei Marktstrukturen überhaupt nicht stellt, wird verdeckt, wenn ALCHIAN und DEMSETZ (1974, S. 310) das marktmäßige ‚nichtzentralisierte vertragliche Arrangement' als mögliche Lösung für die Anreizprobleme bei ‚Team-Produktion' diskutieren. Insofern ‚Team-Produktion' als ‚gemeinsamer Einsatz von Ressourcen' („team use of inputs", ebenda, S. 304) zu definieren ist, hat man es bei ihr zwangsläufig mit korporativen Beziehungen und nicht mit Marktbeziehungen zu tun.

die die Organisation korporativer Herrschaft in diesem Fall aufwirft, soll hier nicht näher eingegangen werden. Lediglich einige kurze Hinweise seien dazu gegeben: Ist die zentrale Vertragspartei eine *natürliche Person*, so wirft die Frage der *korporativen Entscheidung* insofern keine besonderen Erklärungsprobleme auf, als eine ‚natürliche' Entscheidungseinheit die zentrale Entscheidungs- oder Koordinationsinstanz verkörpert. Organisatorische Probleme stellen sich in diesem Fall insbesondere im Zusammenhang mit der Frage der Implementation korporativer Entscheidungsmacht[69]. Wird die zentrale Vertragspartei durch eine Gruppe von Akteuren gebildet, so stellen sich jene besonderen Probleme korporativer Entscheidung, die für den ‚genossenschaftlich-demokratischen' Typ charakteristisch sind. Diese Probleme werden im folgenden Abschnitt ausführlicher analysiert[70].

*4. Korporative Macht und ihre Kontrolle:
Das Dilemma der Organisation*

Das ‚genossenschaftlich-demokratische' Grundmuster der Organisation korporativen Handelns ist dadurch gekennzeichnet, daß das Dispositionsrecht über den Ressourcenpool bei der Gesamtheit der Investoren *als Gruppe* — also bei einem *Kollektiv* — liegt. Ein Kollektiv kann aber, da es keine ‚natürliche' Entscheidungseinheit darstellt, als ‚zentrale Entscheidungsinstanz' nur insofern wirksam werden, als ein *Entscheidungsverfahren* existiert durch das die individuellen Voten der ‚natürlichen' Entscheidungseinheiten, der einzelnen Gruppenmitglieder, in *Kollektiventschei-*

---

[69] Eine Bemerkung ist hier lediglich zur Frage der *Delegation von Entscheidungsbefugnissen* zu machen. Wenn die zentrale Vertragspartei in einem korporativen Akteur Entscheidungsvollmachten delegiert, so beinhaltet dies in einem gewissen Sinne eine Dezentralisierung von Entscheidungen. Eine solche ‚Dezentralisierung' bedeutet allerdings nicht, daß das konstitutive Prinzip korporativen Handelns — die zentralisierte Disposition über einen Ressourcenpool — durch das Koordinationsprinzip dezentraler wechselseitiger Anpassung ersetzt würde. Der Ressourcenpool wird durch Entscheidungsdelegation nicht in Teile zerlegt, über die separat und unabhängig disponiert werden kann, vielmehr wird die einheitliche Disposition über den Ressourcenpool in Teilentscheidungen zergliedert, deren Zusammenhang durch die Einordnung in eine Entscheidungshierarchie gewahrt bleibt. Delegation führt — wie dies Ch. E. Lindblom (1965, S. 25) formuliert — zu einem „pyramidalen Modell koordinierter Entscheidung, bei dem die Koordination zentral erfolgt, wenn auch indirekt".

[70] Die spezifischen Organisationsprobleme in ‚genossenschaftlich-demokratischen' korporativen Akteuren — oder in Kooperationen — werden ausführlich untersucht in E. Boettcher 1974 und R. Eschenburg 1971 und 1977.

dungen ‚umgesetzt' werden, d. h. in Entscheidungen, die der Gruppe per se zugerechnet werden können[71].

Was die Gestaltung dieses korporativen Entscheidungsverfahrens anbelangt, so ist die Mitgliedschaft in einem korporativen Akteur – um welche Art von korporativen Akteur es sich auch immer handeln mag – mit einem unaufhebbaren *Interessenkonflikt* verbunden. Bei diesem Konflikt, den COLEMAN (1979, S. 25 ff.) als das ‚grundlegende Dilemma der Organisation' bezeichnet, geht es um zwei zentrale Interessen jedes einzelnen Mitglieds, nämlich einerseits seinem Interesse daran, daß die Möglichkeit eines wirksamen Einsatzes der zugesammengelegten Ressourcen gesichert wird, und andererseits seinem Interesse an einem möglichst weitgehenden Schutz gegen einen Ressourceneinsatz, der seinen Wünschen zuwiderläuft[72].

Dem zweiten Interesse würde am stärksten durch eine Entscheidungsregel Rechnung getragen, nach der nur eine *einstimmig* von allen Mitgliedern angenommene Entscheidung als Beschluß des korporativen Akteurs gelten soll. Eine solche *Einstimmigkeitsregel* bietet dem einzelnen Korporationsmitglied eine Garantie, daß nur solche Entscheidungen des korporativen Akteurs zustande kommen, denen es selbst zustimmt[73]. Dem Vor-

---

[71] Mit der Zusammenlegung ihrer Ressourcen treffen die Investoren explizit oder implizit Vereinbarungen über ein solches Entscheidungsverfahren, d. h., sie legen eine (explizite oder implizite) *Verfassung* für den betreffenden korporativen Akteur fest (dazu oben S. 37 f.) – Verwendet man ihn als allgemeine Bezeichnung für jede ‚Verbandsordnung', so läßt sich der Begriff der Verfassung natürlich auch auf das Vertragsmuster beim monokratisch-hierarchischen Typ korporativen Handelns anwenden. In der Regel dürfte allerdings an die Verbandsordnung genossenschaftlich-demokratischer korporativer Akteure gedacht sein, wenn von Verfassung gesprochen wird.

[72] Von einem analogen Interessenkonflikt gehen J. M. BUCHANAN und G. TULLOCK (1962, insbes. S. 63 ff.) bei ihrer ‚ökonomischen Theorie der Verfassung' aus, in der sie das Problem der Abwägung zwischen den ‚erwarteten externen Kosten' einer kollektiven Entscheidungsregel (i. e. den erwarteten Nachteilen möglicher unerwünschter Kollektiventscheidungen) und den ‚*erwarteten Entscheidungskosten*' (i. e. den Schwierigkeiten des Zustandekommens der Kollektiventscheidung) behandeln. – Vgl. dazu auch die Ausführungen bei R. ESCHENBURG 1977, insbesondere S. 156 ff.

[73] Freilich gibt der einzelne Investor – dies darf nicht übersehen werden – auch bei Geltung einer Einstimmigkeitsregel mit seiner Mitgliedschaft in einem korporativen Akteur Kontrolle über Ressourcen auf: Über die von ihm eingebrachten Ressourcen kann er nicht mehr separat, ‚für sich', verfügen, sondern nur noch in Verbindung mit den Ressourcen der übrigen Mitglieder und in Abhängigkeit von deren Voten. Auch im Falle einer Einstimmigkeitsregel muß also um der von einem *gemeinsamen* Ressourceneinsatz erhofften Vorteile willen auf individuelle *Entscheidungsfreiheit verzichtet* werden, muß der einzelne doch in all den Fällen auf einen von ihm gewünschten Einsatz seiner eingebrachten Ressourcen verzichten, in denen auch nur eines der übrigen Korporationsmitglieder sein Veto einlegt.

teil, den eine solche Garantie bedeutet, steht allerdings zwangsläufig ein gewichtiger Nachteil gegenüber: Da die Einstimmigkeitsregel den übrigen Korporationsmitgliedern ein gleiches Veto einräumt, ist auch die Chance sehr gering, daß in den Fällen, in denen das einzelne Mitglied dies wünscht, ein Beschluß des korporativen Akteurs zustandekommt.

Dem Interesse des einzelnen daran, in den von ihm gewünschten Fällen ein Handeln des korporativen Akteurs veranlassen zu können, würde augenscheinlich am stärksten durch eine Entscheidungsregel entsprochen, die *jedem* Mitglied das Recht einräumt, im Namen des korporativen Akteurs zu entscheiden. Da eine solche ‚Jedermann-Regel'[74] allerdings allen anderen Mitgliedern ein gleiches Dispositionsrecht zugestehen würde, wäre auch das Risiko am größten, daß es zu einem Einsatz der korporativen Ressourcen kommt, der seinen Interessen zuwiderläuft.

Die Einstimmigkeits- und die Jedermann-Regel stellen die beiden Pole eines Spektrums von möglichen Entscheidungsregeln dar, die sich in der Höhe des für das Zustandekommen eines Kollektiventscheids jeweils erforderlichen Anteils an zustimmenden Mitgliedervoten unterscheiden. Je weiter diese Entscheidungsregeln sich von dem Pol ‚Einstimmigkeit' entfernen, umso größer wird für den einzelnen das Risiko einer von ihm *nicht gewünschten* Verwendung der korporativen Ressourcen; umso größer wird andererseits aber auch die Chance, daß eine von ihm *gewünschte* Entscheidung des korporativen Akteurs zustandekommt – und umgekehrt. Im Hinblick auf unterschiedliche Arten von Ressourcen und bei verschiedenen Arten von Entscheidungen wird ein Korporationsmitglied die beiden konfligierenden Interessen unterschiedlich gewichten. Und entsprechend werden in den jeweiligen Fällen auch die Anforderungen divergieren, die aus seiner Interessensicht an eine korporative Entscheidungsregel zu richten sind[75]. Je bedeutsamer etwa die in einen korporativen Akteur eingebrachten Ressourcen für den einzelnen sind (z.B. die beim Verband ‚Staat' konzentrierten Entscheidungsrechte im Vergleich zu den in einen Freizeitverein eingebrachten Ressourcen), und je weitreichender die Konsequenzen einer korporativen Entscheidung sind (z.B. Entscheidungen über Verfassungs- oder Statutenänderungen im Ver-

---

[74] Eine solche ‚Jedermann-Regel' – „single member rule" (COLEMAN 1973 a, S. 4) oder „any person rule" (BUCHANAN und TULLOCK 1962, S. 67) – ist natürlich strikt von einer Entscheidungsregel zu unterscheiden, die einem ganz bestimmten Individuum das alleinige Recht einräumen würde, im Namen des korporativen Akteurs zu entscheiden (vgl. dazu BUCHANAN und TULLOCK 1962, S. 67).

[75] Vgl. dazu COLEMAN 1979, S. 26; BUCHANAN und TULLOCK 1962, S. 73 ff.

gleich zu alltäglichen Detailentscheidungen), ein umso größeres Gewicht wird das Interesse an einem Schutz vor dem Zustandekommen unerwünschter Entscheidungen im Verhältnis zum Interesse an einem leichteren Zustandekommen korporativer Entscheidungen haben. Und einer solchen Interessengewichtung wird eine Entscheidungsregel eher entsprechen, die einen vergleichsweise hohen Anteil an zustimmenden Mitgliedervoten fordert. Das Prinzip der *Mehrheitsentscheidung* läßt sich in diesem Sinne als Ausdruck eines Interessenkompromisses interpretieren, bei dem die Beteiligten um der Vorteile einer größeren Handlungsfähigkeit des korporativen Akteurs willen mehr oder minder weitgehend — entsprechend den jeweils geforderten Mehrheitsquoten — auf den Schutz verzichten, den das Prinzip *einstimmiger* Entscheidung bieten würde[76].

Bei den vorhergehenden Erörterungen wurde unterstellt, daß eine Entscheidung des korporativen Akteurs in einem Abstimmungsverfahren *direkt* aus den Voten der Mitglieder abgeleitet wird. Bei einem solchen korporativen Entscheidungsverfahren verkörpert die — örtlich oder verfahrenstechnisch hergestellte — ,*Mitgliederversammlung*' das zentrale Entscheidungsorgan des korporativen Akteurs[77]. Das Zustandekommen eines Kollektiventscheid erfordert also die direkte Mitwirkung aller Mitglieder. Müßten sämtliche in einer Korporation auftretenden Entscheidungstatbestände auf diese Weise behandelt werden, so würde dies offenkundig einen beachtlichen *Entscheidungsaufwand* zur Folge haben. Insbesondere mit zunehmender Mitgliederzahl und mit zunehmender Zahl von Entscheidungsfällen würde dieser Entscheidungsaufwand recht bald eine solche Höhe erreichen, daß wohl nur äußerst wenige korporative Aktivitäten denkbar wären, deren erwarteter *Ertrag* die mit ihnen verbundenen *Entscheidungskosten* übersteigen würde[78]. In der Regel wird es daher notwendig oder zumindest zweckmäßig sein, durch organisatorische Vorkehrungen den Entscheidungsaufwand zu reduzieren, und ein we-

---

[76] Vgl. dazu auch etwa die rechts- und sozialgeschichtlichen Aspekte des Übergangs vom Einstimmigkeits- zum Mehrheitsprinzip, wie sie bei M. WEBER (1964, S. 541 f.), G. SIMMEL (1968, S. 142 ff.) und insbesondere bei O.v. GIERKE (1954 II, S. 478 ff., 883 f.; 1954 IV, S. 401, 429 ff.) erörtert werden.

[77] ,Verfahrenstechnisch' — und nicht örtlich — hergestellt wird eine Mitgliederversammlung etwa in einer Wahl, bei der die Stimmabgabe der einzelnen Mitglieder in räumlich gestreuten ,Wahllokalen' erfolgt.

[78] Es läßt sich auf korporative Akteure generell übertragen, was H. DEMSETZ (1974, S. 41) im Hinblick auf eine Aktiengesellschaft feststellt: „Wenn jedoch alle Eigentümer an jeder Entscheidung mitwirken, die durch eine solche Gesellschaft getroffen werden muß, so werden die hohen Entscheidungskosten sehr schnell die durch den Betrieb der Gesellschaft ermöglichten Ertragsverbesserungen übersteigen".

sentliches Instrument hierzu ist die *Delegation von Entscheidungsmacht* auf kleinere Gruppen oder einzelne Personen. Eine solche Delegation bedeutet, daß neben die Mitgliederversammlung (als dem *obersten* Entscheidungsorgan)[79] weitere Entscheidungsorgane treten, denen die Befugnis eingeräumt ist, bestimmte Arten von Entscheidungen im Namen des korporativen Akteurs zu treffen[80].

Eine solche Delegation von Entscheidungsbefugnissen trägt dem Interesse der Korporationsmitglieder an einer Senkung der Entscheidungskosten und an einer Stärkung der Handlungsfähigkeit des korporativen Akteurs Rechnung[81], sie birgt jedoch auch Risiken in sich: In dem Maße, in dem die Mitglieder durch Delegation direkte Kontrolle über den Einsatz der korporativen Ressourcen aufgeben, gehen sie das Risiko ein, daß diese Ressourcen in einer Weise verwandt werden, die nicht ihren Interessen entspricht. Besteht doch die Gefahr, daß die tatsächlichen Entscheidungsträger die ihnen übertragene Entscheidungsmacht bei möglichen Konflikten zwischen ihren eigenen Interessen und denen der Mitglieder zu Lasten der Mitgliederinteressen nutzen. Ebenso wie bei der Frage der Abstimmungsregel stehen die Korporationsmitglieder also auch bei der Frage der Delegation von Entscheidungsmacht vor einem *Dilemma*: Um die möglichen Vorteile der Delegation (Senkung der Entscheidungskosten, schnellere Entscheidung, Erhöhung der Entscheidungsqualität etc.) realisieren zu können, müssen zwangsläufig gewisse Nachteile, insbesondere die Risiken des ‚Mißbrauchs' delegierter Macht, in Kauf genommen werden[82]. Auch hier stellt sich also ein *grundsätzlich* nicht aufhebbarer In-

---

[79] H. WIEDEMANN 1975, S. 15 f.: „Oberstes Verbandsorgan ist stets die Mitgliederversammlung".

[80] Zur Frage der Delegation von Entscheidungsmacht – oder: des Übergangs von der ‚direkten' zur ‚indirekten' Demokratie – vgl. etwa R. ESCHENBURG 1977, S. 193 ff. – Zu einer, auch unter sozialtheoretischen Gesichtspunkten interessanten juristischen Behandlung des Delegationsproblems vgl. H. J. WOLFF 1934 (insbesondere S. 91 – 107, 224 – 253).

[81] Eine Delegation von Entscheidungsmacht in korporativen Akteuren ist natürlich nicht nur unter dem Gesichtspunkt der Senkung von *Entscheidungskosten* erforderlich oder zweckmäßig. Es besteht außerdem eine ganz unmittelbare Notwendigkeit, Entscheidungsmacht an Agenten – Geschäftsführer, Funktionäre, Angestellte u. ä. – zu delegieren, die für den per se nicht handlungsfähigen korporativen Akteur tätig werden. Diese beiden Aspekte des Delegationsproblems sind zu unterscheiden, wenn sie auch – zumindest z. T. – mit gleichartigen Problemen verbunden sind. Im vorliegenden Zusammenhang soll auf ihre Unterscheidung allerdings nicht weiter eingegangen werden.

[82] G. SIMMEL (1968, S. 429) spricht dieses ‚Dilemma' an, wenn er es als eine „Tragik jeder höheren sozialen Entwicklung" bezeichnet, „daß die Gruppe um ihrer eigenen, kollektiv-egoistischen Zwecke willen die Organe mit der Selbständigkeit ausstatten muß, die diesen Zwecken oft wieder entgegenwirkt". – Die spezifischen Vorteile und Risiken einer Entscheidungsdelegation, bzw. ‚Organbildung', in Verbänden werden bei SIMMEL (ebenda, S. 406 ff.) ausführlich erörtert.

teressenkonflikt, allerdings mit einem wichtigen Unterschied: Anders als bei der Frage der Abstimmungsregel ist im Falle des Delegationsproblems die Relation (die ‚Austauschrate') zwischen möglichen Vorteilen und dafür in Kauf zu nehmenden Nachteilen nicht unveränderlich, ‚von der Sache her' vorgegeben, diese Relation hängt vielmehr von (verbandsexternen) strukturellen Bedingungen und (verbandsinternen) organisatorischen Vorkehrungen ab.

Auf eben diese strukturellen und organisatorischen Bedingungen stellt etwa J. S. COLEMAN mit seiner Unterscheidung von ‚*Marktmacht und Organisationsmacht*' (1979, S. 62 ff.) ab, einer Unterscheidung, die die beiden wesentlichen Faktoren benennt, von denen die Chance individueller Interessensicherung in Verbänden abhängt:

— Die Leichtigkeit, mit der der einzelne seine Ressourcen aus einem korporativen Akteur zurückziehen und alternativ nutzen kann *(Marktmacht)*, und

— die Möglichkeit des einzelnen, verbandsintern auf die Entscheidungen des korporativen Akteurs Einfluß zu nehmen *(Organisationsmacht)*[83].

Ein Mittel, das die Mitglieder eines korporativen Akteurs gegen Verletzungen ihrer Interessen schützt, liegt sicherlich zunächst einmal darin, daß sie ihre Mitgliedschaft aufkündigen und ihre Ressourcen dem korporativen Akteur entziehen können[84]. Bedeutung erlangt dieses Mittel nicht erst dann, wenn es als Reaktion auf bereits eingetretene Interessenverletzungen tatsächlich eingesetzt wird. Faktisch weit bedeutsamer ist der *vorbeugende Schutz*, der daraus erwächst, daß die Gefahr eines Mitgliederverlusts einen dauernden indirekten Zwang ausübt, bei der Verwendung der korporativen Ressourcen auf die Mitgliederinteressen Rücksicht zu nehmen. Die *Wirksamkeit* dieses Schutzes ist freilich abhängig von der *Leichtigkeit des Austritts:* Sie ist geringer, je höher die Kosten sind, die der einzelne bei der Zurückziehung seiner Ressourcen in Kauf zu nehmen hat. Was diese Kosten anbelangt, so gebe es — stellt COLEMAN (1974, S. 11) fest — „unter den verschiedenen Arten korporativer Gebilde ein Kontinuum,

---

[83] Colemans Unterscheidung von ‚Marktmacht und Organisationsmacht' orientiert sich an A. O. HIRSCHMANS (1974) Gegenüberstellung von ‚Abwanderung (exit)' und ‚Widerspruch (voice)' als zwei grundlegenden Typen von Reaktionsweisen, mit denen Organisationsmitglieder (bzw. Kunden) ihre Interessen zur Geltung bringen, bzw. auf eine Verletzung ihrer Interessen antworten können.

[84] E. BOETTCHER 1974, S. 160: „Gruppenmitglieder haben immer dann, wenn ihr Ausscheiden aus der Gruppe zu einer Beeinträchtigung der Interessen des Managements zu führen droht, gegen dieses ein wirksames Druckmittel in der Hand".

daß bei Austrittskosten von Null beginnt und bis zu Austrittskosten reicht, die faktisch unendlich sind (d. h. man kann nur zum Preis des eigenen Lebens austreten)"[85]. Im Vergleich zu Aktiengesellschaften etwa, bei denen ein effizienter Kapitalmarkt dafür sorgt, daß „die Eigentümer (d. h. die Aktionäre) Anteile zu geringen, oder gar ohne Kosten verkaufen können" (ebenda), und die daher im unteren Bereich des Kontinuums anzusiedeln wären, sind – so Coleman – die Austrittskosten bei Staaten wesentlich höher, „und bei sozialistischen Staaten, die Abwanderung gewaltsam beschränken, sind die Kosten außerordentlich hoch" (ebenda).

Nun sind die Kosten des Rückzugs aus einem korporativen Akteur – dies wird an den von Coleman zitierten Beispielen deutlich – selbst wiederum durch zwei verschiedene Faktoren bestimmt, die man als ‚interne Austrittsbarrieren' und als ‚(externe) Marktstruktur' bezeichnen könnte. Als ‚interne Austrittsbarrieren' sollen dabei jene Kosten bezeichnet werden, die nach den *innerhalb* des korporativen Akteurs geltenden Konditionen bei einem Austritt entstehen. Diese Kosten können von ‚Austrittsgebühren' irgendwelcher Art über eine Einbehaltung bereits geleisteter Beiträge bis hin zu direkten – physischen oder sonstigen – Sanktionen reichen[86]. Die ‚(externe) Marktstruktur' besteht aus den *alternativen Verwendungsmöglichkeiten,* die für die aus einem korporativen Akteur zurückzuziehenden Ressourcen offenstehen. Je ungünstiger die vorhandenen Alternativen sind, umso größer sind die Austrittskosten in Gestalt der in Kauf zu nehmenden ‚Ertragseinbußen'. Und umgekehrt: Je leichter attraktive Alternativen zugänglich sind – und das bedeutet: je intensiver der Marktwettbewerb –, umso geringer werden diese Kosten sein, und umso geringer wird folglich auch die Toleranz der Mitglieder gegenüber Interessenverletzungen im Verband sein.

---

[85] In seiner Abhandlung „Die Selbsterhaltung der sozialen Gruppe" (SIMMEL 1968), in der er auch das Problem der Mitgliederanbindung durch Erschwerung des Austritts behandelt (ebenda, S. 400 ff.), bringt G. Simmel ein ähnliches Argument: „Es gehört zu den ganz wesentlichen soziologischen Charakterisierungen und Verschiedenheiten der Vergesellschaftung: in welchem Maße die Gruppen den Eintritt und den Austritt der einzelnen Mitglieder erleichtern und erschweren. Man könnte von diesem Gesichtspunkt aus eine Skala aller Vergesellschaftungen aufstellen" (ebenda, S. 400, Anm.).

[86] Auch in der Frage der *internen Austrittsbarrieren* können die Korporationsmitglieder, darauf sei hier lediglich hingewiesen, vor einem Interessenkonflikt stehen: Einerseits hat der einzelne zwar – im Hinblick auf den oben angesprochenen Aspekt der individuellen Interessensicherung – ein Interesse daran, daß die Kosten des Ressourcenrückzugs möglichst niedrig sind; andererseits hat er aber auch – im Hinblick auf die erhofften Vorteile des korporativen Unternehmens – ein Interesse daran, daß der Bestand der Korporation nicht durch zu niedrige Austrittskosten jederzeit gefährdet ist.

Neben der ‚Marktmacht' ist die ‚Organisationsmacht' — also die Möglichkeit innerverbandlicher Einflußnahme — der zweite Faktor, auf dem der Schutz des einzelnen im Verband beruht, und diesem Faktor kommt eine umso größere Bedeutung zu, je höher die Austrittskosten sind, und je unwirksamer folglich das Kontrollmittel ‚Abwanderung' ist[87]. Innerverbandliche Kontrolle delegierter Macht beginnt naheliegenderweise bei der *Auswahl* derjenigen, denen Macht übertragen wird. Von der Gestaltung entsprechender Wahlverfahren — das heißt also: von *organisatorischen Vorkehrungen* — hängt folglich die Organisationsmacht der Mitglieder in entscheidender Weise ab. Wahlverfahren sind Mittel der indirekten Kontrolle, ihre wesentliche Steuerungswirkung beruht darauf, daß die Repräsentanten (oder ‚Agenten') durch ihr Interesse an einem Verbleib im Amt motiviert sind, bei der Ausübung der ihnen übertragenen Macht den Mitgliederinteressen Rechnung zu tragen[88]. Über eine solche indirekte Kontrolle hinaus sind es die Möglichkeiten einer *direkten* Kontrolle der Entscheidungen und Handlungen des korporativen Akteurs, von denen die Organisationsmacht der Mitglieder abhängt. Und auch die Wirksamkeit dieser direkten Kontrolle ist wiederum von entsprechenden organisatorischen Vorkehrungen abhängig, wobei diese organisatorischen Vorkehrungen vor allem dem Umstand Rechnung tragen müssen, daß die Kontrolle delegierter Macht auch ein *Kollektivgutproblem* darstellt: Die Vorteile einer wirksamen Kontrolle kommen auch den Mitgliedern zugute, die nicht zu ihr beigetragen haben, und je höher die Kosten wirksamer Kontrollaktivitäten sind, umso geringer ist die Chance, daß das einzelne Mitglied einen ausreichenden individuellen Anreiz hat, diese Kosten auf sich zu nehmen[89]. Die Wirksamkeit innerverbandlicher Kontrolle läßt

---

[87] A. O. Hirschmann 1974, S. 28: „Widerspruch ist dann die einzige Reaktionsweise für unzufriedene Kunden oder Mitglieder, wenn eine Abwanderung nicht möglich ist. Grundlegende soziale Organisationen wie die Familie, der Staat oder die Kirche kommen dieser Situation sehr nahe. ... Nach dieser Sichtweise würde sich die Bedeutung des Widerspruchs in dem Maße erhöhen, als sich die Abwanderungsmöglichkeiten verringern". Freilich kann, darauf weist Hirschmann (ebenda, S. 46 f.) hin, gerade eine Verringerung der Abwanderungsmöglichkeiten dazu beitragen, daß auch die Wirksamkeit des Widerspruchs gemindert wird.
[88] Zur Analyse der Funktionsweise dieses indirekten Kontrollmechanismus vgl. A. Downs 1968.
[89] Wenn hier im Hinblick auf die Kontrolle delegierter Macht von einem Kollektivgutproblem gesprochen wird, so ist dazu relativierend anzumerken, daß die geschilderte Interessenkonstellation nicht nur bedeuten kann, daß die Inhalber delegierter Macht einen größeren Handlungsspielraum haben, den sie in ihrem Interesse nutzen können; sie kann auch bedeuten, daß besonders engagierte Mitglieder eine größere Chance haben, ihre (Sonder-) Interessen zu Lasten der übrigen Mitglieder geltend zu machen.

sich entsprechend durch Vorkehrungen stärken, die diese Kosten — etwa durch die Erleichterung des Zugangs zu relevanten Informationen (COLEMAN 1979, S. 66) — senken[90]. Und sie läßt sich insbesondere durch Vorkehrungen stärken, die eine *organisierte* innerverbandliche Opposition — also eine Lösung des Kollektivgutproblems durch *Organisation* — erleichtern[91].

Diese äußerst knappe Skizze zur Frage der Kontrolle delegierter Macht mag hier genügen, sollte doch nur eine Charakterisierung der *strukturellen Grundprobleme* korporativer Entscheidung gegeben werden. Deutlich werden sollte dabei insbesondere die entscheidende Bedeutung, die geeigneten sozialorganisatorischen Vorkehrungen für die Sicherung der Mitgliederinteressen in korporativen Akteuren zukommt. Und deutlich werden sollte auch, daß die Untersuchung des Zusammenhangs zwischen sozialorganisatorischen Regelungen und den Problemen korporativer Macht[92] als eine besonders wichtige Aufgabe sozialtheoretischer Forschung gelten kann, als eine Aufgabe überdies, die auch ein bedeutsames Feld der Zusammenarbeit zwischen ‚angewandter‘ Sozialtheorie und Rechtswissenschaft eröffnet[93].

---

[90] Auf diesen Aspekt weist etwa A. O. HIRSCHMANS (1974, S. 35 f.) Bemerkung hin, „die Neigung, sich der Reaktionsweise Widerspruch zu bedienen", sei auch abhängig „von der *Erfindung* von Institutionen und Mechanismen, mit deren Hilfe Beschwerden auf billige und wirksame Weise weitergegeben werden können".

[91] Vgl. dazu J. S. COLEMAN 1979, S. 48.

[92] Das Problem korporativer Macht hat natürlich nicht nur den — hier allein betrachteten — *internen, mitgliederbezogenen Aspekt*. Ein solches Problem stellt sich — allerdings in anderer Weise — auch im Außenverhältnis, also im Hinblick auf die Auswirkungen korporativer Macht gegenüber Dritten.

[93] Aus juristischer Sicht dazu insbesondere G. TEUBNER 1978.

Schlußbemerkungen

Die Leitfrage, die den Gang der hier vorgelegten Untersuchung bestimmt hat, ist die Frage nach dem *Erklärungspotential individualistischer Sozialtheorie*, speziell die Frage danach, wie die Problematik korporativer Akteure innerhalb dieser Theorie behandelt worden ist und behandelt werden kann. Wenn gerade diese Frage hier aufgegriffen worden ist, so aus dem Eindruck heraus, daß dem Problem der Erklärung korporativen Handelns in der Tradition individualistischer Sozialtheorie eine auffallend geringe Aufmerksamkeit gewidmet wurde, ja daß dieses Problem in einer eher ‚defensiven' Weise umgangen worden ist.

Dieser Eindruck legt einerseits die Vermutung nahe, daß die mangelnde Berücksichtigung des Problems korporativen Handelns eine wesentliche – wenn auch nicht immer explizit gemachte – Ursache für jene hartnäckige ‚antiindividualistische Skepsis' sein könnte, die die Theorieentwicklung in der Soziologie seit jeher bestimmt hat. Denn im Unterschied zur Ökonomie, in der das individualistische Erkenntnisprogramm sich im wesentlichen durchsetzen und behaupten konnte, hat die Soziologie den Problemen korporativen Handelns stets ein besonderes Gewicht beigemessen.

Dieser Eindruck legt andererseits aber auch die Frage nach den *spezifischen Gründen* nahe, auf die dieser ‚Mangel' der individualistischen Sozialtheorie zurückgeführt werden kann. Nach der in dieser Arbeit entwickelten Diagnose ist ein Hauptgrund für diesen ‚Mangel' darin zu sehen, daß die allgemeine Idee einer individualistischen Erklärung sozialer Strukturen eine stillschweigende Spezifizierung im Sinne eines ganz bestimmten sozialtheoretischen Erklärungsmodells erfahren hat, nämlich des *Austauschmodells*. Denn das Austauschmodell impliziert, so wurde gezeigt, eine theoretische Perspektive, die die typischen Bedingungen von *Marktstrukturen* betont, und die sich deshalb bei der Analyse korporativer Strukturen als wenig fruchtbar erweist.

Die Schlußfolgerung aus dieser Diagnose lautet, daß eine *individualistische Theorie korporativen Handelns* nicht vom Austauschmodell ausgehen müsse, sondern von einem Erklärungsmodell, das in seinen allgemeinen theoretischen Grundlagen mit dem Austauschmodell vereinbar ist, das aber – im Unterschied zu diesem – gerade die spezifischen Merkmale korporativer Strukturen betont. Und als ein solches ergänzendes Erklärungsmodell wurde hier das *Modell der Ressourcenzusammenlegung* vorgestellt.

Der theoretische Stellenwert, der einer solchen Ergänzung des Austauschmodells durch das Modell der Ressourcenzusammenlegung zukommt, sollte insbesondere durch die ausführliche Erörterung der Unterscheidung von Marktstrukturen und korporativen Strukturen deutlich gemacht werden. Und dieser Stellenwert sollte auch durch den theoriegeschichtlichen Hinweis unterstrichen werden, daß das Modell der Ressourcenzusammenlegung einen Denkansatz wieder aufgreift, der bereits in der naturrechtlich-vertragstheoretischen Verbandslehre angelegt war, und daß damit an jene *individualistisch-vertragstheoretische* Tradition angeknüpft wird, die durch die *evolutionistisch-austauschtheoretische* Konzeption der Schottischen Moralphilosophen verdrängt wurde.

Im Sinne dieses theoriegeschichtlichen Aspekts hat die These, daß das Modell der Ressourcenzusammenlegung mit dem Austauschmodell nicht nur vereinbar ist, sondern eine notwendige Ergänzung der Austauschperspektive zu bieten vermag, durchaus weiterreichende Implikationen: Sie weist darauf hin, daß die individualistisch-evolutionistische und die individualistisch-vertragstheoretische Tradition nicht als konkurrierende, sondern als einander ergänzende Varianten individualistischer Sozialtheorie betrachtet werden sollten, daß eine umfassende individualistische Sozialtheorie, die auf korporative Strukturen ebenso anwendbar ist wie auf Marktstrukturen, die grundlegenden Elemente beider Traditionen miteinander verbinden muß. Die hier dargestellten theoretischen Überlegungen sollten deutlich machen, daß und wie eine solche Verbindung hergestellt werden könnte.

Literaturverzeichnis

ALBERT, HANS, 1965: Zur Theorie der Konsum-Nachfrage — Die neoklassische Lösung marktsoziologischer Probleme im Lichte des ökonomischen Erkenntnisprogramms, in: Jahrbuch für Sozialwissenschaft, Bd. 16, S. 139—198.

—, —, 1967: Marktsoziologie und Entscheidungslogik — Ökonomische Probleme in soziologischer Perspektive, Neuwied und Berlin.

—, —, 1973: Der Gesetzesbegriff im ökonomischen Denken, in: Macht und ökonomisches Gesetz (Schriften des Vereins für Socialpolitik NF Bd. 74), Berlin, S. 129—162.

—, —, 1977: Individuelles Handeln und Soziale Steuerung — Die ökonomische Tradition und ihr Erkenntnisprogramm, in: H. Lenk (Hrsg.), Handlungstheorien interdisziplinär IV, München, S. 177—225.

—, —, 1978: Nationalökonomie als sozialwissenschaftliches Erkenntnisprogramm, in: Ökonometrische Modelle und sozialwissenschaftliche Erkenntnisprogramme, Mannheim — Wien — Zürich, S. 49—71.

—, —, 1978: Traktat über rationale Praxis, Tübingen.

ALCHIAN, A. A. and H. DEMSETZ, 1974: Production, Information Costs, and Economic Organization, in: Furubotn, Erik G. and Pejovich, Svetozar (Hrsg.), The Economics of Property Rights, Cambridge, Mass., S. 303—325.

ATKINSON, JOHN W., 1975: Einführung in die Motivationsforschung, Stuttgart.

BALLA, BÁLINT, 1978: Soziologie der Knappheit — Zum Verständnis individueller und gesellschaftlicher Mängelzustände, Stuttgart.

BARNARD, CHESTER I., 1969: Auffassungen über Organisation, in: ders.: Organisation und Management, Stuttgart, S. 129—153.

—, —, 1970: Die Führung großer Organisationen, Essen (zuerst 1938).

BARRY, BRIAN M., 1975: Neue Politische Ökonomie — Ökonomische und Soziologische Demokratietheorie, Frankfurt — New York.

BARTH, FREDERIK, 1966: Models of Social Organization, Royal Anthropological Institute of Great Britain and Ireland, Occasional Paper Nr. 23, Glasgow.

BECKER, GARY S., 1976: The Economic Approach to Human Behavior, Chicago und London.

BECKER, WERNER, 1972: Kritik der Marxschen Wertlehre, Hamburg.

BERNHOLZ, PETER, 1972: Grundlagen der Politischen Ökonomie, Bd. 1, Tübingen.

BERNSDORF, WILHELM, 1969: Artikel: Gruppe, in: ders. (Hrsg.), Wörterbuch der Soziologie, Stuttgart, S. 384—401 (2. neubearb. und erw. Ausgabe).

BIEBACK, KARL-JÜRGEN, 1976: Die öffentliche Körperschaft, Berlin.

BLAU, PETER M., 1964: Exchange and Power in Social Life, New York.

—, —, 1972: Artikel: Organizations: Theories of Organizations, in: International Encyclopedia of the Social Sciences, Bd. 11, New York — London, S. 297—305.

—, —, und SCOTT, W. R., 1962: Formal Organizations — A Comparative Approach, San Francisco.

BÖCKENFÖRDE, ERNST-WOLFGANG, 1973: Organ, Organisation, Juristische Person. Kritische Überlegungen zu den Grundbegriffen und der Konstruktionsbasis des staatlichen Organisationsrechts, in: Fortschritte des Verwaltungsrechts. Festschrift für H. J. Wolff, München, S. 269 ff.

BOETTCHER, ERIK, 1974: Kooperation und Demokratie in der Wirtschaft, Tübingen.

BOHNEN, ALFRED, 1971: Interessenharmonie und Konflikt in sozialen Austauschbeziehungen — Zur ökonomischen Perspektive im soziologischen Denken, in: Hans Albert (Hrsg.), Sozialtheorie und soziale Praxis, Eduard Baumgarten zum 70. Geburtstag, Meisenheim, S. 140—157.

BOUDON, RAYMOND, 1975: The Three Basic Paradigms of Macrosociology: Functionalism, Neo-Marxism and Interaction Analysis, in: Theory and Decision, Bd. 4, S. 381—406.

BRUNNER, KARL and WILLIAM H. MECKLING, 1977: The Perception of Man and the Conception of Government, in: Journal of Money, Credit and Banking, Bd. 9, S. 70—85.

BUCHANAN, JAMES M., 1960: Fiscal Theory and Political Economy — Selected Essays, Chapel Hill.

—, —, 1962: Marginal Notes on Reading Political Philosophy, in: ders. und Tullock, Gordon, The Calculus of Consent — Logical Foundations of Constitutional Democracy, Ann Arbor, S. 307—322.

—, —, 1968: The Demand and Supply of Public Goods, Chicago.

—, —, 1972: Towards Analysis of Closed Behavioral Systems, in: ders. und Tollison, R. D. (Hrsg.), Theory of Public Choice — Political Applications of Economics, Ann Arbor, S. 11—23.

—, —, 1975: The Limits of Liberty — Between Anarchy and Leviathan, Chicago.

—, —, 1977: Freedom in Constitutional Contract, Perspectives of a Political Economist, (Texas A & M Univ.) College Station and London.

—, —, 1978: From Private Preferences to Public Phiolosophy, in: ders. u. a., The Economics of Politics, London, S. 3— 20.

—, —, and TULLOCK, GORDON, 1962: The Calculus of Consent — Logical Foundations of Constitutional Democracy, Ann Arbor.

BURGER, THOMAS, 1977/78: Talcott Parsons, The Problem of Order in Society, and the Problem of an Analytical Sociology, in: American Journal of Sociology, Bd. 83, S. 320—334.

BÜSCHGES, GÜNTER, 1976: Organisation und Herrschaft — Einige einführende Bemerkungen, in: ders. (Hrsg.), Organisation und Herrschaft — Klassische und moderne Studientexte zur sozialwissenschaftlichen Organisationstheorie, Reinbek bei Hamburg, S. 14—28.

CASSEL, GUSTAV, 1918: Theoretische Sozialökonomie, Leipzig.

CLAUSEN, LARS, 1978: Tausch. Entwürfe zu einer soziologischen Theorie, München.

COASE, RONALD H., 1952: The Nature of the Firm, in: Readings in Price Theory, London, S. 331—351. (zuerst in: Economica, N. S., Bd. IV, 1937).

COLEMAN, JAMES S., 1964: Collective Decisions, in: Sociological Inquiry, Bd. 34, S. 166—181.

—, —, 1969, Beyond Pareto Optimality, in: Morgenbesser, S., Suppes, G. und White, M. (Hrsg.), Philosophy, Science, and Method: Essays in Honor of Ernest Nagel, New York: St. Martin's Press, S. 415—439.

—, —, 1972: Collective Decisions and Collective Action, in: Laslett, P., Runciman, P. W. und Skinner, Q. (Hrsg.), Philosophy, Politics, and Society, Fourth Series, Oxford (Basil Blackwell), S. 208—219.

—, —, 1973a: Loss of Power, in: American Sociological Review, Bd. 38, S. 1— 15.

—, —, 1973 b: The Mathematics of Collective Social Action, Chicago.

—, —, 1974: Processes of concentration and dispersal of power in social systems, in: Social Science Information, Bd. 13, S. 7—18.

—, —, 1974/75: Inequality, Sociology, and Moral Philosophy, in: American Journal of Sociology, Bd. 80, S. 739—764.
—, —, 1975: Social Structure and a Theory of Action, in: Blau, Peter M.(Hrsg.), Approaches to the Study of Social Structure, New York — London, S. 76—93.
—, —, 1979: Macht und Gesellschaftsstruktur, übersetzt und mit einem Nachwort von Viktor Vanberg,Tübingen.
CROZIER, MICHEL und FRIEDBERG, ERHARD, 1979: Macht und Organisation. Die Zwänge kollektiven Handelns, Königstein/Ts.
CYERT, R. M. und MARCH, J. G. 1975: Eine verhaltenswissenschaftliche Theorie organisationaler Ziele, in: Türk, Klaus (Hrsg.), Organisationstheorie, Hamburg, S. 69—82.
DAHRENDORF, RALF, 1957: Soziale Klassen und Klassenkonflikt in der industriellen Gesellschaft, Stuttgart.
DAVY, GEORGES, 1968: Das objektive Recht der Institution und die Ableitung des subjektiven Rechts, in: Schnur, Roman (Hrsg.), Institution und Recht, Darmstadt,S. 1— 22 (zuerst 1922).
DEMSETZ, HAROLD, 1974: Toward a Theory of Property Rights, in: Furubotn, Erik G. und Pejovich, Svetozar (Hrsg.), The Economics of Property Rights, Cambridge, Mass., S. 31—42).
DESQUEYRAT, A., 1968: Die Institution — Ihre Natur, ihre Arten, ihre Probleme, in: Schnur, Roman (Hrsg.,), Institution und Recht, Darmstadt, S. 118—175 (zuerst 1936).
DOWNS, ANTHONY, 1968: Ökonomische Theorie der Demokratie,Tübingen.
DURKHEIM, EMILE, 1965: Die Regeln der soziologischen Methode, Neuwied — Berlin (zuerst 1895).
—, —, 1977: Über die Teilung der sozialen Arbeit, Frankfurt a. M. (zuerst 1893).
EKEH, PETER, 1974: Social Exchange Theory — The Two Traditions, London.
ELIAS, NORBERT, 1976: Über den Prozeß der Zivilisation, 2 Bde: Wandlungen der Gesellschaft, Entwurf zu einer Theorie der Zivilisation, Frankfurt (zuerst 1939).
EMERSON, RICHARD M., 1969: Operant Psychology and Exchange Theory, in: Burgess, R. L. und Bushell, D. (Hrsg.) Behavioral Sociology, New York und London,S. 379—405.
—, —, 1972: Exchange Theory,Teil I: A Psychological Basis for Social Exchange,Teil II: Exchange Relations and Network Structures, in: Berger, J., Zelditch, M., Jr. und Anderson, Bo (Hrsg.),Sociological Theories in Progress II, Boston,S. 38—87.
ENGELS, WOLFRAM, 1979: Die Rolle des Staates in der Wirtschaftsordnung, in: Weizsäcker, C. Ch. v. (Hrsg.), Staat und Wirtschaft, Berlin (Schriften des Vereins für Socialpolitik NF Bd. 102), S. 45— 63.
ESCHENBURG, ROLF, 1971: Ökonomische Theorie der genossenschaftlichen Zusammenarbeit, Tübingen (Schriften zur Kooperationsforschung, A Studien, Bd. 1).
—, —, 1975: Politische Unternehmer und öffentliche Güter — Möglichkeiten und Grenzen der gemeinsamen Bereitstellung öffentlicher Güter in großen Gruppen, in: Arndt,E., Michalski, W. und Molitor, B. (Hrsg.), Wirtschaft und Gesellschaft — Ordnung ohne Dogma,Tübingen, S. 257—302.
—, —, 1977: Der ökonomische Ansatz zu einer Theorie der Verfassung, Tübingen.
ETZIONI, AMITAI, 1967: Soziologie der Organisation, München.
—, —, 1975: Die aktive Gesellschaft — Eine Theorie gesellschaftlicher und politischer Prozesse, Opladen, (zuerst 1968).
FIKENTSCHER, WOLFGANG, 1973: Schuldrecht, Berlin — New York (4. Auflage).
—, —, 1974: Zu Begriff und Funktion des „Gemeinsamen Zwecks" im Gesellschafts- und Kartellrecht, in: Hefermehl, W., Gmür, R. und Brox, H. (Hrsg.), Festschrift für Harry Westermann zum 65. Geburtstag, Karlsruhe, S. 87—117.

FORTES, MEYER und EVANS–PRITCHARD, EDWARD E., 1978: Afrikanische politische Systeme – Einleitung, in: Kramer, F. und Sigrist, Ch. (Hrsg.), Gesellschaften ohne Staat, Bd. 1, Frankfurt a. M., S. 150–174, (zuerst 1940).
FREY, BRUNO S., 1977: Moderne Politische Ökonomie, München.
–, –, und STROEBE, WOLFGANG, 1980: Ist das Modell des Homo Oeconomicus ‚unpsychologisch'?, in: Zeitschrift für die gesamte Staatswissenschaft. Bd. 136, S. 82–97.
FROHLICH, NORMAN und OPPENHEIMER, J. A., 1978: Modern Political Economy, Englewood Cliffs, New York.
GÄFGEN, GERARD, 1963: Theorie der wirtschaftlichen Entscheidung, Tübingen.
GEHLEN, ARNOLD, 1961: Anthropologische Forschung, Reinbek bei Hamburg.
–, –, 1963: Studien zur Anthropologie und Soziologie, Neuwied und Berlin.
–, –, 1964: Urmensch und Spätkultur, Frankfurt – Bonn (2. Auflage).
GENEVIE, LOUIS E. (Hrsg.), 1978: Collective Behavior and Social Movements, Itasca, Ill.
GIERKE, OTTO V., 1881: Artikel: Juristische Personen und Kooperation, in: Rechtslexikon hrsg. von v. Holtzendorf, Bd. 2, Leipzig, S. 418 f. und 560 f.(3. Auflage).
–, –, 1889: Der Entwurf eines bürgerlichen Gesetzbuches und das deutsche Recht, Leipzig.
–, –, 1902: Das Wesen der menschlichen Verbände, Berlin, (Neudruck Darmstadt o. J.).
–, –, 1948: Die soziale Aufgabe des Privatrechts, Frankfurt (zuerst 1889).
–, –, 1954 I, II, III, IV: Das deutsche Genossenschaftsrecht, 4 Bde. Berlin, (zuerst 1868, 1873, 1881, 1913).
–, –, 1958: Johannes Althusius und die Entwicklung der naturrechtlichen Staatstheorien, Aalen (5. unver. Aufl.) (zuerst 1880).
GIRTLER, ROLAND, 1976: Rechtsbegriff und Ethnologie (Überlegungen zu einer Definition des Rechts vom Standpunkt der Rechtsethnologie), in: Österreichische Zeitschrift für öffentliches Recht, Bd. 27, S. 133–151.
GROSER, MANFRED, 1979: Grundlagen der Tauschtheorie des Verbandes, Berlin.
GURVITCH, GEORGES, 1968: Die Hauptideen Maurice Haurious, in: Schnur, R. (Hrsg.), Institution und Recht, Darmstadt, S. 23–72, (zuerst 1931).
–, –, 1974: Grundzüge der Soziologie des Rechts, Darmstadt und Neuwied, (2. Aufl.) (franz. Original 1940).
HANSMEYER, KARL H., 1973: Nicht-marktwirtschaftliche Allokationsmechanismen, in: Macht und ökonomisches Gesetz, (Verhandlungen auf der Tagung des Vereins für Socialpolitik in Bonn 1972), 2. Halbband,Berlin, S. 1287–1318.
HARDIN, GARRET, 1968: The Tragedy of the Commons, in: Sience, Bd. 162, S. 1243–1248.
HAURIOU, MAURICE, 1965: Die Theorie der Institution und der Gründung, in: ders., Die Theorie der Institution und zwei andere Aufsätze, mit Einl. und Bibliographie hrsg. von R. Schnur, Berlin, S. 27–66, (zuerst 1925).
HAYEK, F. A. V., 1952: Der Weg zur Knechtschaft, Erlenbach – Zürich, (3. Auflage).
–, –, 1959: Mißbrauch und Verfall der Vernunft, Frankfurt.
–, –, 1967: Studies in Philosophy, Politics and Economics, Chicago.
–, –, 1969: Freiburger Studien – Gesammelte Aufsätze, Tübingen.
–, –, 1970: Die Irrtümer des Konstruktivismus, Salzburg.
–, –, 1971: Die Verfassung der Freiheit, Tübingen.
–, –, 1972: Die Theorie komplexer Phänomene, Tübingen.
–, –, 1973: Law, Legislation, and Liberty, Bd. 1, Rules and Order, Chicago.
–, –, 1976: Law, Legislation and Liberty, Bd. 2, The Mirage of Social Justice, London.
–, –, 1979: Law, Legislation and Liberty, Bd. 3, The Political Order of a Free People, London.
HEATH, ANTHONY, 1976: Rational Choice and Social Exchange – A Critique of Exchange Theory, Cambridge.

HEINEMANN, KLAUS, 1976: Elemente einer Soziologie des Marktes, in: Kölner Zeitschrift für Soziologie und Sozialpsychologie, Bd. 28, S. 48–69.
HELLER, HERMANN, 1959: Staat, Artikel in: Handwörterbuch der Soziologie hrsg. v. A. Vierkandt, Stuttgart (zuerst 1931).
HERDER-DORNEICH, PHILIPP, 1974: Wirtschaftsordnungen – Pluralistische und dynamische Ordnungspolitik, Berlin.
HILL, W., FEHLBAUM, R., ULRICH, P., 1974: Organisationslehre I, Bern und Stuttgart.
HIRSCHMANN, ALBERT O., 1974: Abwanderung und Widerspruch, Reaktionen auf Leistungsabfall bei Unternehmungen, Organisationen und Staaten, Tübingen.
HOBBES, THOMAS, 1965: Leviathan oder Wesen, Form und Gewalt des kirchlichen und bürgerlichen Staates, Reinbek bei Hamburg, (zuerst 1651).
HOMANS, GEORGE C., 1958: Social Behavior as Exchange, in: American Journal of Sociology, Bd. 63, S. 597–606.
–, –, 1961: Social Behavior: Its Elementary Forms, New York.
–, –, 1969: A Life of Synthesis, in: I. L. Horowitz (Hrsg.), Sociological Self-Images, A Collective Portrait, Oxford u.a.O., S. 13–33.
–, –, 1972: Was ist Sozialwissenschaft?, Opladen, (2. Aufl.).
–, –, 1972a: Grundfragen soziologischer Theorie, Aufsätze, hrsg. u. mit einem Nachwort versehen von Viktor Vanberg, Opladen.
–, –, 1974: Social Behavior: Its Elemantary Forms, New York, (überarb. Aufl.).
HONDRICH, KARL O., 1973: Theorie der Herrschaft, Frankfurt.
HUECK, ALFRED, 1972: Gesellschaftsrecht, München (16. Aufl.).
HÜFFER, UWE, 1977: Verein und Gesellschaft, München.
HUME, DAVID, 1963: Essays – Moral, Political and Literary, Oxford, (zuerst 1741/42).
–, –, 1967: A Treatise of Human Nautre, Oxford, (zuerst 1739/40).
HUTH, HERMANN, 1907: Soziale und individualistische Auffassung im 18. Jahrhundert vornehmlich bei Adam Smith und Adam Ferguson, Ein Beitrag zur Geschichte der Soziologie, Leipzig.
INFIELD, HENRIK, 1957: A Prototype of Sociological Experiment – The Modern Cooperative Communitiy, in: Archives Internationales de Sociologie de la Coopération, Bd. 1, S. 13–33.
JENNINGS, W. IVOR, 1968: Die Theorie der Institution, in: Schnur, R. (Hrsg.), Institution und Recht, Darmstadt, S. 99–117, (zuerst 1933).
JHERING, RUDOLPH V., 1884: Der Zweck im Recht, 1. Bd., Leipzig, (2. umgearb. Aufl.).
JÖHR, WALTER A., 1976: Die kollektive Selbstschädigung durch Verfolgung des eigenen Vorteils. Erörtert aufgrund der „Tragik der Allmende", des „Schwarzfahrer-Problems" und des „Dilemmas der Untersuchungsgefangenen", in: Neumark, F., Talheim, K.C. und Hölzler, H. (Hrsg.), Wettbewerb, Konzentration und wirtschaftliche Macht, Berlin – München, S. 127–159.
JOHNSON, W. T., 1977: Exchange in Perspective: The Promises of George C. Homans, in: Hamblin, R. L. und Kunkel, J. H. (Hrsg.), Behavioral Theory in Sociology, Essays in Honor of George C. Homans, New Brunswick N. J.
KAUFMANN-MALL, KLAUS, 1978: Kognitiv-hedonistische Theorie menschlichen Verhaltens, (Beiheft 3 der Zeitschrift für Sozialpsychologie), Bern.
–, –, und SCHMIDT, P., 1976: Theoretische Integration der Hypothesen zur Erklärung der Diffusion von Innovationen durch Anwendung einer allgemeinen kognitiv-hedonistischen Verhaltenstheorie, in: Schmidt, P. (Hrsg.), Innovation-Diffusion von Neuerungen im sozialen Bereich, Hamburg, S. 313–386.
KIESER, ALFRED und KUBICEK, HERBERT, 1977: Organization, Berlin – New York.
KIRSCH, GUY, 1974: Ökonomische Theorie der Politik, Tübingen – Düsseldorf.
KLEIN, FRANZ, 1913: Das Organisationswesen der Gegenwart – Ein Grundriß, Berlin.
KNIGHT, FRANK H., 1965: Risk, Uncertainty and Profit, New York, (zuerst 1921).

KUHN, ALFRED, 1963: The Study of Society: A Unified Approach, Homewood, Ill.
—, —, 1974: The Logic of Social Systems, San Francisco — Washington — London.
KUNKEL, JOHN H. und NAGASAWA, RICHARD, H., 1973: A behavioral model of man: propositions and implications, in: American Sociological Review, Bd. 38, S. 530—543.
LARENZ, KARL, 1968: Lehrbuch des Schuldrechts, 2.Bd: Besonderer Teil, München.
LENSKI, GERHARD, 1973: Macht und Privileg — Eine Theorie der sozialen Schichtung, Frankfurt.
LEONTOVITSCH, VICTOR, 1968: Die Theorie der Institution bei Maurice Hauriou, in: Schnur, R. (Hrsg.), Institution und Recht, Darmstadt, S. 176—264, (zuerst 1936/7).
LIEBERMAN, BERNHARDT, 1971: Combining individual perferences into a social choice, in: ders. (Hrsg.), Social Choice, New York — London — Paris.
LIVELY, JACK, 1976: The Limits of Exchange Theory, in: Barry, B. (Hrsg.), Power and Political Theory. Some European Perspectives, London u. a., S. 1—13.
LUHMANN, NIKLAS, 1964: Funktionen und Folgen formaler Organisation, Berlin.
MALINOWSKI, BRONISLAW, 1975: Eine wissenschaftliche Theorie der Kultur — Und andere Aufsätze, Frankfurt, (zuerst 1944).
—, —, 1978: Gegenseitigkeit und Recht, in: Kramer, F. und Sigrist, Ch. (Hrsg.), Gesellschaften ohne Staat, Bd. 1, Frankfurt, S. 135—149, (zuerst 1926).
MANNHEIM, KARL, 1935: Mensch und Gesellschaft im Zeitalter des Umbaus, Leiden.
MARCH, JAMES G. und SIMON, HERBERT, A., 1976: Organisation und Individuum — Menschliches Verhalten in Organisationen, Wiesbaden, (zuerst 1958).
MAYNTZ, RENATE, 1968: Einleitung, in: dies. (Hrsg.), Bürokratische Organisation, Köln — Berlin, S. 13—23.
—, —, 1969: Organisation, Artikel in: Wörterbuch der Soziologie hrsg. v. W. Bernsdorf, Stuttgart, S. 761—764 (2. Aufl.).
—, —, und ZIEGLER, R., 1977: Soziologie der Organisation, in: Handbuch der empirischen Sozialforschung, Bd. 9, hrsg. v.R. König, S. 1— 141 (2. neubearb. Aufl.).
MCKENZIE, RICHARD B. und TULLOCK, G., 1978: Modern Political Economy — An Introduction to Economics, New York u. a.
MECKLING, WILLIAM H., 1976: Values and the Choice of the Model of the Individual in the Social Sciences, in: Schweizerische Zeitschrift für Volkswirtschaft und Statistik, S. 545—559.
MILL, JOHN ST., 1921: Grundsätze der politischen Ökonomie, Jena.
MISES, LUDWIG V., 1932: Die Gemeinwirtschaft, Untersuchungen über den Sozialismus, Jena (2. umgearb. Aufl.).
—, —, 1933: Grundprobleme der Nationalökonomie, Untersuchungen über Verfahren, Aufgaben und Inhalt der Wirtschafts- und Gesellschaftslehre, Jena.
—, —, 1940: Nationalökonomie —Theorie des Handelns und Wirtschaftens, Genf.
—, —, 1949: Human Action — A Treatise on Economics, New Haven.
MUELLER, DENNIS C., 1976: Public Choice: A Survey, in: Journal of Economic Literature, Bd. 14, S. 395—433.
—, —, 1979: Public Choice, Cambridge u. a.
MÜNCH, RICHARD, 1979: Talcott Parsons und die Theorie des Handelns I, in: Soziale Welt, Bd. 30, S. 385—409.
MUSGRAVE, RICHARD A., 1966: Finanztheorie, Tübingen.
—, —, und PEACOCK, A. T., 1969: Klassische Beiträge zur Finanztheorie, in: Recktenwald, H.C. (Hrsg.), Finanztheorie, Köln und Berlin, S. 35—45 (zuerst 1958).
NARR, WOLF-DIETER und NASCHOLD, FRIEDER, 1971: Theorie der Demokratie, Stuttgart.
NOBEL, PETER, 1978: Anstalt und Unternehmen — Dogmengeschichtliche und vergleichende Vorstudien, (Reihe Handels- und Wirtschaftsrecht, Bd. 10), Diessenhofen.

NUTZINGER, HANS G., 1978: The Firm as a Social Institution, The Failure of the Contractarian Viewpoint, in: Backhaus, J., Eger,Th. und Nutzinger, H.G. (Hrsg.), Partizipation in Betrieb und Gesellschaft, Frankfurt – New York, S. 45–74.

OLSON, MANCUR, JR.1968: Die Logik des kollektiven Handelns – Kollektivgüter und die Theorie der Gruppen, Tübingen.

–, –, 1969: The relationship between economics and the other social sciences: the province of a ‚social report', in: Lipset, S. M. (Hrsg.), Politics and the Social Sciences, New York – London –Toronto, S. 137–162.

OPP, KARL-DIETER, 1978: Das ‚ökonomische Programm' in der Soziologie, in: Soziale Welt, Bd. 29, S. 129–154.

–, –, 1979: Individualistische Sozialwissenschaft – Arbeitsweise und Probleme individualistisch und kollektivistisch orientierter Sozialwissenschaften, Stuttgart.

ORBELL, J. M. und WILSON, L. A., 1978: Institutional Solutions to the n-Prisoners' Dilemma, in: American Political Science Review, Bd. 72, S. 411–421.

OTAKA, TOMOO, 1932: Grundlegung der Lehre vom sozialen Verband, Wien.

PARSONS, TALCOTT, 1964: The Social System, New York (zuerst 1951).

–, –, 1968: The Structure of Social Action, 2 Bde., New York (zuerst 1938).

–, –, 1975: Social Structure and the Symbolic Media of Exchange, in: P. M. Blau (Hrsg.), Approaches to the Study of Social Structure, New York und London, S. 94–120.

–, –, 1977/78: Comment on R. Stephen Warner's „Toward a Redefinition of Action Theory: Paying the Cognitive Element Its Due", in: American Journal of Sociology, Bd. 83, S. 1350–1358.

PFEIFFER, DIETMAR K., 1976: Organisationssoziologie. Eine Einführung, Stuttgart,Berlin, Köln, Mainz.

POLANYI, KARL, 1959: Anthropology and Economic Theory, in: Fried, M. (Hrsg.), Readings in Anthropology II, New York, S. 161–184.

POLANYI, MICHAEL, 1951: The Logic of Liberty – Reflections and Rejoinders, London.

PRIBRAM, KARL, 1912: Die Entstehung der individualistischen Sozialphilosophie, Leipzig.

RAISER, THOMAS, 1969: Das Unternehmen als Organisation, Berlin.

REINHARDT, RUDOLF, 1973: Gesellschaftsrecht, Tübingen.

RITSCHL, HANS, 1976: Finanzwissenschaft und Finanzpolitik, in: Körner, H., Meyer – Dohm P., Tuchtfeldt, E., Uhlig, Ch. (Hrsg.), Wirtschaftspolitik – Wissenschaft und politische Aufgabe, Festschrift zum 65. Geburtstag von Karl Schiller, Bern und Stuttgart, S. 221–233.

RÖPKE, JOCHEN, 1970: Primitive Wirtschaft, Kulturwandel und die Diffusion von Neuerungen,Tübingen.

–, –, 1977: Die Strategie der Innovation – Eine systemtheoretische Untersuchung der Interaktion von Individuum, Organisation und Markt in Neuerungsprozessen, Tübingen.

ROWLEY, CHARLES K., 1978: Market ‚Failure' and Goverment ‚Failure', in: Buchanan, J. M. u. a., The Economics of Politics, London (The Institute of Economic Affairs), S. 31 – 43.

RUNCIMAN, W. G. und SEN, A. K., 1965: Games, Justice and the General Will, in: Mind, Bd. 74, S. 554–562.

SAHLINS, MARSHALL D., 1965: On the Sociology of Primitive Exchange, in: The Relevance of Models for Social Anthropology, A. S. A. Monographs I, London und New York, S. 139–236 (wiederabgedruckt in M. D. Sahlins 1974).

–, –, 1974: Stone Age Economics, London.

SALISBURY, ROBERT H., 1969: An Exchange Theory of Interest Groups, in: Midwest Journal of Political Science, Bd. 13, S. 1–32.

SAUERMANN, HEINZ, 1975: Anmerkungen zu einem alten Thema: Politik und Ökonomik, in: Sauermann, H. und Mestmäcker, E.-J. (Hrsg.), Wirtschaftsordnung und Staatsverfassung, Festschrift für Franz Böhm zum 80. Geburtstag, Tübingen, S. 553–567.

SCHANZ, GÜNTHER, 1978: Verhalten in Wirtschaftsorganisationen – Personalwirtschaftliche und organisationstheoretische Probleme, München.
SCHELLING, THOMAS C., 1971: On the Ecology of Micromotives, in: Public Interest, Bd. 25, S. 61–98.
SCHELSKY, HELMUT, 1970: Zur soziologischen Theorie der Institution, in: Ders.(Hrsg.), Zur Theorie der Institution, Gütersloh.
SCHMIDT, K., 1964: Zur Geschichte der Lehre von den Kollektivbedürfnissen, in: Kloten, N., Krelle, W., Müller, H. und Neumark, F. (Hrsg.), Systeme und Methoden in den Wirtschafts- und Sozialwissenschaften, Erwin Beckerath zum 75. Geburtstag, Tübingen, S. 335–362.
SCHMITT, D. R. und G. MARWELL, 1977: Cooperation and the Human Group, in: Hamblin, R. L. und Kunkel, J. H. (Hrsg.), Behavioral Theory in Sociology, Essays in Honour of G. C. Homans, New Brunswick N. J., S. 171–191.
SCHNUR, ROMAN (Hrsg.), 1968: Institution und Recht, Darmstadt.
SCHOTTY, RICHARD, 1976: Die Staatsphilosophische Vertragstheorie als Theorie der Legitimation des Staates, in: Politische Vierteljahresschrift, Bd. 17, S. 81–107.
SCHULZE-OSTERLOH, JOACHIM, 1973: Der gemeinsame Zweck der Personengesellschaften, Berlin und New York.
SELIGMAN, E. R. A., 1928: Die gesellschaftliche Theorie der Finanzwissenschaft, in: Allix E. u.a., Die Wirtschaftstheorie der Gegenwart, Bd. 4, Wien, S. 205–245.
SIGRIST, CHRISTIAN, 1967: Regulierte Anarchie, Olten.
SIMMEL, GEORG, 1958: Philosophie des Geldes, Berlin (6. Aufl., 1. Aufl. 1900).
–, –, 1968: Soziologie – Untersuchungen über die Formen der Vergesellschaftung, Berlin (5.Aufl., 1. Aufl. 1908).
SIMON, HERBERT A., 1955: Das Verwaltungshandeln, Stuttgart (zuerst 1947).
–, –, 1957: A Formal Theory of the Employment Relation, in: Ders., Models of Man, New York, S. 183–195.
SKIDMORE, WILLIAM L., 1975: Theoretical Thinking in Sociology, Cambridge.
–, –, 1975a: Sociology's Models of Man, London.
SMELSER, NEIL J., 1972: Theorie des kollektiven Verhaltens, Köln.
SMITH, ADAM, 1976: The Theory of Moral Sentiments, Indianapolis (zuerst 1759).
SMITH, JAN, 1976/77: Communities, Associations and the Supply of Collective Goods, in: American Journal of Sociology, Bd. 82, S. 291–308.
SOMBART, WERNER, 1931: Grundformen des menschlichen Zusammenlebens, in: Vierkandt, A. (Hrsg.), Handwörterbuch der Soziologie, Stuttgart (unveränd. Neudruck 1959), S. 221–239.
–, –, 1956: Die Anfänge der Soziologie, in: Ders., Noo-Soziologie, Berlin, S. 13–28 (zuerst 1923).
SPENCER, HERBERT, 1877: Die Prinzipien der Soziologie, Bd. I, Stuttgart.
–, –, 1887: Die Prinzipien der Soziologie, Bd. II, Stuttgart.
–, –, 1889: Die Prinzipien der Soziologie, Bd. III, Stuttgart.
–, –, 1891: Die Prinzipien der Soziologie, Bd. IV, Stuttgart.
STOLTE, J. F. und EMERSON, R. M., 1977: Structural Inequality: Position and Power in Network Structures, in: Hamblin, R. L. und Kunkel, J. A., Behavioral Theory in Sociology, Essays in Honour of George C. Homans, New Brunswick N. J., S. 117–138.
STONE, JULIUS, 1968: Die Abhängigkeit des Rechts: Die Institutionenlehre, in: Schnur, Roman (Hrsg.), S. 312–369 (zuerst 1966).
SWANSON, GUY E., 1978: An Organizational Analysis of Collectivities, in: Genevie L. E. (Hrsg.), Collective Behavior and Social Movement, Itasca III., S. 289–303 (zuerst 1971).
SWEENEY, JOHN W., 1974: Altruism, the Free Rider Problem and Group Size, in: Theory and Decision, Bd. 4, S. 259–275.

TAYLOR, MICHAEL, 1976: Anarchy and Cooperation, London.
TEUBNER, GUNTHER, 1978: Organisationsdemokratie und Verbandsverfassung, Rechtsmodelle für politisch relevante Verbände, Tübingen.
—, —, 1980: Kommentar zu § 705, in: W. Deubler (Hrsg.), Alternativkommentare, Bd. 3 (Besonderes Schuldrecht), Neuwied.
THIBAUT, JOHN W. und KELLEY, HAROLD H., 1959: The Social Psychology of Groups, New York.
THIEMEYER, THEO, 1972: Marktwirtschaft und Gemeinwirtschaft. Versuch einer dogmengeschichtlichen Ortsbestimmung von Hans Ritschls Theorie der Gemeinwirtschaft, in: Rittig, G. und Ortlieb, H. D. (Hrsg.), Gemeinwirtschaft im Wandel der Gesellschaft, Festschrift für Hans Ritschl, Berlin, S. 33—52.
TÖNNIES, FERDINAND, 1931: Gemeinschaft und Gesellschaft, in: Vierkandt, A. (Hrsg.), S. 180—191.
—, —, 1931a: Stände und Klassen, in: Vierkandt, A. (Hrsg.), S. 617—638.
—, —, 1963: Gemeinschaft und Gesellschaft — Grundbegriffe der reinen Soziologie, Darmstadt (erste Aufl. 1887).
TURNER, JONATHAN H., 1974: The Structure of Sociological Theory, Homewood Ill.
VANBERG, VIKTOR, 1973: Wissenschaftsverständnis, Sozialtheorie und politische Programmatik, Tübingen.
—, —, 1975: Die zwei Soziologien — Individualismus und Kollektivismus in der Sozialtheorie, Tübingen.
—, —, 1978: Markets and Organizations. Towards an Individualistic Theory of Collective Action, in: Mens en Maatshappij, Bd. 53, S. 259—299.
—, —, 1978 a: Rezensionsessay zu ‚Lars Clausen, Tausch. Entwürfe zu einer soziologischen Theorie', in: Soziologische Revue, Bd. 1, S. 237—244 (ebenda, S. 452 f.: Replik auf Lars Clausens Antwort).
—, —, 1978 b: Kollektive Güter und kollektives Handeln — Die Bedeutung neuerer ökonomischer Theorieentwicklungen für die Soziologie, in: Kölner Zeitschrift für Soziologie und Sozialpsychologie, Bd. 30, S. 652—679.
—, —, 1979: Colemans Konzeption des korporativen Akteurs — Grundlegung einer Theorie sozialer Verbände, in: Coleman, J. S., 1979, S. 93—123.
—, —, 1981: Liberaler Evolutionismus oder vertragstheoretischer Konstitutionalismus? Zum Problem institutioneller Reformen bei F. A. von Hayek und J. M. Buchanan, mit einem ergänzenden Beitrag von J. M. Buchanan, Tübingen (Walter Eucken Institut, Vorträge und Aufsätze 80).
—, —, 1982: Das Unternehmen als Sozialverband — Zur Sozialtheorie der Unternehmung und zur juristischen Diskussion um ein neues Unternehmensrecht, in: E. Boettcher u. a. (Hrsg.), Jahrbuch für Neue Politische Ökonomie, Bd. I, Tübingen.
VIERKANDT, ALFRED (Hrsg.), 1931: Handwörterbuch der Soziologie, Stuttgart (Nachdruck 1959).
—, —, 1931: Die Genossenschaftliche Gesellschaftsform der Naturvölker, in: Vierkandt, A. (Hrsg.), S. 191—201.
—, —, 1961: Kleine Gesellschaftslehre, Stuttgart (zuerst 1936).
VOLLMER, LOTHAR, 1976: Die Entwicklung partnerschaftlicher Unternehmensverfassungen, Köln u. a.
WALDMAN, SIDNEY R., 1972: Foundations of Political Action — An Exchange Theory of Politics, Boston.
WALLNER, ERNST M., 1975: Soziologie — Einführung in Grundbegriffe und Probleme, Heidelberg (5. neubearb. und erw. Auflage).
WATKINS, JOHN W. N., 1978: Freiheit und Entscheidung, Tübingen.

WEBER, JÜRGEN, 1977: Die Interessengruppen im politischen System der Bundesrepublik Deutschland, Stuttgart u. a.
WEBER, MAX, 1924: Gesammelte Aufsätze zur Soziologie und Sozialpolitik, Tübingen.
—, —, 1964: Wirtschaft und Gesellschaft, Grundriß der verstehenden Soziologie (in zwei Halbbänden), Köln und Berlin.
—, —, 1968: Gesammelte Aufsätze zur Wissenschaftslehre, 3. erw. und verb. Aufl., Tübingen.
WEINTRAUB, E. ROY, 1975: Conflict and Co-operation in Economics, London.
WESTERMAN, HARRY, 1975: Personengesellschaftsrecht, 3. Aufl., Köln.
WIEACKER, FRANZ, 1973: Zur Theorie der Juristischen Person des Privatrechts, in: Festschrift für Ernst Rudolf Huber, S. 340—383.
WIEDEMANN, HERBERT, 1975: Juristische Person und Gesamthand als Sondervermögen — Eine Bestandsaufnahme aus bürgerlich-rechtlicher, handels- und steuerrechtlicher Sicht, in: Wertpapier — Mitteilungen Teil IV, Sonderbeilage Nr. 4.
WIPPLER, REINHARD, 1978: Nicht-intendierte soziale Folgen individueller Handlungen, in: Soziale Welt, Bd. 29, S. 155—179.
WISEMAN, JACK, 1978: The Political Economy of Nationalized Industry, in: Buchanan, J. M. u. a., The Economics of Politics, London (The Institute of Economic Affairs), S. 73 — 87.
—, —, 1979: Some Reflections on the Economics of Group Behaviour, in: Caroni, P., Dafflon, B. und Enderle, G. (Hrsg.), Nur Ökonomie ist keine Ökonomie (Festschrift für Professor Biucchi), Bern, S. 365—374.
WOLFF, HANS J., 1933: Organschaft und Juristische Person, Bd. 1: Juristische Person und Staatsperson, Berlin.
—, —, 1934: Organschaft und Juristische Person, Bd. 2: Theorie der Vertretung, Berlin.
WRONG, DENNIS H., 1966: The oversocialized conception of man in modern sociology, in: Barron, M. L. (Hrsg.), Contemporary Sociology — An Introductory Textbook of Readings, New York und Toronto, S. 549—559.
ZAPF, WOLFGANG, 1973: Gesellschaftliche Dauerbeobachtung und aktive Politik, in: Allgemeines Statistisches Archiv, Bd. 57, S. 143—164.
ZETTERBERG, HANS L., 1962: Social Theory and Social Practice, New York.
ZÖLLNER, WOLFGANG, 1979: Die Stellung des Arbeitnehmers in Betrieb und Unternehmen, in: Festschrift Bundesarbeitsgericht, München, S. 745—771.

Sachregister

Anarchie, genuine – 124 ff., 135, 137
Anarchie, regulierte– 129, 133 f., 136, 148
Anreiz-Beitrags-Theorie
 der Organisation– 158 ff., 172 f.
Arbeitsvertrag;
 –verhältnis 112 ff., 172 ff.
Austausch; –beziehung;
 –transaktion 3, 5, 48 ff., 58 ff., 72 ff.,
 78 ff., 110 ff., 130 ff., 138 ff., 151 f.,
 156 ff., 172 ff.
Austauschmodell 3 ff., 37, 43 ff., 47 f.,
 56, 58, 61 ff., 67 ff., 75 f., 82 f., 104, 123,
 138, 145, 157, 172, 185 f.
Austauschnetzwerk 48, 63, 82, 96, 105,
 109 f., 115, 117, 121 f., 131, 145, 151,
 157, 159, 161, 171 f.
Austauschtheorie, soziologische– 44, 47,
 50 ff., 55 f., 62, 71 f., 123, 129 f.
Austauschvertrag 5, 105 ff., 109 ff., 174

Delegation; delegierte Macht 176, 180 f.,
 183
Dilemma der Organisation 176 f.

Freiwilligkeit; freiwillige Transaktion
 – 55 ff., 153

Gefangenendilemma 6, 127 ff., 134, 137,
 139, 141 f., 145, 149
Genossenschaft 16, 24, 65, 110, 116
genossenschaftlich-demokratische
 Organisation 19, 74, 86, 97, 100, 116,
 168, 171, 176 f.
Gerechtigkeit, distributive – , siehe:
 Verteilungsgerechtigkeit
Gesellschaftsvertrag 5, 37 ff., 45, 72,
 105 ff., 112 f., 149 ff.
Gruppe 8 ff., 16, 18, 30 ff., 65 f., 74,
 79 ff., 87, 102 f., 135 ff., 145 ff., 152,
 157, 165, 168 ff., 176 f., 180 ff.

Handlungstheorie, siehe: Verhaltensmodell
Herrschaft 6, 27 f., 88, 116, 169, 171 ff.
„Herrschaft" vs. „Genossenschaft";
 „herrschaftlich" vs. „genossenschaftlich"
 – 19, 31, 89, 116 ff.

individualistische Sozialtheorie 3, 5,
 37 f., 44 ff., 61, 63 ff., 67 ff., 71, 123,
 185 f.
individualistisch-evolutionistische Konzeption 5, 37 ff., 41, 43, 45 ff., 86 ff.,
 90, 92, 96, 99, 102 f., 123, 139, 142, 186
individualistisch-utilitaristische Tradition
 – 3, 124, 137
individualistisch-vertragstheoretische
 Konzeption 5, 37, 43, 45 ff., 86, 123,
 149, 186
Individualrecht 105, 115, 117 ff.
Institution 5, 8, 23, 32 ff., 42, 45, 97,
 101 ff., 121 f., 125, 132

kollektives Handeln, siehe: korporatives
 Handeln
Kollektivgebilde; kollektive Handlungseinheit 1 f., 8 f., 23 f., 31 ff., 35, 38,
 64 ff., 158 f., 161
Kollektivgut; Kollektivgutproblem 6,
 123, 142, 145 ff., 151 ff., 162, 164, 167,
 183 f.
Konkurrenz, siehe: Wettbewerb
Kontrakteinkommen 18, 22, 109
Kooperation 16, 46, 73 f., 84 ff., 89, 163,
 168, 177
Koordination 72 ff., 77, 84, 89, 91 f.,
 97 f., 102 ff., 169 ff., 174 ff.
Korporation; Körperschaft 24 f., 30 f., 34,
 40, 66, 89, 112, 115 ff., 121, 179, 182
korporativer Akteur 8 ff., 12 ff., 18 ff.,
 22 f., 26, 29, 35, 45, 61, 64 f., 67 f.,
 76, 109 f., 147, 149, 151, 154 ff., 160 f.,
 165, 167 ff., 171, 175 ff.

korporative Entscheidung 4, 6, 16, 18 f., 22, 28, 31, 37, 73 f., 108 f., 151, 156, 169 ff., 174 ff., 184
korporative Handeln 2 ff., 6, 8 ff., 15, 18, 22 f., 30 f., 37, 62 ff., 68, 72 ff., 104, 108 ff., 115 f., 120, 123, 142, 145, 147, 149 ff., 161, 163 ff., 169 ff., 174 ff., 185
korporative Struktur 3 ff., 22, 45, 62, 64, 67, 73 f., 76 ff., 80 f., 83, 85, 88, 90, 92, 94 ff., 104 ff., 109 f., 115, 117, 121 ff., 136, 151, 157, 159, 161 f., 169 ff., 185 f.
Kosten 12, 49 f., 130 f., 135, 137, 139, 141, 153, 156, 164, 181 ff.

„large-number dilemma" 137 ff., 145, 148 f.

Macht 55, 57 ff., 154, 166, 172, 183 f.
Markt; Marktstruktur 4 f., 9, 44 f., 62 f., 67 f., 72 ff., 76 ff., 80 f., 83, 88 ff., 93 f., 96 ff., 104 f., 110, 123, 132 ff., 138, 145, 151, 163, 169 ff., 174 f., 182, 185 f.
Marktmacht 181, 183
Mitglied; Mitgliedschaft 20 ff., 68, 74, 76, 80, 83 f., 90, 97, 107 f., 113 ff., 122, 152 ff., 171 ff., 175 ff., 183 f.
monokratisch-hierarchische Organisation 19 f., 74, 116, 166, 171, 175

Neue Politische Ökonomie 6, 46, 145
Normen; normative Regeln (s. a. Verhaltensregeln/Organisationsregeln) 94 f., 99, 124, 126 ff., 139

öffentliches Gut, siehe: Kollektivgut
Ökonomie; ökonomischer Denkansatz –44, 64, 68 ff., 77, 89, 91, 104, 123, 132 f., 138, 145, 185
Organisation 1 ff., 8 ff., 18, 22 ff., 27, 30, 32 ff., 46, 62 f., 66, 74, 76 ff., 82 ff., 87 ff., 91 ff., 104, 107 f., 115, 119, 122, 148 ff., 154, 157 ff., 164, 166 f., 169 f., 173 f.
Organisationsmacht 181, 183
Organisationsregeln 96, 97, 105, 107, 119 f.
Organisator 153 f., 157 ff., 162, 174

Public Choice 6, 46, 68, 145
Recht 94, 105, 115, 117 ff., 139 ff.,
Residualeinkommen 18, 22, 109

Ressourcen 4, 10 ff., 37, 40, 48 ff., 60, 72 f., 80 f., 93, 108 ff., 111 f., 114 f., 120, 125, 152 ff., 160, 162, 167 f., 171 f., 174 ff., 180 ff.
Ressourcenzusammenlegung, Modell der – –4 ff., 8, 10 f., 14, 16, 22 ff., 27 f., 35, 37, 39, 41, 45, 47 f., 61, 66 ff., 75 f., 104 ff., 111, 114, 116, 123, 150, 152, 161, 169, 186
Reziprozität 78 ff., 93, 106, 133 f., 152

Satzung, siehe: Verfassung
Schottische Moralphilosophie 5, 38 f., 41 ff., 87 f., 91 f., 102, 129 f., 133, 142, 149
soziale Ordnung, Problem der sozialen Ordnung 6, 90, 123 ff., 137 ff., 143 ff., 149
Sozialrecht 105, 107, 115, 117 ff.
spontane Ordnung 6, 63, 89, 91 ff.
Staat 1, 9, 13 ff., 27 ff., 31, 34 f., 37, 39 ff., 45, 64 f., 89, 93, 110, 119 f., 122, 136, 141 ff., 149, 152, 171, 178, 182
Statut, siehe: Verfassung

Tausch, siehe: Austausch

Unternehmen 1, 19, 22, 63 f., 78, 83, 97, 110, 113 f., 117 f., 173 ff.
Unternehmensrecht; -verfassung 6, 113 ff.
Unternehmer; politisch-sozialer –, siehe: Organisator

Verband 3, 5, 8, 23 ff., 33 ff., 37, 39 ff., 46 f., 76, 78, 85, 88 f., 97, 115 ff., 152, 155, 159, 169, 171, 180 ff.
Verein 1, 9, 24 f., 27 f., 31, 35, 85, 110, 116 f., 171
Verfassung 25, 28, 33, 37, 46, 115 ff., 119, 177 f.
Verhaltensmodell; -annahmen 45, 67 ff., 83, 94 f.
Verhaltensregeln 96 ff., 105, 120
Verteilung des Korporationsertrages 4, 6, 16 ff., 21 f., 37, 73 f., 108 f., 151, 161 ff.
Verteilungsgerechtigkeit 74, 165 f., 168
Vertragstheorie, naturrechtliche – 38 ff., 45 f., 149, 186

Wettbewerb 61, 83 f., 170, 182

Zwang 55 ff., 131, 145, 149, 153, 157
Zwei-Parteien-Perspektive; Zwei-
    Parteien-Beziehung 67, 72, 78 ff., 83,
    106, 118, 141, 151, 161

Personenregister

G. Achenwall 40, 46
H. Albert 9, 11 f., 44 f., 52, 64, 69, 70 f., 77 f., 93, 133, 187, 188
A. A. Alchian 161 ff., 173 ff., 187
J. Althusius 39 ff., 46 f., 190
J.W. Atkinson 69, 187

B. Balla 12, 187
A. Bandura 69
Ch. I. Barnard 158 f., 161, 163 f., 166 f., 169, 173, 187
B. M. Barry 124, 187, 192
F. Barth 79 f., 154, 187
G. S. Becker 71, 187
W. Becker 51, 187
P. Bernholz 146, 187
W. Bernsdorf 30, 187
K.-J. Bieback 41, 116, 118, 120, 187
P.M. Blau 22, 55 f., 62, 74, 83 f., 139, 153, 162, 169, 172 f., 187, 189, 193
E.-W. Böckenförde 26 f., 119
J. H. Boehmer 40
E. Boettcher 46, 86, 163, 165, 176, 181, 188, 195
A. Bohnen 49, 54, 157, 188
R. Boudon 44, 149, 188
K. Brunner 3, 188
J. M. Buchanan 15, 41, 45 ff., 63, 68, 72 f., 100, 125, 127 f., 134 ff., 140, 148, 151 f., 169 f., 177 f., 188, 193, 195, 196
G. Büschges 171, 188
Th. Burger 124, 138, 188

G. Cassel 146, 188
L. Clausen 51, 188
R. H. Coase 174, 188
J. S. Coleman V, 4, 8 ff., 13 ff., 21, 26, 37 f., 41, 48, 67, 71, 105, 123, 177 f., 181 f., 184, 188 f., 195
M. Crozier 2, 8, 11, 60, 145, 172, 189

R. M. Cyert 173, 189

R. A. Dahl 170
R. Dahrendorf 31 f., 189
J. G. Daries 40
Ch. Darwin 101
G. Davy 122, 189
H. Demsetz 147, 161 ff., 173 ff., 179, 187, 189
A. Desqueyrat 122, 189
A. Downs 183, 189
E. Durkheim 32, 51, 55, 58, 66, 189

F. Y. Edgeworth 53
W. Edwards 69
H. P. Ekeh 47, 80 f., 161, 189
N. Elias 125, 189
R. M. Emerson 11 f., 50, 60, 63, 72, 81 ff., 157, 189, 194
W. Engels 77, 189
R. Eschenburg 46, 53, 154, 168, 176 f., 180, 189
A. Etzioni 32, 66, 123 f., 148, 189
E. E. Evans-Pritchard 125, 133, 136, 190

R. Fehlbaum 160, 191
A. Ferguson 41 f., 191
W. Fikentscher 107 f., 122 f., 189
M. Fortes 125, 136, 190
B. S. Frey 46, 69, 170, 190
E. Friedberg 2, 8, 11, 60, 145, 172, 189
N. Frohlich 70, 153 f., 190
E. G. Furubotn 187, 189

G. Gäfgen 169 f., 190
A. Gehlen 33 f., 125, 190
L. E. Genevie 8, 190
O. v. Gierke 19, 25 f., 39 ff., 115 ff., 147, 179, 190
R. Girtler 190

M. Groser 47, 60, 159, 190
H. Grotius 40
G. Gurvitch 31, 34, 117, 121 f., 166, 190

K. H. Hansmeyer 59, 190
G. Hardin 144 f., 190
M. Hauriou 34 f., 121 f., 190, 192
F. A. v. Hayek 6, 43, 88, 90 ff., 120, 123, 166, 190, 195
A. Heath 47, 56 f., 190
K. Heinemann 130, 191
H. Heller 26 ff., 191
Ph. Herder-Dorneich 170, 191
W. Hill 160, 191
A. O. Hirschman 181, 183 f., 191
Th. Hobbes 40, 42, 123 ff., 127, 138, 149, 191
J. Ch. Hoffbauer 40
G. C. Homans V, 1 f., 44, 50, 54, 56, 59, 60, 62, 66, 68, 70 ff., 81, 154, 157, 162, 165 f., 172, 191, 194
K. O. Hondrich 172, 191
A. Hueck 105 f., 112 f., 191
U. Hüffer 108, 191
G. L. Hull 69
D. Hume 41, 139 ff., 150, 191
H. Huth 42 f., 191

H. Infield 16, 191

W. J. Jennings 34, 122, 191
R. v. Jhering 52 f., 56 ff., 61, 110, 191
W. A. Jöhr 145, 191
W. T. Johnson 72, 83, 191

K. Kaufmann-Mall 69 f., 191
H. H. Kelley 54, 60, 195
A. Kieser 160, 191
G. Kirsch 46, 191
F. Klein 35, 191
F. H. Knight 18, 88, 161, 191
H. Kubicek 160, 191
A. Kuhn 50, 57, 82, 163, 191 f.
J. H. Kunkel 72, 191, 192, 194

K. Larenz 105 ff., 110 ff., 192
G. Lenski 128, 132, 192
V. Leontovitsch 34, 192
C. Lévi-Strauss 80 f.
K. Lewin 69
B. Liebermann 170, 192

Ch. E. Lindblom 170 f., 174, 176
J. Lively 56 f., 63, 172
W. E. Lloyd 145
J. Locke 40
N. Luhmann 84 ff., 106, 125, 192

F. W. Maitland 26
B. Malinowski 33 f., 130 f., 133, 192
B. Mandeville 41 f.
K. Mannheim 98, 192
J. G. March 158, 160, 167, 173, 189, 192
G. Marwell 66, 194
K. Marx 52
R. Mayntz 19, 35, 167, 192
R. B. McKenzie 147, 192
W. H. Meckling 3, 69, 188, 192
J. St. Mill 143 f., 192
L. v. Mises 52, 85 f., 88 f., 192
J. Möser 41
D. C. Mueller 46, 192
R. Münch 138, 192
R. A. Musgrave 145, 192

R. H. Nagasawa 72, 192
W.-D. Narr 24, 192
F. Naschold 24, 192
D. Nettelbladt 40
P. Nobel 113, 118, 122, 192
H. G. Nutzinger 63, 174, 193

M. Oakeshott 91
M. Olson, Jr. 8, 50, 136, 145 ff., 164, 193
K. D. Opp 69, 145, 193
J. A. Oppenheimer 70, 153 f., 190
J. M. Orbell 127, 145, 193
T. Otaka 23, 26, 193

T. Parsons 32, 84, 86, 124, 138, 188
A. T. Peacock 145, 192
S. Pejovich 187, 189
D. K. Pfeiffer 162, 193
K. Polanyi 78, 193
M. Polanyi 89, 103, 193
K. Pribram 42, 193
S. Pufendorf 40

Th. Raiser 113 f., 193
R. Reinhardt 110, 193
H. Ritschl 93, 193, 195
L. Robbins 88, 138
J. Röpke 78, 85, 134, 193

J. B. Rotter 69
J. J. Rousseau 33, 40, 44, 149
Ch. K. Rowley 100, 193
W. G. Runciman 149, 193

M. D. Sahlins 78 f., 193
S. R. Salisbury 154, 157 ff., 193
H. Sauermann 77, 193
A. Schäffle 65
G. Schanz 11, 157, 194
Th. C. Schelling 145, 194
H. Schelsky 34, 194
K. Schmidt 145, 194
P. Schmidt 69, 191
D. R. Schmitt 66, 194
R. Schnur 194
R. Schottky 41, 194
J. Schulze-Osterloh 107, 109, 111, 194
W. R. Scott 83, 187
E. R. A. Seligman 152, 155, 194
A. K. Sen 149, 193
E. Sièyes 41
Ch. Sigrist 133, 136, 190, 192, 194
G. Simmel 31, 52 ff., 56, 132, 168, 179 f., 182, 194
H. A. Simon 158 ff., 167, 169, 173 f., 192, 194
W. L. Skidmore 42, 47, 194
B. F. Skinner 69
N. J. Smelser 8, 194
A. Smith 41 ff., 88, 95, 191, 194
J. Smith 148, 194
W. Sombart 29 ff., 39, 42, 194
K. W. Spence 69
H. Spencer 85 ff., 94 f., 125, 168, 194
J. F. Stolte 11 f., 60, 63, 194
J. Stone 32, 34 f., 121 f., 194
W. Stroebe 69, 190
G. E. Swanson 37 f., 136, 194
J. W. Sweeney 147, 194

M. Taylor 127 f., 134, 140, 145, 149, 195
G. Teubner 106 f., 115, 184, 195
J. W. Thibault 54, 60, 195
Th. Thiemeyer 145, 195
Ch. Thomasius 40
E. L. Thorndike 69
F. Tönnies 23 ff., 27, 30 f., 33, 51 f., 117, 195
E. C. Tolman 69
G. Tullock 45 f., 69, 71, 73, 147, 154, 177 f., 188, 192
J. H. Turner 47, 124, 195

P. Ulrich 160, 191

A. Vierkandt 19, 31, 136, 191, 195
L. Vollmer 113 ff., 195

S. R. Waldmann 47, 60, 71, 154, 157, 165, 195
E. M. Wallner 31, 195
J. W. N. Watkins 127, 195
J. Weber 23, 196
M. Weber 27 ff., 32 f., 55, 64 f., 85, 116, 120 f., 131 ff., 136, 139, 171 f., 179, 196
E. R. Weintraub 123, 196
H. Westermann 107, 189, 196
F. Wieacker 117, 196
H. Wiedemann 180, 196
L. A. Wilson 127 f., 145, 193
R. Wippler 147, 196
J. Wisemann 64, 68, 74, 171, 196
Ch. Wolff 40, 47
H. J. Wolff 118 f., 180, 188, 196
D. H. Wrong 123, 196

W. Zapf 154, 196
H. L. Zetterberg 77 f., 96, 196
R. Ziegler 167, 192
W. Zöllner 114, 196

Die Einheit
der Gesellschaftswissenschaften

Studien in den Grenzbereichen
der Wirtschafts- und Sozialwissenschaften
Unter Mitwirkung von
Hans Albert · Gerd Fleischmann · Dieter Frey
Christian Watrin · Rudolf Wildenmann · Eberhard Witte
herausgegeben
von
Erik Boettcher

30
Rainer Luig
Vermögenspolitik in der Wettbewerbswirtschaft
1980. X, 288 Seiten. Ln.

29
Wolf-Rüdiger Bretzke
Der Problembezug von Entscheidungsmodellen
1980. XVI, 280 Seiten. Ln.

28
Hans-Werner Sinn
Ökonomische Entscheidungen bei Ungewißheit
1980. XIII, 374 Seiten. Ln.

27
Karl Homann
Die Interdependenz von Zielen und Mitteln
1980. VII, 328 Seiten. Ln.

26
Walter Kaufmann
Tragödie und Philosophie
1980. XI, 429 Seiten. Ln.

25
Voraussetzungen und Grenzen der Wissenschaft
Herausgegeben von Gerard Radnitzky und Gunnar Andersson. 1981. VIII, 390 Seiten. Ln.

24
Fortschritt und Rationalität der Wissenschaft
Herausgegeben von Gerard Radnitzky und Gunnar Andersson. 1980. X, 482 Seiten. Ln.

23
Wolfgang Schluchter
Die Entwicklung des okzidentalen Rationalismus
Eine Analyse von Max Webers Gesellschaftsgeschichte. 1979. XII, 280 Seiten. Kt. Ln.

22
Hans Albert
Traktat über rationale Praxis
1978. XII, 192 Seiten. Kt. Ln.

21
Rolf Eschenburg
Der ökonomische Ansatz zu einer Theorie der Verfassung
Die Entwicklung einer liberalen Verfassung im Spannungsverhältnis zwischen Produktivität und Effektivität der Kooperation. 1977. XIV, 244 Seiten. Ln.

20
J. W. N. Watkins
Freiheit und Entscheidung
1978. XXI, 212 Seiten. Ln.

19
Jochen Röpke
Die Strategie der Innovation
Eine systemtheoretische Untersuchung der Interaktion von Individuum, Organisation und Markt im Neuerungsprozeß. 1977. X, 478 Seiten. Ln.

18
Karl R. Popper
Die beiden Grundprobleme der Erkenntnistheorie
Aufgrund von Manuskripten aus den Jahren 1930–1933 herausgegeben von Troels Eggers Hansen. 1979. XXXV, 476 Seiten. Kt. Ln.

17
Viktor Vanberg
Die zwei Soziolgien
Individualismus und Kollektivismus in der Sozialtheorie. 1975. X, 286 Seiten. Ln.

16
Robert A. Dahl
Vorstufen zur Demokratie-Theorie
1976. V, 149 Seiten. Kt.

15
Alfred Bohnen
Individualismus und Gesellschaftstheorie
Eine Betrachtung zu zwei rivalisierenden soziologischen Erkenntnisprogrammen. 1975. V, 94 Seiten. Kt.

14
Georg Geismann
Ethik und Herrschaftsordnung
Ein Beitrag zum Problem der Legitimation. 1974. VII, 101 Seiten. Kt.

J. C. B. Mohr (Paul Siebeck) Tübingen